Xinwen Xiezuo Fangfa Lun

新闻写作方法论

艾丰 / 著

人民日报出版社
北京

图书在版编目（CIP）数据

新闻写作方法论 / 艾丰著. --

北京：人民日报出版社，2019.6

ISBN 978-7-5115-6055-1

Ⅰ. ①新… Ⅱ. ①艾… Ⅲ. ①新闻写作－方法论 Ⅳ. ① G212.2-03

中国版本图书馆 CIP 数据核字（2019）第 101228 号

书　　名：	新闻写作方法论
	XINWEN XIEZUO FANGFA LUN
著　　者：	艾　丰
出 版 人：	刘华新
责任编辑：	林　薇　梁雪云
封面设计：	春天书装工作室
出版发行：	人民日报出版社
社　　址：	北京金台西路 2 号
邮政编码：	100733
发行热线：	（010）65369509　65369512　65363531　65363528
邮购热线：	（010）65369530　65363527
编辑热线：	（010）65369526
网　　址：	www.peopledailypress.com
经　　销：	新华书店
印　　刷：	河北大厂回族自治县彩虹印刷有限公司
开　　本：	787mm×1092mm　1/16
字　　数：	315 千字
印　　张：	22
版次印次：	2020 年 5 月第 1 版　2023 年 1 月第 3 次印刷
书　　号：	ISBN 978-7-5115-6055-1
定　　价：	52.00 元

第三版　前言

按照惯例，本书每一版都是作者艾丰自己写"前言"。不幸的是，他于 2019 年 5 月 19 日与世长辞，终年 81 岁。

艾丰原名艾宝元，是我最年长的研究生同学。1978 年，他以考试总分（5 门 400 多分）最高的优异成绩被录取为我国首批新闻学研究生。入学时他 40 岁，我 27 岁。他不仅是学长，也是平日学习中我们效仿的楷模。马克思主义三门理论课的论文考试，他是 80 多位同学中唯一获得三个正"优"成绩的，我二正优，一"优-"，跟在他之后，当时已经觉得好荣耀了。1982 年，他在同学中最早出版了专著《新闻采访方法论》，因为写的理论与实际结合紧密，文字水平也高，五万多册很快销售一空。那时出版专著，在同学里面他是第一个，凤毛麟角。那时写一本书不像现在用电脑敲敲打打就出来了，几十万字都是一笔一划地写出来的，至少三遍（草稿、改稿、格纸抄定稿），不说构思方面的极为不易、费神，就是机械抄写本身就可以算是一种特殊的体力活了。

1992 年，艾丰在积累了更为丰富的经验基础上，又完成了本书。这本书不是教材，与他此前 10 年出版的《新闻采访方法论》是姊妹篇，属于对新闻实务进一步的理论讨论，不是具体地讲述如何写作新闻，而是论证如何处理好新闻写作中的各种关系，从人与人的关系到主观与客观、事实与说话的关系。"解决纵深把握新闻写作各个侧面的问题"（第一版前言 3 页），因而，其读者对象应该是已经有了几年新闻工作经历的新闻从业人员。

如果用一般新闻理论来衡量这本书，显然他把新闻与宣传混同论证了；但若从中国特色新闻体制的角度来衡量，这是一部符合中国现有体制观念的新闻写作方法论的专著，有相当的现实价值，即使现在进入了网络时代，一些基本的新闻运作原则没有发生根本的变化，就如艾丰在第二版前言所说："近年来，随着网络时代的到来，互联网和手机都成为新兴的传播工具，新闻传播和新闻写作都发生了巨大变化。有人说这是'颠覆性的变化'或'颠覆性的革命'。用'颠覆'两个字我不大同意。如果是'颠覆',那么过去的规律和方法现在都成了不对的了。其实,不是'不对',而是'不够'。任何时代的新闻传播体系和新闻业务工作,作为一个相对独立的社会范畴和业务工作,都是普遍规律和特殊规律的辩证统一体。普遍存在于特殊之中。特殊层次的变化,不是根本上否定普遍,而是普遍存在形式的变化。"(第二版前言2页)

中国的新闻传播宏观上属于宣传(如何说话),微观上要求遵循新闻传播规律(如何报告事实),因而艾丰所讨论的主题是"事实和说话",他认为新闻写作的规律是"用事实说话",其实这是一种传播效果很好的宣传方式。就此他自己也说:"说话实际上是'观点的宣传'的含义,'宣传报道倾向'的含义。"(18页)但他很好地将新闻事实的传播与宣传需要融会贯通了起来,提出了事实与说话关系三个矛盾(主观与客观的矛盾、点和面的矛盾、现象和本质的矛盾)和解决矛盾的路径。(89~111页)

媒体内部记者与编辑的关系是直接影响新闻写作的因素,这个问题在新闻业务研究与教学中几乎是空白,没有人专题涉及。艾丰的这本书用整整一章的篇幅论证这个问题,只有在媒体常年工作的人才能体会到这个问题的专业性质。他提出了关于两者关系的三个矛盾(供与需的矛盾、局部与全局的矛盾、工作对象和服务对象的矛盾)和解决矛盾的路径。(154~174页)基于对媒体工作"个体创造,整体完成"的基本认识,他必须论证记者和编辑关系。一般来说,编辑是站在全局考虑问题的,因此他提出"尊重编辑应是记者的基本立脚点",但也要求记者"善于用局部去影响全局"。(152、167页)

在写作笔法上,他的论证不是提供一般教材式的具象方法,而是中观的八种新闻笔法:简笔、粗笔、变笔、跨笔、跳笔、合笔、衬笔、短笔。(205~242页)此类论证,在新闻业务研究中我只看到艾丰的论证,这需要大量工作经验的有心积淀。

消息的"倒金字塔"写作结构,是新闻业务课程中的常识。艾丰的这本书是在"新闻传播首先是新闻的传播"这个小标题下谈到的,其表达的生动,给人留下深刻印象。他不是重复教科书里的那段美国南北战争时期电报机运用于战争报道的故事,而是自己设想了一段远古时代侦察兵向首长报告发现老虎的倒金字塔叙述：老虎，两只，一大一小，就在附近的山头，离我们不远，正在向我们走来……他以此说明，"倒金字塔"远出生于现代新闻写作之前。他关于"倒金字塔"的理论阐释很有新意，即"'倒金字塔'的实质是什么？'倒金字塔'实际是快速交流的逻辑：既是快速表达的逻辑，也是快速接受的逻辑。也就是说，在快速交流的情况下，表达的一方和接受的一方所能够接受的都只是'倒金字塔'的逻辑。"（46~48页）这样的认识，在程式化的教科书里是看不到的。海尔公司的老总张瑞敏经艾丰介绍，要求开会的时候员工按照"倒金字塔"说话，结果效果很好。要是谁发言啰嗦，就会有人提醒："少说山头，快说老虎！"

现在能写几个字的人，相当多的都自以为会写新闻，因而网上W短缺的新闻俯拾皆是。新闻写作属于"术"的研究，是有学问的。体操上有"规定动作"、"自选动作"，新闻也有基本的"规定动作"。网上的大多数出自非专业人士的新闻，几乎全是"自选动作"，他们没有经过"规定动作"的训练，所以自选的动作很不像样。即使有过"规定动作"的培训，真正进入新闻专业领域，就会发现还有中国特色新闻工作的高级"规定动作"需要熟悉，否则不摸门，总是失败。艾丰的这本《新闻写作方法论》，讨论的就是这方面的高级规定动作，能写出这样的论著者需要极为丰富的中国特色新闻工作的实践，艾丰是这方面的佼佼者。

我与艾丰最近一次见面是2015年7月26日，那天我参加在京伦饭店举行的第27届经济新闻大奖颁奖会。我在会上就特等奖和一等奖的经济新闻作品做了一个大会评议发言，老艾出席会议。中午我和他，还有人民日报社经济社会部原主任皮树义等一起吃饭，那年他77岁，讨论当前的经济新闻和国家事务问题，他的见地依然尖锐但表达平稳，他笔耕不辍的精神风貌给我留下了很深的印象。老艾是在北郊自己办公的地方，一夜未归后被发现倒在院落车边的，他倒在自己无尽的工作上，令人景仰。

人民日报出版社再度出版艾丰的名著，是对他的最好纪念。老艾的工作精神和治学态度不朽！

陈力丹
2019年9月1日于时雨园

第二版　前言

　　本书第一版出版已经有 18 年了。因为读者喜欢，所以一直在陆续地印和陆续地卖。但毕竟因为出版时间较久，出版社希望我再修订一下，我高兴地答应了。像任何作者一样，自己写的书被人喜爱，特别是长久地被人喜爱，是一件很幸福的事。

　　18 年了，我国社会发生了巨大的变化，新闻传媒界也发生了巨大的变化。本书的内容还有没有生命力呢？我认为，有，仍然有。理由是：

　　一、本书阐述的是新闻写作的基本规律。既然是基本规律，就是长期起作用的规律，只要新闻写作这种业务存在，从事这种工作的人就应该了解和把握这些基本规律。

　　二、我国新闻队伍充实了许多新鲜血液，增加了许多新人。这些新人要迅速熟悉和掌握新闻写作的基本规律和提高自己的写作才能，需要一些基础性的书籍作为参考。写作虽然是一件实践性很强的业务，但有理论指导和没有理论指导还是大不相同的。正确的理论可以让你少走许多弯路。

　　三、我国新闻业务工作出现了许多新的情况。就我个人的观察，有一个情况很值得我们注意，那就是随着媒体数量的迅速增加，信息量的迅猛增长，随着彼此竞争的加剧和报道时效性要求的提高，整体写作水平有所下降。像 20 世纪 80 年代、90 年代那样的令人兴奋和口口相传的精彩文章已经很少见到了。有时见到标题很不错的报道，但读过之后，并没有什么扎实的内容和精彩文字，更缺少独特的提炼，叫人非常失望。出现这种情况的原因，很可能是现在外界的各种诱惑太多，记者比较浮躁。也可能是由于互联网上有许多现成的材料，一抄就可以了，自己不用再动什么脑筋。但无论如何，这是需要解决的问题。我们的时代仍然在呼唤更多的具有精彩文笔的名记者的出现。

　　四、新闻文化的社会性普及是一个大趋势。新闻再也不仅仅是搞新闻工作的人要掌握的业务，社会各个方面都需要掌握和运用它。政府要搞新闻发布，必须懂得新闻知识。企业要搞新闻策划，要懂新闻知识。新闻知识也可以运用到其他工作中去。有一次，我和海尔张瑞敏谈过新闻写作中的"倒金字塔"。我把本书中那个原始部落打猎，"侦察兵"发现老虎如何向酋长报告的例子讲给他听，并请他实验一下，在开会的时候要求大家都用"倒金字塔"说话。两个月以后我又见到了他，问"倒金字塔"运用得如何，他说很有效，谁讲话啰唆了，大家就会提醒："少说山头，快说老虎！"我带过的一位新闻专业研究生，后来做了某省政府的研究室主任，在为省长起草政府工作报告时，运用了一些新闻手法，获得了人大代表们的一致好评。会后，省长高兴地对他说："感谢你的老师吧！"

基于以上理由，我对本书的再版充满信心。

我认为，再版书的原则是要保留原书本来的基本面貌。所以，我保留了本书原有的基本框架和主要内容，有些例子虽然年代稍远一些，但它们能够说明问题，且给人（特别是年轻人）一种历史跨度的纵深感，而且这些材料和事例现在再寻找也比较困难了，更显得宝贵，所以也没有因为"时间久远"把它们删掉。

对本版，作者还是认真做了修订工作。主要是两个方面，一方面，本版根据时代背景的变化，修订了一些说法和事例，使之更加准确。另一方面，增添了四五万字的新内容、新事例，并特别增加了关于如何写经济报道的一节，使之更能适应当下读者的需求。

也需要声明一下，近年来，随着网络时代的到来，互联网和手机都成为新兴的传播工具，新闻传播和新闻写作都发生了巨大的变化。有人说这是"颠覆性的变化"或"颠覆性的革命"。用"颠覆"两个字我不太同意。如果是"颠覆"，那么过去的规律和方法现在都成了不对的了。其实，不是"不对"，而是"不够"。任何时代的新闻传播体系和新闻业务工作，作为一个相对独立的社会范畴和业务工作，都是普遍规律和特殊规律的辩证统一体。普遍存在于特殊之中。特殊层次的变化，不是根本上否定普遍，而是普遍存在形式的变化。从报纸，到广播，到电视，再到网络和手机，都不是后者一概否定前者，而是在继承和依托前者的基础上，不断进行创新。

本书的内容主要是依托文字性的新闻作品，关于电视的新闻作品，论述得很少；关于网络时代、手机时代的新闻作品，论述得更少。因此，我希望有本书不能完成的关于新时代新闻传播和新闻写作的论著出现。我也希望，这些研究和论著不是对过去的研究和论著以"颠覆性"的态度简单地说不，在继承的基础上创新是任何学术发展的必由之路。连最革命的马克思主义都是如此。

再次感谢读者对本书的厚爱！

作　者

2009年5月于北京翠微西里

第一版　前言

一位作家这样挪揄记者:"我们作家是吃草拉奶,你们记者是吃草拉草。"一位记者反唇相讥:"假如要我承认你说得对,那么我要补充一句:有的作家是吃草拉奶,而有的作家恐怕是吃草拉屎。"

对于这样的论战,我倒另有看法。如果剔除"吃草拉草"一语中的讽刺意味,那么我倒认为这句话说得有理。新闻报道者,事实的报道也。记者吃进去的是事实的"草",他"拉"出来的也必须是事实的"草"。如果他拉出来的不是事实的"草",反倒坏了。当然,他吃进去的"草"和拉出来的"草"不尽相同。拉出来的虽然还是草,但已经经过一定加工了,比原来的草更"纯净",更好"消化"。

由这段"小论战",我想引出来的是本书立论的基本点:新闻写作有其特殊规律,新闻写作学是一门独立的学问。

十年前,我写过一本《新闻采访方法论》。那本书是运用马克思主义哲学原理来研究新闻采访学的尝试,一个很重要的写作冲动是,一定要把采访学从经验性学问提高到学术性体系,以打破"新闻无学"的说法。我的这种努力获得了一定的成功。成功的标志,不仅是那本书连续印刷了几次都很快销售一空,并且至今畅销不衰;更主要的是在它出版以后的第七年,即1988年秋天,获得了我国社会科学作品的最高奖——"吴玉章奖金"的优秀奖。有人甚至认为这本书可以作为"新闻哲学"来读。

《新闻采访方法论》的成功,自然包含着我的劳动和努力,但我始终认为,这是我们新闻界许多人心血的结晶。没有多少年来新闻界人们的极其丰富的实践,没有众多的新闻采访的成功实例,没有若干的基本新闻理论的研究和探讨,要想写成那本书是绝不可能的;更不要说在具体成书和出版的过程中,得到许多前辈和同志的帮助了。

我之所以重提《新闻采访方法论》，并不是为了再次炫耀一番，而只是想说明，新闻领域确实是一个极其丰富的宝库，在那里确实是大有学问可作的。

您现在拿到的这本《新闻写作方法论》是《新闻采访方法论》的续篇，或称姐妹篇。采访和写作是记者业务的两个主要的领域。在完成了采访方法论一书以后的两三年，我就有了探讨写作方法论的想法，但由于本职工作甚忙，一直拖到了今天才完成。采访方法论是我在当研究生期间写成的，那时是有整时间的。现在则只能是挤一点时间写一点，这可能给全书的连贯性带来问题。

这位妹妹比姐姐是更漂亮还是更不如？请读者看后"打分"吧！

本书既然是采访方法论的姐妹篇，那么它的基本思路与前一本书是相同的。它的内容可以这样表述：新闻写作方法论是运用马克思主义哲学原理来研究新闻写作的内在规律的一本书；它要分析和研究新闻写作所包含的矛盾和解决这些矛盾的方法。

现在论述新闻写作的著作非常之多，所以本书的内容虽然也要说到新闻写作的一些具体的方法，但主要的不是说明"怎样写"，而是要侧重说明"为什么这样写"，即新闻写作规律性东西。明白了"为什么这样写"，就可以更好地知道"怎样写"，还可以在新闻写作规律的基础上自己有所创新。

本书的内在逻辑是：

总体论：产品特点分析；

　　　　　基本规律分析；

　　　　　操作要求分析；

　　　　　基本形式分析。（以上为第一章内容）

　　　　　解决总体把握新闻写作的问题。

分部论：基本规律深入剖析（类似"生产力"，为第二、三章内容）；

　　　　　人际关系深入剖析（类似"生产关系"，为第四章内容）；

　　　　　基本手段深入剖析（结构、笔法、语言，为第五、六、七章内容）。

　　　　　解决纵深把握新闻写作各个侧面的问题。

主体论：记者是写作的主体，要完成好新闻写作，他应具有怎样的思维和心理，风格和态度，如何借鉴和创新。(为第八、九章的内容)

我这里只想强调本书内容上的一个特点：它拓宽了新闻写作研究的领域。对新闻写作的认识，有这样几个层次：第一个层次，认为新闻写作主要是和文字打交道。第二个层次，认为新闻写作主要是和新闻事实打交道。第三个层次，认为新闻写作主要是处理观点和材料的关系问题。

这三个层次的认识都对，但我认为还应该扩展到一个新的层次，那就是还需把新闻写作看成一种在传播过程中的特定的人与人的关系的处理。它实际上要处理记者和读者、记者和采访对象、记者和编辑等等关系。离开这些关系就看不清新闻写作中若干问题的实质，离开这些关系，也就很难理解为什么应该这样写和为什么写成这样。

如果只研究人头和笔头的关系，而不研究这中间的人头和人头的关系，就像抛开生产关系，单独研究生产力一样，许多问题说不清。

这一个特点，我希望读者能够给予充分的注意。

在《新闻采访方法论》的前言中曾有这样的话：这本书"做过多年新闻工作的同志看后也不会觉得是纯属浪费时间，就是一般的调查研究工作者也乐于翻上一翻"。后面的这半句话是希望新闻学著作应该越出新闻界的范围，在更加广阔的社会领域起作用。

近几年有一个可喜的现象，不仅新闻界注意办新闻干部的培训班，不仅许多的专业部门办新闻训练班，还有一些其他专业的培训班加进了新闻的内容。虽然这些单位并不一定认识到这样做的深远意义，但它实际上是一个带有时代色彩的重要动向。

新闻从一开始就是社会的事业，但是多年来，许多人，包括新闻界自己，都只把新闻当作一种工具，而且是实用性的工具，仅此而已。因此，社会上的人大都认为，学新闻只是写新闻报道人的事情，也还有一些人认为新闻不屑一学。这种舆论是如此之普遍，以致连新闻界不少人自己也认为新闻没有什么学问。如果说一般的人也要学一点新闻，在许多人听来，可能近于开玩笑。

其实，新闻不仅是一种传播和宣传的工具，是一种信息交流的最重要的方式，而且也是一种人类的重要文化。

"新闻是一种文化！"

"新闻素养是一种重要素养！"

"大家都要来学一点新闻！"

我们要响亮地喊出这些口号，在现代化的过程中更要喊出这样的口号！

这难道是新闻界，新闻学者的自我扩张吗？不，不是。只要我们稍微仔细地观察一下生活，我们就会发现，许多工作做得不够理想，重要的原因之一，就是参与者缺乏必要的新闻素养。有些会议为什么开得冗长？往往是由于发言的人不善于用快速表达的方式说话，不懂得使用"倒金字塔"逻辑；为什么有些报告写得艰涩乏味？往往是由于作者没有抓住最重要最新鲜的东西，更没有考虑用怎样的方式使大家更容易接受，而新闻的素养正是帮助人们在复杂的事物中抓住最重要最新鲜的东西，并且善于用大众最容易接受的方式表达出来；一些企业家很愿意和新闻界交朋友，但他们往往只注意拿出点小小的物质礼品而不知道怎样拿出更重要的"新闻礼品"——和新闻界交朋友，没有新闻礼品，不"喂"他们新闻，这种关系也是难以维持的；一些领导人不注意研究在大众传播工具上露面时的艺术，常常因为"公共关系形象"的不佳影响了他们的威信，他们还没有深切地意识到，在现代化的社会里，领导和群众的大面积的、有极大影响力的接触是通过新闻传播媒介进行的；新闻传播对文学、戏剧、歌舞、绘画等等的影响，现在已经有越来越多的人看清楚了，而新闻对人们思维方式的影响，则还有很多的人没有看清楚。在被称为信息社会的现代化的社会里，新闻的思维方式已经变得对每个人来说都是不可缺少的；这已经是无可怀疑的、正在发展的事实。

新闻界开始注重新闻学的研究，这是过去几年的变化。社会各界都来重视和学习新闻学，这应该是未来若干年的进程。新闻必定会作为一种普及性的文化"行进"在我们的社会上。

如果说，在过去的新闻发展中，它曾向社会其他的意识形式吸收了许多的营养的话，那么它现在则可以向曾经孕育了它的整个社会和曾经帮助过它的其他意识形式做出自己的贡献了，虽然它还要向社会和向各种意识形式继续吸收营养。

如果本书能够被作为一种新闻文化的著作来看待，如果不仅新闻界的同行对它感兴趣，而且社会其他各界都有一定兴趣的话，那将是我的莫大幸事！

作　者

1991年12月于北京金台西路人民日报社

目 录 Contents

1 第一章 总 论

第一节 新闻作品的特点 —— 001
- 第一：易碎产品 —— 002
- 第二：机遇产品 —— 005
- 第三：组合产品 —— 009
- 第四：选择产品 —— 011
- 第五：传播产品 —— 014

第二节 新闻写作的基本规律 —— 015
- 用事实说话 —— 016
- 基本要素之一：事实 —— 017
- 基本要素之二：说话 —— 018
- "事实"和"说话"的对立统一是新闻写作的基本矛盾 —— 019
- 对"用事实说话"的进一步阐述 —— 021

第三节 新闻写作的基本要求 —— 026
- 读者读报的五个特点 —— 027
- 读者读报的四个阶段 —— 028
- 新闻写作的基本要求 —— 030
- 三条基本要求的出发点和结合点是读者观念 —— 044

从传播的角度来理解新闻写作的基本要求 —— 045
第四节　新闻作品的主要样式 —— 056
　　第一类：典型的新闻体裁 —— 057
　　第二类：边缘性的或者是杂交性的新闻体裁 —— 067
　　第三类：报纸上刊登的其他文字作品体裁 —— 070
　　第四类：广播、电视中的一些特殊体裁 —— 072
　　第五类：探索性体裁 —— 073

2　第二章　事实和说话

第五节　生活事实和新闻事实 —— 076
　　事实是一个模糊的概念 —— 076
　　对事实进行必要的分类 —— 078
第六节　主观和客观的矛盾
　　　　——事实和说话的关系之一 —— 089
　　事实和说话的矛盾首先表现在主观和客观的矛盾上 —— 092
　　主观和客观矛盾的表现 —— 094
　　解决"主观和客观矛盾"的方法 —— 095
第七节　点和面的矛盾
　　　　——事实和说话的关系之二 —— 096
　　事实是"点"，说话是"面" —— 096
　　事实和说话的几种关系 —— 097
第八节　现象和本质的矛盾
　　　　——事实和说话的关系之三 —— 100
　　事实包含现象和本质两方面 —— 101
　　整理材料分析现象 —— 102
　　宣传性现象 —— 104
　　用现象说话 —— 106

　　　　实质是用本质说话 ——————————————————— 108

　　　　简单和复杂 ——————————————————————— 110

　第九节　用事实说话的几种方式 —————————————————— 112

　　　　第一种方式："纯客观"方式 ————————————————— 112

　　　　第二种方式：材料或事实的组合方式 —————————————— 113

　　　　第三种方式：引述他人观点的方式 ——————————————— 117

　　　　第四种方式："化名"方式 —————————————————— 118

　　　　第五种方式：渗入方式 ———————————————————— 119

　　　　第六种方式：直述式 ————————————————————— 119

　　　　第七种方式：配套式 ————————————————————— 121

3 第三章　素材和主题

　第十节　新闻作品的主题 ————————————————————— 123

　　　　新闻作品是否应该有主题 ——————————————————— 123

　　　　什么是新闻作品的主题 ———————————————————— 124

　　　　什么样的主题是好主题 ———————————————————— 128

　第十一节　怎样提炼和表现主题 —————————————————— 133

　　　　第一种途径：凤凰落在梧桐树 ————————————————— 134

　　　　第二种途径：穿珠红线在何处 ————————————————— 137

　　　　第三种途径：绿叶衬得红花美 ————————————————— 142

　　　　第四种途径：玩味再三意更殊 ————————————————— 143

　　　　从主题看素材：表现主题的基础 ———————————————— 145

4 第四章　记者和编辑

　第十二节　记者和编辑的关系 ——————————————————— 149

　　　　记者和编辑的关系是一个复杂的关系 —————————————— 149

尊重编辑：记者的基本态度 —————————————— *152*

第十三节　供与需的矛盾
　　——记者和编辑之间的关系之一 ———————————— *154*
　　供需矛盾是记者和编辑关系中的第一个矛盾 ——————— *154*
　　记者要有全面的版面意识 ————————————————— *157*

第十四节　局部和全局的矛盾
　　——记者和编辑之间的关系之二 ———————————— *161*
　　记者站在局部上，编辑站在全局上 —————————————— *161*
　　从新闻业务来说，这个矛盾的主要体现 ——————————— *162*
　　站在局部的记者应该怎么办 ————————————————— *163*

第十五节　工作对象和服务对象矛盾的内化
　　——记者和编辑之间的关系之三 ———————————— *167*
　　工作对象和服务对象的矛盾 ————————————————— *168*
　　被传播和接受传播的矛盾 —————————————————— *170*
　　记者和编辑处理关系的准则 ————————————————— *171*

5　第五章　新闻作品的结构和分类

第十六节　新闻作品的结构原则和类型 ————————————— *175*
　　新闻作品结构的特点 ———————————————————— *175*
　　新闻作品结构的分类 ———————————————————— *176*

第十七节　题材分类和经济报道 ————————————————— *188*
　　记者按照题材和战线分工是一个趋势 ————————————— *188*
　　怎样搞好经济报道 —————————————————————— *190*
　　找到经济问题的新闻视角 —————————————————— *195*
　　经济报道的分类 ——————————————————————— *198*

6 第六章 新闻笔法

第十八节 新闻笔法（一） —— 205
新闻笔法之一：简笔 —— 205
新闻笔法之二：粗笔 —— 210

第十九节 新闻笔法（二） —— 215
新闻笔法之三：变笔 —— 215
新闻笔法之四：跨笔 —— 219

第二十节 新闻笔法（三） —— 224
新闻笔法之五：跳笔 —— 224
新闻笔法之六：合笔 —— 229

第二十一节 新闻笔法（四） —— 233
新闻笔法之七：衬笔 —— 233
新闻笔法之八：短笔 —— 236

7 第七章 新闻语言

第二十二节 新闻语言是一种独立的语言 —— 243
"新闻语言"一词所含的褒贬 —— 243
新闻语言是相对独立性的语言 —— 245
创造和推广实用而优美的新闻语言是我们的历史责任 —— 246
研究新闻语言的内在矛盾，探讨新闻语言的特殊规律 —— 248

第二十三节 新闻语言的特色 —— 249
新闻语言的要求 —— 250
新闻语言的总体特色 —— 250
新闻语言的具体特征 —— 253

第八章 新闻写作心理与新闻写作思维

第二十四节 新闻写作心理 —— 272
- 新闻记者应该具有哪些基本的心理素质 —— 272
- 实际操作中的写作心理问题 —— 274

第二十五节 新闻写作思维 —— 283
- 新闻写作思维形成的客观依据 —— 284
- 新闻写作思维的特点 —— 285

第九章 风格 借鉴 创新 态度

第二十六节 新闻写作的风格 —— 300
- 什么是记者的风格 —— 301
- 记者风格的类型 —— 302
- 记者怎样形成自己的风格 —— 304

第二十七节 新闻写作的借鉴和创新 —— 306
- 新闻写作借鉴其他样式作品的必然性和必要性 —— 306
- 借鉴的一个重要领域：向文学借鉴 —— 306
- 借鉴的另一个重要领域：向国外的同行借鉴 —— 311
- 新闻写作中的不断创新是一大课题 —— 312
- 网络时代的挑战 —— 316

第二十八节 记者的基本素养和写作态度 —— 319
- 搞好新闻写作的基础是记者的素养 —— 319
- 新闻记者的基本素养 —— 320
- 记者的写作态度 —— 324

第一章 总 论

第一节 新闻作品的特点

内容提要：新闻写作的产品是新闻作品。研究新闻写作的目的就是为了生产好的新闻作品，那么什么样的新闻作品才算是好的呢？这个标准是什么呢？很显然，符合和适合新闻传播的规律和要求的新闻作品才是好的新闻作品。新闻作品的五个特点就是这样提出来的。它们是：新闻作品是"易碎产品"，新闻作品是"机遇产品"，新闻作品是"组合产品"，新闻作品是"选择产品"，新闻作品是"传播产品"。

研究新闻写作，应该从认识新闻作品的特点开始。

如果说新闻写作是业务手段的话，那么新闻作品就是这种手段所要创造的成果。手段和成果比较起来，正像方法和目的比较起来一样，目的是更起导向作用的。

如果不了解新闻作品的特点，我们又从哪里出发去研究创造这种作品的手段呢？

我们之所以提出新闻作品的特点问题，还因为有人否定新闻作品具有自己的特点，他们提供的标准公式是："新闻＝政治的内容＋文学的手法。"还有一些人认为，新闻作品尽管有些特点，但也是不值一提，更谈不上应该加以研究了。持这种观点的人，新闻界以外的有，新闻界内部也有。他们认为，谁不会写个报道稿呢？新闻报道是一种"低级"的文字作品，说它有什么学问是故弄玄虚。

持这些看法的人都可以找到自己的根据。确实有的记者并没有专门学过新闻写作，也没有系统地研究过新闻作品的特点，甚至他们还明确地说过"新闻无学"，但是他们又的确写过一些好的新闻作品。也确实有一些新闻作品是粗制滥造的，而且应该承认，新闻作品就其整体水平和加工的"精度"来说，也确实不如其他某些种类的文字作品。但由此就得出新闻作品没有自己的特点的结论，恐怕还是武断的、片面的。新闻作品是新闻的载体，它的主要任务是传播新闻，我们只能用这个指标来衡量它；用文学的标准来要求新闻作品，正像用新闻的标准来要求文学作品一样，那是强人所难，不近情理的。

新闻作品究竟有哪些特点呢？

第一：易碎产品

"易碎产品"是说它怕压，或者不耐压。在货物运输的箱子上，常画着玻璃杯的图样，同时在旁边写着"小心轻放，易碎品"，新闻作品就属于这一类。当然，新闻作品的怕压，不是怕重力的压，而是怕时间上的压。新闻作品是时间性极强的作品。

时间性一般包括两方面的要求：一是时效性的要求，即要求"快"，越快越好；二是时机性的要求，即不能单纯要求快，更要注意时机，早了不好，晚了也不行，正好发表在那个合适的当儿。时机性似乎不那么强调快，但是从总的来说，所谓时机仍然是当前的时机，因此它是时效性前提下的时机，仍然暗含某种快的因素，也是随便"压"不得的。

先看这样的一个事例：

> 1990年11月26日下午，人民日报的编前会上，大家讨论怎样处理一个难题：外交部打来电话说，钱其琛外长应美国的邀请将赴美访问。这个消息要在第二天，即27日的上午10点钟发布。外交部希望27日的报纸能够登载这条消息。
>
> 难在哪里呢？就难在时间性上。消息发布的时间是中美双方共同定下来的，不能更改。但日报出版的时间是头一天的夜里到当天的清晨3点半钟以前。如果头天夜里上版，那就等于27日一早就发布了；如果不

上版，那么 27 日的报纸就不可能刊载这条消息了。报社同有关部门协商的结果，只能是一条消息服从整个报纸的出版了。钱外长访美的消息只能先通过广播和电视发布，而报纸则只能迟一天在 28 日见报了。

这个事例突出地说明了新闻时间性要求的苛刻，在现代社会，即使是一天出一次的日报，也常常不能满足这个要求。

这个事例也生动地说明了新闻在时效性和时机性两个方面的辩证关系。虽然要快，但也不能太快，要把握恰当时机。

新闻作品是"易碎产品"，可以从以下三个方面来加以说明：

（一）新闻是最近发生的事实的报道。"最近"，这就是时间性的严格要求。如果把一条消息压了数日，压过了时，那还有什么"最近"可言呢？当然，从广义上来说，并不是所有最近发生的事实都会成为新闻报道。毛泽东曾经说过，还有"不闻"和"旧闻"。有些最近发生的事实，考虑到机密等方面的原因，不会做新闻加以报道。这就是"不闻"。有些过了一些时间才加以报道，如档案解密，就是"旧闻"。考古发现，就古迹来说是早已发生的事实了，也是一种"旧闻"。但不管是哪种"旧闻"，就今天我们才发现才知道的角度说，仍然是新闻。因为发现和知道是最近发生的事实。

（二）新闻价值的实现是一瞬间、一次性的，而且具有"排他性"。新闻价值，就其主要功能来说是解决"不知道"的问题的。一旦人们知道了，那么新闻价值和它的作用也就消失了。而"知道"是在一瞬间就可以完成的，一般情况下，它又是一次性地完成的。所谓"排他性"是说同样内容的消息，我看一条就可以了，哪一条消息先到我这里，哪一条消息就先解决了我的"不知道"的问题，后面再来什么消息，对我来说就是废品了，不再起什么作用了，因而也就不会再看了。

现在让我们假设一个例子：

世界女排锦标赛正在激烈地进行。某些人按照事先的通知，只能开会，不能收看电视的转播。但是大家又很关心我国女排是否取得胜利，很想及时知道胜负消息。于是，派了两个同志不参加会议，而去看电视，他们的任务是，一旦有了比赛的结果，马上向参加会议的同志报告。

比赛激烈，扣人心弦。3∶2，中国女排终于取得了胜利！

这时，被派去看电视的两个人做了两种不同的选择：甲同志，比赛刚一结束，最后得分的哨子刚一吹响，他转身就往会场上跑，气喘吁吁地向大家报告消息；乙同志则要稳重得多，比赛结束以后，他没有着急往会场上跑，而是坐在一个地方冷静地想来想去，把如何向大家报告的词想好了，想周全了，自己满意了，才"踌躇满志"地走向会场。

可以想象，这两个人的"新闻报道"会获得完全不同的效果。甲同志跑到会场的时候，大家会很安静地、精神集中地听他的"报道"，尽管他的语言不生动，甚至有些语无伦次，大家还是要听的。等甲同志说完了，这时乙同志慢吞吞地来了。他说的语言、逻辑都很好，甚至加了一些美妙的修辞，但是，在场的人都不会认真地听他的报道了，他说得越细越生动，大家反而越产生反感：人家都已经报道过的消息，你说起来还那么津津乐道，真没有意思！

可以说，乙同志的报道在一切方面都可能比甲同志强，他只在一个方面不如甲同志，那就是时效性方面。但是，正是在这一对新闻作品来说最主要方面的失败，导致了他的"全军覆没"。新闻价值已经在一瞬间、一次性地被甲抢先占有了，"消费"了，而且是被人家"排他性"地占有和"消费"了，你这位后来者就没有什么"戏"可唱了。这就是新闻价值的特点！

《经济日报》的一位副总编曾经这样说过：我办报的最主要的策略就是要"抢"，一定要抢在别人前面先说、先报道。我报道了，即使报道得比较粗糙，但是我先报道了，人家还是先看我的；你报道得再细致，但你报道在后面了，人家也会说，《经济日报》已经报道了，不看了。人们戏称他说的这种办法为"打快拳"。

（三）新闻作品就其总体而言，更具有"直接现实性"，它总是和社会生活中的某些直接操作的事情联系在一起的；新闻作品的政治性也是比较强的，它往往直接参与政治斗争。由于操作性强、政治性强，它的时机性就必然是强的。在我们的社会主义国家里，报纸大都是党和政府的机关报，党和国家常常要通过报纸发布带有指令性和指导性很强的新闻报道。这样的报道，它对时间性的要求更是可想而知了。

在当今的世界上，还存在着不同势力的斗争，这种斗争同样在新闻传播的领域中表现出来。而新闻传播中的斗争常常是通过新闻报道的"抢"与"压"表现出来。有些新闻，如果发表晚了，就可能在斗争中处于被动的地位。

1989年11月，中国共产党召开十三届五中全会的时候，就发生过类似的问题。这次会议一个重要的议题是改选党的军事委员会主席。有的香港报纸通过不正常的手段，了解内部酝酿的情况，而我们有的新闻单位的同志保密观念不强，做了一些违反纪律的透漏。这家香港报纸在我们的会议的选举还没有结束的时候，就抢发了消息，使我们的宣传处于被动的地位。他们的这种做法是我们不取的，但是它也从一个侧面反映了新闻作品的特点。

2008年5月12日，我国四川汶川发生大地震，在地震发生后的第一时间，温家宝总理就赶到救灾现场，新闻媒体马上把当时了解的地震情况和国家领导人到现场指挥救灾作为重要新闻向全世界做了报道。由于抓住了新闻报道的时间性，各方面的反应很好。灾区的情况得到了及时的了解，全国人民抗灾的行动以及世界各国的救援行动得到了及时的动员，同时在全世界树立了我国社会、我国政府和我国领导人的良好形象。在总结这次抗震救灾的时候，大家对新闻界的报道，特别是在时间性和透明度上的突破，给予充分肯定，这是完全应该的。

总之，认识新闻作品的特点，首先应该抓住时间性——时效性和时机性的特点，离开这一点，我们将会抓不住要领。

第二：机遇产品

什么是"机遇"？唯物主义的解释应该是这样：行为的主体遇到了对他达到某种目的的极其有利的充分的客观条件。这些条件包括空间的，包括时间的，包括物质的，也包括关系的、精神的；或者说，它是这一切方面条件的综合，就是说，不仅具备了必要条件，而且具备了充分条件。这些条件的集中出现，是必然性和偶然性的统一，但它毕竟更多地直接表现为偶然性。不仅如此，这些条件的具备并不是永驻的，世界是不停地运动着的，这种条件具备的状态，往往是转瞬即逝的。俗话说"过了这个村，就没有这个店"，就是这个意思。这就好像观察日食现象，并不是想观察就可以观察到的，必须要有一定的机遇，那就是月球运行到太阳和地球的中间，而且三者形成一条直线排列的情况。

简言之，机遇者，遇到了机会也。

说新闻作品是"机遇产品"，这是因为新闻作品和其他文字作品比较起来，受机遇的制约更大些，甚至可以说大得多。——要申明一句，不是说其他文字作品不存在机遇的问题，而只是说新闻作品受到机遇的制约更大。这种制约不仅是"战略的"，而且是"战术的"；不仅是在一个环节上，而且几乎是在各个环节上。

一个记者要想写一篇报道，首先要受到新闻事实是否发生的制约。如果新闻事实根本没有发生，他怎么进行报道呢？而新闻事实的发生是有其自身的规律的，并不是按照记者的意愿出现的。——这是机遇的制约之一。

好的新闻报道的前提是必须先有一个好的新闻事实。而有较高新闻价值的新闻事实并不是经常发生的，它发生了，恰又在你的报道范围内，这往往是机遇使其然。——这是机遇的制约之二。

很有新闻价值的新闻事实发生了，但还有一些现实的问题：你是否很快地知道了？报社是否派你去完成这个任务呢？你是否马上走得开？——这是机遇的制约之三。

一个有价值的新闻事实发生了，你也有机会去采访并且及时地采写回来了，你还会遇到这样的问题：你的主管领导或者版面编辑是否识货？当时版面的情况如何？如果版面紧张，你的报道不能及时发表，或者虽然发表了，但被压得"一塌糊涂"，你又有什么办法呢？这些情况的发生，常常并不是哪个人故意整你，而是由于机遇不好。——这是机遇的制约之四。

机遇对记者的制约还可以举出一些。

这些机遇的制约，对记者来说，并不是单个起作用的，一个成功的新闻报道的出现，往往是这一切机遇的总和才有可能。

如果把作家的生产过程和记者相比较，就可以看到，作家受机遇的制约是比较小的。他可以不受新闻事实是否发生的制约，他可以不受他所写的事实是否发生在他的身边并且他是否有可能去直接了解的制约，素材的价值不够，他可以靠自己的想象和塑造去解决……机遇对于作家更多地表现为战略性的，而较少表现为战术性的。他们的机遇往往被说成是时代的机遇。

是否充分认识到机遇对新闻作品的重要性，可以说是关系到记者工作成败，起码是关系他的工作成绩大小的关键问题。

1983年3月，人民日报夜班接待了一位从某省来的读者。这位读者怀里揣着一封群众的告状信，主要内容是，当地有一位司局级干部在其子女的高考中作弊，但是当地的领导由于派性作怪，不做认真的处理，打算不了了之。

编辑部判断，这封信具有重要的意义，它不仅是揭露了这一个干部的问题，更重要的是，它揭露了当地党委没有认真按照党的十一届三中全会精神进行拨乱反正的大问题。于是，当即决定发表这封来信，同时决定派记者去该省就此进行连续报道。

这个重要的报道任务落到一位中年记者的身上。他知道这个报道任务的分量，反倒犹豫了。他明白，对于记者来说这是一个极好的机遇；但同时他也意识到，这是一个危险的"差使"。只身一人到一个省去批评省委领导，这是要冒很大的风险的。起初他"逃"开了。但是由于一时派不出别的记者，最后这个任务还是落到了他的身上。

他接受了任务以后，立即出发到了这个省，并且通过半个月的日夜奋战，终于较好地完成了这次批评报道的采访任务。他写的报道《不完整的答案》在《人民日报》发表以后，因为触及了如何处理"文化大革命"遗留问题这件大事情，立即在当地引起了轰动性的反响。当地的报纸也转载了这篇报道。刊载有这篇报道的报纸被人们抢着读，一位老干部给记者打来电报，说《案》文有如惊天雷，照亮我省山和水"……

这篇报道对促进该省解决"文化大革命"的遗留问题起了重要的独特的作用。许多读者给记者来信。有的说，一个记者，如果他一辈子写一篇两篇这样的报道也就可以了。从机遇的角度看，这种说法确实是有道理的。

一个记者在他的一生中，难道可能多次碰到这样的机遇吗？中国难道会再发生"十年动乱"这样的事情吗？还会有一个省一派掌权达 15 年之久的事情吗？记者还可能遇到正有一个可以入手来揭露某个问题的具体事件吗？有了这一切，还有可能恰巧这个采访任务落到你的身上吗？这一切"星球"连成一线的机会，实在是太少太少了！这就是机遇！

后来，这位记者在回答别人"什么叫成功"的提问时，他给出了这样的公式：

$$成功 = 机遇 + 拼搏$$

曾经担任新华社社长的郭超人，年轻的时候可以说是一举成名。1959 年我国登山健儿首次从北坡登上世界最高峰——珠穆朗玛峰，成为举世瞩目的事件。刚刚毕业不久的郭超人当时在西藏分社当记者，他有机会接受了随登山队采访的报道任务。他和登山队一起爬山，并随时写出报道。由于这次登山世界瞩目，又由于他写的报道非常具有现场感，所以，这些报道很快引起了全国乃至世界的关注，《红旗插上世界之巅》等作品成为新闻作品的名篇，郭超人一下子就成了名记者。他的成功，生动地注解了"成功等于机遇加拼搏"的公式——举办这次登山和登山报道落到自己头上是机遇，而付出冒着生命危险的努力则是拼搏。

反过来说，记者的最大的遗憾，应该说是由于他不懂得新闻作品是"机遇产品"而错过了大好的机遇以致英雄再无用武之地！

记者的最大业务过失，应该说是他获得了机遇但又不去尽一切力量（有时是不怕以自己的生命为代价）去拼搏！

1995 年春天，人民日报经济部主任听到这样一个细节：著名的哈默投资的中美合资山西平朔煤矿附近农村一个老农民，病重快要逝世的时候，就是不闭眼。儿孙们问："您还有什么放心不下的事情？"老人问："美国人走了没有？"儿孙回答："还没有。"老人断断续续地说："还没走……他们这样用大铲子挖……以后煤没有了，你们靠什么活呀？"没有人给他满意的回答。最后老人含着不能解开的疑问走了。这个细节使这位主任非常激动。新闻敏感让他感觉到，这是一个大的新闻题材。因为在这个细节中包含着我国改革开放最核心的矛盾，那就是现代化和小农观念的矛盾。由此开掘写出来的新闻报道，绝不是一般的新闻报道，而是一个此前此后都不会发生的历史性题材，可以写成一篇具有时代印记的历史性记录的新闻报道。

这时这位主任想到了一位老记者，把这个细节告诉了他，也把这个报道任务交给了他。为了引起记者的重视，这位主任说，"如果我还是机动记者，这个题目我不会告诉你的——我就去了"。但可惜，这位记者并没有认识到这是一次难得的机遇，迟迟不去出发采访，最后，这个好题目被新华社山西分社的同行抢走了。

人们说机遇是可遇而不可求的。这种说法又对又不对。说它对，确实机遇是客观的，不是以人的意志为转移的，不是想来就来的。说它不对，是因为这种说法完全抹杀了人的主观能动性。有一句很精彩的话："机遇是为有准备的人准备的。"有精神准备的人会随时注意机遇，因而不会放过好的机遇。此其一。有必要准备的人，一旦机遇出现，他就可以立即"扑"上去，抓住它，而平时没有准备的人，即使机遇降临到他的面前，也是无能为力的。此其二。在不同层次上的人，机遇对他们的概率是不同的。一般说，越是有准备的人，获得机遇的概率越高。正像考大学一样，功课好的学生也可能考不上，但是就总体而言，功课好的学生考上大学的概率总要比功课不好的学生高，不然谁还会认真学习呢？

所以，新闻作品是机遇产品的特点，既对记者提出了"战时"的要求，也对记者提出了平时的要求。

第三：组合产品

商店里出售的家具，有单个卖的，有成套卖的。后一种又称组合家具。新闻作品就其"卖出"——发表的特点来说，更像组合家具。

不错，任何一篇新闻作品在写作的时候都是单个成篇的，但是在发表的时候则不然了。它必须或必然是以组合的形式出现。这种组合的具体体现就是版面。

版面是各种要素的组合体：从体裁来说，它应该有消息、通讯、述评、特写、花边新闻、来信、评论、简讯、新闻照片等多种样式，任何单一的体裁都是不能组成一个合格的报纸版面的；从内容来说，如果是经济版，它就不能仅仅有工业报道，必须还有农业、商业、金融等方面的报道；从地区来说，它不能只是一个地方的报道，全国性的报纸一般必须有全国各地的内容；从角度来说，有正面的报道，有批评的报道，有提出问题的报道，有经验性的报道；从篇幅来说，应该是大、中、小相结合的，都是长篇就显得呆板，都是短的，就会显得零碎，如此等等。

新闻作品要发表，是必须登在版面上的，因此它必须作为组合产品中的一员出现。尽管在采访和写作时记者之间并不一定发生协作关系，但是他们的作品发表的时候，就要发生某种联系。这些作者在写作的时候是单独生产的，但是他们的产品到了编辑手中，就一定要被组合起来，不管他们是否愿意。

新闻记者工作的一个重要特点是：个体创造，整体完成。

记者采访的时候是个体劳动的方式，他在写作的时候也是个体劳动的方式，这可称为"个体创造"；但是他的作品，还要通过编辑的编改加工，还要通过主编的审定，没有这些环节的协调工作，新闻报道是不能顺利地完成的，这就是"整体完成"的含义。另一层意思是，新闻作品在发表的时候，都是和别的新闻作品组合在一起的，从来都不是单个出现的，这也是"整体完成"的重要内容。

有许多记者——甚至工作多年的老记者，还有更多的业余通讯员，并不甚懂得这个道理。例如，有的记者常常问版面编辑：究竟你们缺稿不缺稿？如果编辑说缺稿，他们就会立即又问，那为什么我的报道你迟迟不给发表？是啊，问得多么有理啊，你既然缺稿，为什么不用我的稿件呢！

他不明白，新闻作品在实现的时候总是组合产品。既然是组合产品，你就应该问，缺稿是缺哪一种或哪几种产品？在夜班编辑部，常常是通讯压得很多，而重要的消息和短小精悍的特写则往往是缺门。这时你如果供给的是通讯，那么对不起，他就不能及时刊用了；如果是一条短而重要的消息，那么，毫无疑问，他就会立即上版了。因为夜班编辑正在发愁没有一条好的头条来组成自己的版面呢！

所以，夜班编辑部那里，稿件从来就是"又多又少"。因为版面必须是组合的，产品结构不合理、不能配套，自然就是"又多又少"了。

通讯员也常常向编辑部提出这样的问题：我的报道怎样才能登上你们的报纸呢？要回答这个问题是不容易的。不能见报的原因是多方面的，每个人的情况又是不同的。但有一条捷径却是任何人都可以参照的，那就是从新闻作品是组合产品这一特点出发，来决定自己的策略。通讯员写稿，往往是看记者怎样写我就怎样写。从学习新闻写作来说，这也许是对的；但是从见报的角度来说，则是应该相反的：记者怎样写我不怎样写。记者写大通讯，你也写大通讯，请问你的题材值得写那样的"大家伙"吗？记者写宏观的内容，你也写宏观的内容，请问你有"总揽全局"的条件吗？如果没有，一般的通讯员怎么能够竞争得过记者呢？回到开头我们用的那个比喻：在组合家具中，大衣柜的利润率比较高，但是生产大衣柜的技术要求也高，投资的数量也大，而且许多大厂都在生产，在这种情况下，你要挤进去是不容易的。而组合家具也少不了桌子、椅子、梳妆台和小板凳之类的东西，它虽然利润率比较低，但是它要求的技术也低、投资也少、竞争的对手也少，为什么你不生产这类东西呢？这类东西送到编辑部往往是很快被采用了。因为没有"桌子、椅子、小板凳"之类，组合家具也组合不成啊！

第四：选择产品

从新闻工作的原则上说，无选择即无新闻。因为总要把新闻事实从大量的事实中选出来，方可报道。而且就是对新闻事实也是有选择的，再发达的传播工具，也不可能将所有的新闻事实都加以传播。更重要的，任何传播工具都是有自己的传播原则——选择标准的。黎信同志在《西方新闻采访与写作》一书中谈了这样的看法：到目前为止，还没有发现哪个西方资产阶级报人明确地提出过"有闻必录"的口号。认为"有闻必录"是西方的新闻准则是没有根据的。《纽约时报》报头上印有这样的话："凡适于刊载之新闻皆刊载之。"（All News That Fits For Print）此话乃有标准，即他们认为"适于刊载"的。可见，也是有选择的。

我们这里是着重从新闻写作的角度谈选择的。所谓新闻作品是选择产品，是说生产这种产品的主要手段是选择。

新闻采写与文学创作的区别在这一点上看得很清楚。

文学创作，虽然也要从生活中提取素材，也要"源于生活"，但是作家是完全可以不受生活素材的局限的。因为他可以不受素材的事实真实的局限，他可以塑造人物、编造情节，他可以拔高、可以贬低，可以夸大、可以缩小，他可以在自己的作品中加入自己的感受、加入自己的情感，他看来几乎是可以"为所欲为"，当然是在文学创作规律的范围内。他有时像一个化学家，各种元素通过他的头脑这个"反应炉"生产出种种新奇的产品来；有时甚至像一个魔术师，只是几个小球，或者是几张扑克牌，就可以变出千奇百怪的东西来。所以，文学可以说是"创作"，而且必须是创作，没有创作就没有文学。

但新闻写作能够像作家那样搞"新闻创作"吗？显然不能，而且是被禁止的。这属于常识范围的事。

那么记者的工作手段是什么呢？

主要是选择。

新闻写作与其他的写作不同，它更多地要依靠采访，依靠扎实的采访。如果说在文学的创作中，素材不足还可以用自己的想象来补充的话，那么在新闻写作中记者的想象在这里是毫无用处的。事实的先天不足，在写作中是无法弥补的。

选择，从采访就开始了。首先是记者从大量的新闻线索中经过选择，确定报道选题。这是一个重要的选择——具有全局意义的选择。选题选择错了，采访和写作都是很难成功的。这就犹如打井，打井的地点选错了，地下没有水，再好的打井技术，再努力的工作，都不会打出水来的。

确定报道选题之后，到一个单位去采访，遇到的就是选择报道的角度问题。你不能改变那个单位发生的新闻事实，但是你可以选择从哪个角度去报道这个事实。报道的角度确定之后，就可以知道怎样和从哪里去"深挖"了。

在采访告一段落，开始进行写作的时候，记者的工作仍然是选择。他要把已经到手的素材进行分类，选取那些对自己有用的东西，舍弃那些对自己无用的东西。

新闻写作中有没有"提炼"呢？应该说是有的。因为新闻报道中也有突出主题的问题。主题一般都是要经过提炼的。但新闻写作中的主题提炼所用的方法仍然是选择：选择那些事实中最有价值内涵的和最能够表达记者意图的东西加以突出。

请看 1990 年 9—10 月在北京举行的第 11 届亚运会闭幕的报道，不同的报纸、不同的观点，都是通过选择表现出来的：

新华社的报道：

新华社北京 10 月 7 日电　新华社记者报道：标志着亚洲体育运动新崛起的第 11 届亚运会，在创造了一系列较高的新纪录之后，今晚在礼花缤纷的北京胜利闭幕。（导语后的文字从略）

英国《独立报》的报道：

本报北京 10 月 7 日电　记者贺安雷报道：中国领导人今天在庆祝第 11 届亚运会闭幕时，他们信心十足，笑逐颜开。对中国共产党领导层来说，这次亚运会既是体育上的胜利，也是政治上的胜利。（导语后的文字从略）

日本《产经新闻》报道的导语：

亚运会东道国中国当局对 10 月 7 日闭幕的第 11 届亚运会所取得的成功似乎感到很满意。虽然开幕前夕发生了取消入侵科威特的伊拉克参赛资格的事件，但仍有 37 个国家和地区参加了比赛，为历史上参赛国和地区最多的一次亚运会，另外，在争夺金牌的比赛中，中国占据绝对优势。

日本《朝日新闻》报道的导语：

亚运会期间一直在北京的下届亚运会组委会副秘书长森胁昭之在亚运会结束后告诉记者说："这些天来我一直有一种在滑翔的感觉，现在亚运会闭幕了，我也起飞了。要说眼下的心情，就是想大干一场！"

2008年8月8日在北京举办第29届奥运会。在临近奥运会开幕前几个月，世界各大媒体都对北京准备奥运会的情况进行了大量的报道。有些西方媒体担心中国借助奥运会提高自己的声望，在他们的报道中也是做了精心选择的。北京为举办奥运，做了大量的细致的工作，无论是北京的公共设施，还是奥运场馆的建设，以及北京市民的精神面貌，都有许多值得报道的东西。但是，他们集中选了两件事进行重点报道。一件事是奥运火炬在世界各地传递时，受到了"藏独"分子的干扰。一件事说北京的空气污染严重，不适于进行体育比赛。以致一位世界著名的长跑运动员为此放弃了到北京参加奥运会的机会。

北京奥运会举办成功之后，许多外国媒体又集中报道了北京奥运的光明面。他们称开幕式是"梦幻般的开幕式"，报道了许多运动员在北京的难忘的经历和激动人心的感想，特别是突出报道了国际奥委会主席罗格所做的北京奥运是"无与伦比"的评价。

有一位中国的奥运赞助商，不能理解外国报道的180度转弯，问及奥委会前主席萨马兰奇，萨翁轻轻一笑说："几乎历届奥运会都是这样的。"

这里我们不再分析出现这种情况的原因，只想以此证明，新闻作品是选择产品，写作新闻作品从题材到用语其实都是经过选择的。只是不同的倾向、不同的目的，不同的选择而已。

作家面对生活，他说："我要创造！"

记者面对生活，他说："我要选择！"

第五：传播产品

新闻的生命在于真实，但新闻的作用在于传播，再真实的新闻作品，它没有传播出去，那它的生命又有什么意义呢？从这种意义上说，传播是新闻的活力,是新闻的生命力的实现,是新闻的作用形式。

因此,新闻作品必须是适于传播的作品,或曰"传播产品"。

这一点,只要把新闻作品和其他作品加以比较就非常明白了。

比如,你写了一篇总结报告,只是为了写给领导机关的,并没有传播的用途;有的总结报告你把它扩散开去,甚至要犯错误,因为它不是传播作品。法律、文件是不是传播作品呢?它们似乎也需要众所周知的呀!不错,它们是需要大家都知道的,但它们本身并不是起传播作用的。它们的功能是规定某些政策,规范人们的行为等等。文学作品呢?它们不是也要让更多的人去读它们吗?这不是传播吗?不可否认,文学作品可能有一些传播的作用,如传播某种思想等,但它不是我们所说的传播。我们所说的传播是指它的主要功能和达到某种目的的手段是传播,即它把某些客观存在的事实、信息传播开去时起媒介作用。正是由于新闻作品是传播产品,是载运"别人"的,所以才对它提出更高的真实性和客观性的要求。

新闻作品这种传播产品,还应该是大众传播产品,也就是说,它应该传播得越广泛越好,越具有群众性越好。能否传播,决定着新闻作用的有无;传播范围的大小,决定着新闻作品作用的大小。因此我们的新闻作品不能只是让少数人明白和喜欢,必须让多数人明白和喜欢才行。

只说新闻作品是大众传播产品还是不够的。在现代社会,"大众传播产品"应该是很多的,并不限于新闻作品。例如,广告就是一种传播作品,但不能说它是新闻作品。新闻作品是一种独特的大众传播产品。独特在哪里呢?独特在它向大众传播的是新闻。这就给新闻作品提出了另一个重要的要求:必须适于快速交流。人们是在急急忙忙的情况下看报的,报纸和读者之间是快速交流的。

因此,从传播产品和传播新闻产品的要求出发,对新闻作品提出了要适于广泛传播和快速交流的要求。

第二节 新闻写作的基本规律

内容提要:要搞好新闻写作,首要的是掌握新闻写作的基本规律。写作任何文章，要处理的最基本的关系或最基本的矛盾是观点和材料的矛盾。因为新闻是最近发生的事实的报道。它所用的材料主要是事实。所以，新闻写作中的基本矛盾是客观新闻事实和记者宣传观点之间的矛盾关系。新闻写作的基本规律就是基于此提出来的。它的最简要的表述是：用事实说话。它的全面的表述是：迅速地用最典型的新闻事实向广大的读者（受众）说话。

用事实说话

本书的书名应该这样拆开："新闻写作——方法论"。不应该分拆为"新闻写作方法——论"。

之所以使用"方法论"者，是研究新闻写作之规律也，而不是着重研究具体的写作方法。

要达到这个目的，首要的是用马克思主义哲学原理，分析新闻写作这一活动，找出其中的矛盾，并研究解决这些矛盾的方法。

新闻写作中基本的矛盾是什么？

新闻写作的基本规律是什么？

毛泽东同志讲过这样一段话："开会的方法应当是材料和观点的统一。把材料和观点割断，讲材料时没有观点，讲观点时没有材料，材料和观点互不联系，这是很坏的方法。只提出一大堆材料，不提出自己的观点，不说明赞成什么，反对什么，这种方法更坏。要学会用材料说明自己的观点。必须要有材料，但是一定要有明确的观点去统率这些材料。材料不要多，能够说明问题就行，解剖一个或几个麻雀就够了，不需要很多。自己应当掌握丰富的材料，但是在会上，只需拿出典型性的。必须懂得，开会同大著作是有区别的。"（见《工作方法六十条》）

一切文章的写作，所遇到的最基本的矛盾，就是观点和材料的矛盾。所谓写作规律，也就是寻求观点和材料这两者是如何统一的。

新闻写作中遇到的最基本的矛盾也是如此，但可以具体化为：主要是记者（作者）要宣传的观点和新闻事实之间的矛盾。新闻写作的基本规律也就是从这里引申出来的。

那么,新闻写作的基本规律究竟是什么?用最简洁的语言说,它就是用事实说话。

对于这一点,我国的老新闻工作者吴冷西同志曾经说:"新闻应该按新闻的规律办事——让事实说话。""新闻所以有力量是靠事实说话,用事实宣传观点、思想、政策。这是因为,人们认识世界的规律,是从具体到抽象,从个别到一般。新闻要提供大量的事实,让受众从中得出概念、结论、判断。"(见《吴冷西谈广播电视新闻》,载《新闻战线》1982年第12期)

对于这一基本规律,我们还可以说得再详细一些,那么它应该是:

迅速地
　用典型的
　　新闻
　　　事实
　　　　向广大的
　　　　　读者
　　　　　　说话。

现在让我们详论之。

基本要素之一:事实

新闻基本要素是什么?是事实。

因为新闻是最近发生的事实的报道。

缺少事实这个基本要素,记者还有其他要素也就很难发挥作用了。

那么,对新闻写作成败最具有决定性的是什么呢?也是事实。没有过硬的事实,再有过硬的"笔头"也是白搭。

新闻写作最基本的手段是什么呢?是选择和运用事实。可以说,新闻写作的一切方法和技巧,都是选择和运用事实的方法和技巧,起码都是建立在选择和运用事实之上的方法和技巧。

基本要素之二：说话

怎么理解这里的"说话"二字？

现在有许多的"说话新闻"，即某某人说了什么话就发消息，这难道也是事实吗？是的，是事实。一般人说了某些话本身也可以看作是一个事实，重要的人说了重要的话，自然可以作为事实加以报道。美国新任总统奥巴马发表了对伊朗新的政策的讲话，这本身就可以看作是对布什原来政策的改变，这是美国对外政策的新动向，当然是值得重视的新闻。

但我们这里说的"说话"并不是指这种"说话新闻"，"说话新闻"中报道的是采访对象说的话，而我们这里研究的是记者通过新闻报道要说的话，是作者的话。这些话有的是直说的，有的是拐弯说的，有的是暗含在报道里面没有明说的。说话实际上是"观点的宣传"的含义，"宣传报道倾向"的含义。

那么，这种"说话"为什么成为新闻写作的基本要素呢？这是新闻媒介的性质所决定的。新闻为什么存在？新闻为什么逐渐成为一个独立的社会领域？新闻为什么在近代和现代社会有如此迅猛的、"奇迹"般的发展？各种主体，包括政党、集团、团体、企业以至个人为什么要办报？为什么要兴办各种新闻传播事业？记者为什么要写这样的报道而不写那样的报道？为什么这样写而不那样写？

这是双重需要的结果。一方面是社会发展的需要，一方面是兴办传播事业者的需要。传播事业的兴办者和主持者为什么要花费巨大的财力和精力来做这件事呢？在满足社会需要的同时，它们也不是超功利的，它们的功利从新闻业务的角度说就是为了"说话"！说自己的话！

当然这个"说话"实际上是包含不同内容、不同层次、不同形式的。

掌握新闻舆论工具的政党，自然要通过新闻报道宣传他们的政治主张；

掌握新闻舆论工具的集团，自然不允许它所管辖的新闻工具发出违背它的利益的声音；

报道好人好事，是提倡一种好的社会风气；

揭露坏人坏事，是为了打击歪风邪气；

报道生产和市场的信息，是为了帮助生产者和经营者了解经济动向；即使是天气预报，也总要告诉人们气象的变化和状况。

"说话"者，有目的的信息传递活动也，或者传播活动的倾向也。新闻报道就总体来看，总是有其目的、有其倾向的，所以新闻报道总在说话。至少总体上是如此。

新闻报道虽然报道的是事实，但是它要有超出事实的因素，即报道这个事实的目的。有时，这个目的是明显的，有时这个目的是潜在的，有时这个目的是有政治倾向性的，有时这种倾向性是隐晦曲折表现出来的，也有一些是没有直接的政治目的的但总有某种目的的，有的是新闻报道的作者很有意识地这样做的，有的是作者本人当时在主观上也许并不十分自觉，但实际上他的作品总要发生某种客观的影响，即说了某种话的……

这正像马克思说的："事实并不排斥思想，正如同思想不排斥事实一样。"（见《马克思恩格斯全集》第1卷第194页）

这并没有什么不好理解的。事实如果不被报道，它当然仅仅是事实；但事实一旦被报道了，它就不再仅仅是事实了，而是成为"被传播了的事实"了。事实的发生是纯客观的，但这个事实发生后要不要传播，怎样传播，总会和传播者的意向发生某种关系的。事实的传播总是为了某种目的的，即使没有明确的特定目的的事实传播，它也总要产生某种影响，等于说了某种话。

2008年汶川大地震，是自然灾害，这一事实的发生，是纯客观的事情，但我们对其加以报道，就是让全国以至于全世界关注这件事情，我们报道灾区人民受灾后的英勇表现，就是对这种精神的肯定和颂扬，我们报道全国以至于世界对灾区的援助，就是倡导这种人道主义的行为。所以这些报道都是在说话。

这种情况是客观存在，谁也改变不了的。所以，可以简言之：报道就是说话。

"事实"和"说话"的对立统一是新闻写作的基本矛盾

我们讲过了新闻写作的两个基本要素，一个是"事实"，一个是"说话"。

可以说，在所有的文字作品中，只有新闻作品把这两者如此紧密地"绞"在一起。但仅仅指出这一点是不够的，还必须进一步研究这两者的对立统一的辩证关系。

"事实"是客观存在，"说话"是主观意图。——它本质上是客观和主观的矛盾。

"事实"是被认识的客体，"说话"是传播主体的认识。——它本质上是认识和被认识的矛盾。

在新闻报道中，最理想的情况是"事实"和"说话"的高度统一。事实的客观意义正好和记者要说的话完全重合。但这种情况是很少的，从严格的意义上说是没有的。因为事实本身就是对立统一体，包含互相对立的两种因素，不可能只符合一种意图。在实际工作中，记者常常遇到这样一些情况：

（一）事实的情况基本符合说话的意图。这种情况是比较好办的。

（二）事实的情况基本上不符合记者的倾向和意图。这种情况下，如果可以对此事实不予报道，那当然对新闻写作的要求就简单了——不写就是了。但有的时候，一些这样的事情不报道是不行的。在这种情况下，用事实说话就变成了很困难的事情。

（三）事实是多侧面的，记者为了说话只能选择一个或两个侧面进行报道，这时候，事实和说话就发生了某种偏离。记者可能认为，我的说话是有根据的；而读者则认为，记者各取所需，歪曲了事实的真相。

（四）社会生活是复杂的，因而事实这一概念在生活中实际上是一个很复杂甚至是难以捉摸的概念。事实又有总体事实和个别事实之分，记者为了说自己的话，也是可以抓到自己满意的事实的，但它不见得反映了整体的事实或总体的事实。而衡量是抓住了总体事实还是只抓住了个别事实，常常成为一个争论不休的问题。

……这样的矛盾还可以列举不少。

这就是为什么新闻的真实性问题成为一个最难争论清楚的问题。

这也是为什么新闻工作天天喊真实而又永远不能完全解决真实问题的原因。从某种意义上说，正是因为新闻要求真实，才产生了不真实的问题。

因此，处理事实和说话的关系就成了新闻写作中的基本问题。

对"用事实说话"的进一步阐述

现在我们要说，把新闻写作的基本规律表述为"用事实说话"还是很不够的，还需要进一步做若干补充：

补充之一：新闻写作用事实说话，不是用一般的事实说话，而必须用新闻事实说话

一般地说，用事实说话，从广义上是可以把新闻作品和一般的文字作品区别开来的。但如果进一步细究，又并不能完全做到这一点。许多的文章也都是要摆事实讲道理的，也都是提倡用事实说话的。这里还有一个区别，那就是新闻作品主要是用新闻事实说话的。

一些新闻作品的毛病恰恰在这里，他们写一个单位的经验，写一个人物的事迹，往往通篇没有一个新闻事实。这样的新闻作品是不合格的。有人会问：我写一个先进人物，他是多少年如一日地努力工作的，怎么可能都是新近发生的事实呢？一个单位的好经验也不是一日之功，怎么可能都是新的事实呢？问得好！但是新闻作品在这里起码要求这样的几条：1.一定要有新的事实，不能全是"老事实"，最好是以新的事实为主；2.至少要有新闻"由头"，如这个人最近获得了劳动模范称号，或者这个单位最近做出了一点突出的成绩受到了表彰等；3.虽有一些老的事实，但是它的新闻价值从来没有披露过，因而也可以被认为是新闻事实；4.对老的事实也要从新的角度来加以报道，即发掘出其中有新闻价值的东西。

补充之二：新闻写作中，不仅要求用新闻事实说话，还要求尽量用更典型的新闻事实说话

新闻事实是大量的，并不见得都能够在报纸上加以报道。记者在写作的过程中还必须在新闻事实中选择那些更典型的新闻事实；在已经被选中的事实中，还要截取最有新闻价值的部分。

这个过程应该从采访阶段就开始，一直持续到写作的结束。在整个的新闻采写的过程中，都要从两个方面做工作，一方面是搜集什么，一方面是抛弃什么。这一肯定和否定相结合的过程，实际上是选择最有新闻价值的新闻事实和最有新闻价值部分的过程。

北京人民广播电台有两个记者，他们同时接受了"从教育事业的发展看社会主义好"的报道任务。一个记者跑到一个学校去，当然是一个办得比较好的学校，他从头至尾写这个学校的变化和经验。整整用了三次广播节目的时间，播出了他的系列报道。他花的力气不小，但没得到听众的什么反应。另一个记者则是在选取"更典型的"新闻事实上下功夫，他发现了这样的一个新闻价值很高的事例：有五个孩子，新中国成立前夕，他们的父母饥寒交迫都死去了。要不是新中国成立，这样的孤儿只有要饭乞讨生活了。新中国成立后，人民政府给了他们助学金，把这五个孩子都教育成人了。根据这样的新闻事实，他写了《五个孤儿就学记》，广播以后在社会上引起了强烈的反响，许多人要来抄稿子，一些还要求翻录音带，一些学校把这篇报道作为宣传社会主义好的生动教材。

这两篇稿件的差别在哪里呢？就在于后者更注意运用更典型的新闻事实来说话；而前者在其他方面（文字、逻辑等等）并不见得逊色，但在新闻事实方面的逊色则是"致命"的失招了。

在具体的新闻写作中，最常见的毛病是罗列许多一般的新闻事实，而把最有新闻价值的事实埋没了。

1979年春天，中共北京市委召开扩大会议的时候，中央批准了北京市委为天安门事件（"文革"期间，"四人帮"把1976年清明节群众到天安门广场悼念周总理的活动定为"反革命事件"）平反的决定。这是一件具有非常重大意义的事情。可以说是最有新闻价值的新闻事实。但是当地报纸在报道的时候，把这件事情和市委扩大会议的其他内容放在一起了，因而也就被埋没了，并没有引起社会上的多大注意。后来，人民日报和新华社把这件事情摘出来，单独发了几百字的消息，在全国乃至全世界引起了巨大的反响和震动，几百字的威力大大超过了几千字的威力！

在新闻报道中，常常有这种1+1+1<1的情况。记者的水平、本领就表现在从各种1中，挑选出最重要的1，挑好了，挑对了，就会是1>1+1+1……

补充之三：新闻写作还特别要求写作的速度，因而在前面加上了"迅速地"字样

新闻写作迅速到什么程度？最迅速的应该是"立马可待"。新闻事件刚刚结束，甚至新闻事件尚在进行，记者的稿子已经发出来了。不是还有这样的传说吗？老报人张季鸾和人民日报总编辑邓拓，他们常常是在夜班编辑室里写稿的，为抢时间，边写边排字，写一页，编辑往排字间送一页。除了新闻写作，哪里会看到这种情景呢？

快的要求，在事件性一类报道中，是很靠前的要求，而且是很硬的要求。在保证准确的前提下，越快越好。在非事件性的报道中，快的要求虽然有所缓和，但也同样是一个很重要的指标。这就是某些新闻作品在日后读来感觉很粗糙的原因之一。这些作品是为了"快"牺牲了"细"的，当时的读者可以理解，事过境迁，后来的读者就难以理解了。

为了使自己写得快，记者应该练就特有的写作素质、特有的写作能力和特有的写作方法。例如，他必须能够在任何的环境下写作，嘈杂的声音、来往的人群、热烈的或紧张的气氛、简陋的条件等等，都不足以影响他集中自己的精力去写作。例如，他必须学会和养成打腹稿的习惯，这样在采访的过程中他就可以把稿件的写法想个基本清楚，一旦采访结束立即顺利地投入写作。例如，他必须了解和把握一些例行的新闻报道的规格和格式，知道领导人的名字列哪些不列哪些，顺序又应该如何。例如，他要善于用堆积木的办法写作，准备好各种写作用的素材或组成的单元，这些单元可以随时应报道的需要而"随便"拆装，又不违背新闻写作真实性的要求，等等。

如何才能写得快，是一个记者采访和写作的实用性技巧问题。本书是方法论著作，更多的实用性的技巧难以加入。此类问题只好留待专门的著述去解决了。

补充之四：研究新闻写作的规律还必须把传播对象包括进来

对象问题是个十分重要的问题。毛泽东同志早就说过："射箭要看靶子，弹琴要看听众，写文章做演说倒可以不看读者和听众么？我们和无论什么人做朋友，如果不懂得彼此的心，不知道彼此心里面想些什么东西，能够做成知心朋友么？做宣传工作的人，对于自己的宣传对象没有调查，没有研究，没有分析，乱讲一顿，是万万不行的。"（见《反对党八股》，载《毛泽东选集》四卷合订本第837页）

传播对象在很大的程度上，也决定着记者应该如何写作。这是唯物论，也是系统论。传播对象在整个的传播系统中居于十分重要的地位。

曾经担任过人民日报副总编辑的安岗同志，有这样一段回忆：

> 提起官报，便使人想起《中央日报》，它现在还在台湾。这家报纸对读者是采取训的态度；读者从它上面只能知道什么话不能说，什么事不能做。《人民日报》不同，它在创办时毛主席就告诫我们："不要办成《中央日报》。" 1949年进城时，毛主席亲自跟我说："蒋介石不看《中央日报》，因为《中央日报》讲的都是蒋介石的话。你们要办一份能让我看的报。"我问毛主席："第一版的头条放什么？按我们的惯例，农民积肥应放第一条，但城市居民愿意看吗？"毛主席说："既是共产党的报纸，农民积肥就应该放在头条。"从那以后，我们就把工人、农民放在头条。因为在我们十亿人口中，工人、农民占九亿。虽然我们是中央一级的报纸，但我们的报纸要充满人民的声音，应该有勇气反映人民的呼声。为此，我们愿与全国的各家报纸竞争。

（引自晓凌《格迪斯博士在北京》一文，载1981年9月1日《新闻学会通讯》总第32期）

读者、听众、观众，作为新闻传播的对象，现在统称为"受众"。他们有共同的地方，也有不同的地方。在新闻写作的操作范围内，这种不同是相当重要的。本书主要是讲一些一般的规律并侧重于报纸的读者，至于广播和电视的听众和观众问题，是要涉及更复杂的情况和问题，需要另用专门的著作来研究的。

"为读者而写作！"这好像是一句超级废话，但我们把它提到新闻写作的基本规律里来,是很有针对性的。

从历史上看,用事实说话,也是革命报刊、人民报刊的光荣传统。

近现代革命报刊和人民报刊,在其诞生以后,就是很重视新闻写作的基本的规律的,并且在实践中形成了用事实说话的好的传统。

马克思在给阿尔诺德·卢格的信中,谈到报纸的编辑方针时说:"我要求他们:少发些不着边际的空论,少唱些高调,少来些自我欣赏,多说些明确的意见,多注意一些具体的现实,多提供一些实际的知识。"(见《马克思恩格斯全集》第27卷434~436页)他还提出,究竟哪一种报刊,"好"报刊还是"坏"报刊,才是"真正的"报刊!哪一种报刊说的是事实,哪一种报刊说的是希望出现的事实!(《马克思恩格斯全集》第2版1卷398页,人民出版社1995年版)

恩格斯在致爱德华·伯恩施坦的信中说:"我认为您对报纸应当采取的方针的看法同我的看法完全一致;我还感到高兴的是,近来,报纸不再像当初那样滥用'革命'一词了……谨防夸夸其谈。不连篇累牍地用'革命'一词也可以表达革命的思想。"(见《马克思恩格斯全集》第35卷第164页)

列宁在1913年《给〈拥护真理报〉编辑部》的文章中说:"编辑:第25号上'自己人'的那篇文章不好。尖刻,仅仅如此而已。尖刻的言辞千万要少一点。更要冷静地分析论据,更详细地、更简明地反复说明事实真相。这样,也只有这样才能保证获得绝对的胜利。"(见《列宁全集》第35卷第104页)他还说过:"要揭露谎言,就必须找出种种确凿的事实,核对这些事实,并且要好好考虑经过核对的东西的意义。"(见列宁:《谈谈总结和事实》,载《列宁全集》第19卷43~46页)

毛泽东同志1925年在《〈政治周报〉发刊理由》这篇文章中也明确地这样说:"我们反攻敌人的方法,并不多用辩论,只是忠实地报告我们革命工作的事实。敌人说'广东共产',我们说:'请看事实。'敌人说'广东内讧',我们说:'请看事实。'敌人说'广州政府勾联俄国丧权辱国',我们说:'请看事实。'敌人说'广州政府治下水深火热民不聊生',我们说:'请看事实。'"他还指出:"《政治周报》的体裁,十分之九是实际事实之叙述,只有十分之一是对于反革命派宣传的辩论。"(见《毛泽东新闻工作文选》第5页)

显然，他们这里讲的都不仅仅是新闻写作的问题，而是办报方针的问题。但他们都是按照新闻写作的基本规律来确定这一方针的，这一点也是毫无疑问的。

因此，我们把"用事实说话"作为新闻写作的基本规律是没有错的。

第三节　新闻写作的基本要求

内容提要：懂得了新闻作品的特点，我们就知道了新闻写作产品的规格和目标；懂得了新闻写作的基本规律，我们就知道了贯穿在新闻写作全过程中的主要矛盾和我们需要处理的主要关系；但是在新闻写作的具体操作过程中，还有哪些基本的要求呢？这就是本节需要研究的问题。

读者观念（受众观念）是新闻写作中必须引进的重要观念。

新闻作品的五个特点中，已经含有受众的因素。这一节要具体地考察传播对象究竟对新闻作品提出了哪些基本要求。

它们是：**新鲜、简明、深刻**。

现在，我们从可操作性的角度，来研究新闻写作的基本要求。

我们所研究的新闻作品主要是文字的新闻作品。

读者是新闻报道的服务对象，新闻报道的效果如何，不是取决于新闻作品作者的自我感觉，而是要看读者的反应。因此，在研究新闻写作的基本要求的时候，必须首先研究报纸的读者。只有了解了自己的读者，懂得了自己的读者，才能满足我们的读者。

新闻学里面应有一个分支——"读者学"（或曰"受众学"），对读者可以从不同角度进行研究。如读者特点的研究：总体特点、分类特点、时代特点等；读者需求的研究：广度需求、深度需求、一般需求、特殊需求等；读者心理的研究：社会心理、业务心理等。本书着重从新闻业务的角度来研究读者及其心理，并从中导出新闻写作的要求。

读者读报的五个特点

第一个特点：时间短

据有的新闻研究部门调查，一般的读者每天花在读报上的时间在 10 分钟到 30 分钟之间，平均 15 分钟左右。这是目前我国城市居民的情况。世界上发达国家的居民，每天用于读报的时间可能会多一些，但无论如何，一般人每天用于读报的时间总是比较短的。

第二个特点：较仓促

这个特点主要是指读者在读报时的心理状态。人们从事许多事情都是专心致志的，而读报则往往是浏览为主。有相当多的一些读者，或者在饭前、饭后，或者在车上、船上，或者在一天的工作开始以前，或者在睡眠以前……"随随便便"地翻一翻报纸。可以说，较仓促是报纸读者的一种特有的心态。

第三个特点：无准备

这个特点主要是指读者在进入阅读的过程中的特点，只要把书籍的读者和报纸的读者做一个比较就会明白的。书籍的读者在上一次阅读和下一次阅读之间是有连续性的；而报纸的读者在上一次阅读和下一次阅读之间是没有连续性的。书籍的读者的上一次阅读为下一次阅读做了准备，而报纸的读者的上一次阅读并不能为下一次阅读做什么准备。比如，一位书籍的读者读《红楼梦》，他头一天读了第一回"甄士隐梦幻识通灵，贾雨村风尘怀闺秀"，然后放下了。第二天他接着读的时候，实际上有了头一天阅读留下的悬念作为准备。这样他就很容易"进戏"，中间有不愿意阅读的地方，他也可以"忍受"，因为上一次的阅读已经积累了"势能"。这种连续性对书籍的作者是一个帮助。但是报纸的读者是没有这个势能可以利用的。每次打开报纸，都是在没有准备的情况下开始的，这就要求新闻作品一下子就抓住读者，这一点上，新闻作品的作者要比书籍的作者有更大的本事。

第四个特点：有习惯

在读报的问题上，人们是有习惯的，而且各人的习惯不尽相同。比如，有的喜欢读报，有的不喜欢读报；有的喜欢读这种报纸，有的喜欢读那种报纸；有的喜欢读报纸的这一版，有的喜欢读报纸的那一版；有的喜欢读某位记者的作品，有的喜欢读另一位记者的作品……这种习惯当然不是天生的，而是在读报的过程中逐步养成的。从某种意义上说，读者的这种习惯是读者和记者长期交流的产物，或者扩展一点说是读者和新闻传播媒介的长期交流的产物。

第五个特点：选择难

现代社会，信息量越来越大，新闻传媒越来越多，包括报纸的版面也越来越多，杂志越来越厚，再加上新出来的互联网提供的可以说是无限的信息，读者感到一个最大的困难是选择的困难。太多了，我看什么？所以，就广大的读者来说，两种对立的病同时存在，既存在信息疲劳症——被大量的信息轰炸搞得受不了，又存在信息饥渴症——需要的信息找不到。解决两症并存，其实就是解决选择问题。1998年《经济日报》扩版的时候，总编辑艾丰提出把16个版按照四版一组，分成ABCD四组，是为了方便读者的选择。《广州日报》近年来把第一版改成"导读和索引版"，也是为了帮助读者在厚厚的报纸中进行选择。

读者读报的四个阶段

第一阶段：选读

既无准备又比较仓促的读者拿到报纸，第一件事情就是选择。他是"不安分"的,他把报纸翻来翻去,翻得哗哗乱响。一个办公室,在刚刚上班的时候,总是充满了翻报纸的声音。如果有一个人拿到报纸以后,不打开折页,就从一版的第一个字看起,老老实实地往下看去,看完第一页再看第二页……这样的人,大家一定认为他精神不正常。

第二阶段:略读

读者从标题上选中了某条新闻报道以后,也并不是立刻就安下心来,而是精力不甚集中地"跳着读":先看看导语,然后跳到新闻背景,再跳到结尾,然后又跳回来……读者在这个阶段只要求粗略地了解新闻报道的内容就可以了。

大量的新闻报道到读者那里,经过略读也就完成它的"历史使命"了——这主要不是取决于新闻报道的文字水平,而主要取决于报道的那个事情同他的关系,也就是取决于他对这个信息的关切度。

第三阶段:详读

读者对某条新闻报道在略读之后,如果这条报道提供的信息正是他关心的事情,他会感到不满足,于是还要详读一番,把这条消息再从头至尾看一遍,甚至看上两遍、三遍。

一般地说,能够进入详读阶段的新闻报道不是很多的。

第四阶段:研读

如果某一条新闻报道读者在略读、详读之后,仍然感到不满足,如果这条报道所写的正是他最近关注的事情,甚至是他从事的工作,那么他就要把这一条报道当作至宝,反复地看,或者"拿回去研究研究",或者把报纸剪下来,作为资料留起来以后还要看。这就是研读了。

读者读报的这四个阶段是严格按照上述四个阶段的顺序进行的,不会颠倒顺序，一般也不会跳过中间的任何阶段。也就是说，读者的阅读，既不会先从详读或研读开始，然后进入选读；也不会不经过选读就直接进入详读或研读。懂得读报四个阶段的不可逆性和不可跳跃性是十分重要的，这四个阶段的相互关系的特点决定着新闻写作的基本要求。

新闻写作的基本要求

从以上两个角度研究了读者和读报之后，我们现在看看，它们对新闻作品的写作提出了什么要求呢？主要提出了三个方面的要求：

新闻写作的第一个基本要求：新鲜

对新鲜的解释是：用尽可能新鲜的形式突出报道中最新鲜的内容。

新鲜是对新闻作品写作的第一位的要求。因为读者读报的主要目的是从报纸上获取新闻，因此我们必须把最有新闻价值的东西用最明显的形式摆在读者面前。读者读报的时间短，又较仓促，必须让他一看就能找到自己需要的东西。

突出新闻报道中最新鲜的内容，既是新闻作品最主要的特点，又是新闻写作的最主要的要求。在新闻界，对这个要求有一个通俗的说法："不要把肉埋在饭里。"饭馆里卖一种"盖饭"，饭菜都放在一个大碗里。如何招徕顾客？就是把菜放在米饭上，再把肉放在最显眼的地方。顾客一看，有很多的肉，就会买了；如果你卖的饭虽然肉很多，但是都用米饭埋在下面了，顾客来了一看，咳，尽是米饭没有肉，还要这么多的钱，不买了。这时，你如果追上去解释说，我的饭下面还有很多的肉呢，他也不会相信。况且报纸是不会在读者读报时说话的。

新闻报道在内容选取上应该采取"拎起来"的办法，而不应该采取"兜起来"的办法。乡下老农民进城，把买到的任何东西，什么糖啊，烟啊，肥皂啊，花布啊，等等，都一股脑放在大衣襟里兜起来。有的记者也像老农民，每一件买回来的东西都不舍得扔掉，写作的时候，实际上只是"分类排队"

而已。这样写出来的新闻作品，内容必然庞杂，最主要的东西必然被埋住了。

新鲜，除了内容选取上的要求以外，很重要的方面是形式上的要求。我们应该从两方面来理解这个问题。

一方面，任何作品，甚至包括任何商品，人们一开始接触的时候只能是首先接触它的形式（在商品来说是包装），而后才逐步了解它的内容。任何事物都是这样的：内容是事物的内涵，形式是事物内涵的外在表现。人们了解事物的形式比较容易，甚至可以一目了然，而了解内容则要一个比较长的时间，形式还是人们了解事物内容的桥梁，人们总是首先看到某个事物的形式，并觉得这个形式是他可以接受的，他才开始通过这个桥梁再去了解事物的内容。

内容和形式的关系，概括起来无非是这样的几句话：1. 内容决定形式。2. 形式反作用于内容。3. 内容和形式的统一是我们追求的目标。从我们新闻写作的角度，还应该加上一句话：要善于把形式作为读者了解内容的桥梁。

对于"时间短、较仓促、无准备"的读者，开始的时候，与其说是内容对他的作用大，不如说是形式对他的作用大。

这里可以讲一个通俗的比喻。人们谈恋爱无非是两种途径，一种可称为"自然成长型"，一种可称为"媒人介绍型"。在这两种不同的途径中，人的外貌所占的比重是不同的，前者占的比重比较小，后者所占的比重比较大。比如说，某男和某女在一个单位工作，某男的相貌上有一个缺陷，鼻子歪了点。这时某女看见他会感到有些不顺眼，但并没有不可容忍的感觉，因为她并没有把对方和自己更深地联系起来。等到他们在一起工作几年以后，某女发现这位男同志很不错，各方面都符合自己的理想，只是鼻子歪了一点。这时候她也会有思想斗争，但斗争的"方向"是向着成功的，"鼻子歪"在这种情况下最后并没有形成不可逾越的障碍。但是，"媒人介绍型"的恋爱则不同了。某男和某女按照媒人预约的时间相亲。俩人一见面，最引人注目的是双方的外表。当某女看见某男的鼻子是歪的时候，她的思想立即引起了激烈的斗争，而这个斗争又往往是朝着"破裂"方向发展的：中国有 13 亿人口，我为什么偏偏要找一个鼻子歪的男人做丈夫呢？这时在场的媒人也许很了解女方的心情，就连续不断地说男方的好话，但这时女方是很难听进去的。因为在她看来，你说他有那么多的好处，我一概没有看见，而这个不可容忍的缺点却是明明白白地摆在那里的，媒人说的一切不过是为他的缺点辩护而已。

书籍和书籍读者之间的关系更近于"自然成长型"，报纸和报纸读者之间的关系更近于"媒人介绍型"。

新闻作品要更加注意自己的外表，让对方一见钟情。

"把肉埋在饭里"是常见的事情。请看下面的例子：

先看初稿：

本报讯 一个兴办刚3年、不到300人的小厂，接连推出9种填补国内外空白、替代进口的新药产品，去年人均实现利润逾万元，一举成为锦州市经济效益最好的企业之一。锦州黑龙制药厂厂长周文志总结该厂一条重要的发展经验是：开发信息资源、充分利用全社会的科研成果、科技力量武装自己、发展自己。

锦州制药厂建厂伊始就十分重视科学技术的力量，工程技术人员比例占职工总数的30%。在向本厂的科技进步要效益的同时，厂领导迈开双脚，到高等学府和科研机构寻找合作项目，先后同中国医学科学院、中国军事科学医学院、南京药学院等20多家科研部门建立了共同开发新产品的合作关系。3年中，与这些单位共同开发出9种填补国内空白、替代进口的"高、精、尖"新药产品。

他们主动与拥有60多名专家、教授的沈阳药学院药物研究所挂钩，提供科研经费，使本厂作为该所的医药产品开发试验基地。他们还与东北藏书最多的辽宁图书馆建立了合作关系，由药厂提供购书经费并聘请省内十多名著名医药专家、教授担任辽宁图书馆医药图书的购买顾问，这些行家购书后可使用完毕再送归图书馆。此举使黑龙制药厂在图书资料检索方面获得了极大的便利。

采用这种横向联合"开门办厂"的方法使黑龙制药厂事半功倍，出手不凡，并且后劲十足。

他们与中国医学科学院共同开发的国际最新镇痛药曲马多，从走通工艺生产路线到进入临床试用,仅用了不到一年的时间,最近已被卫生部确定为曲马多系列产品定点厂。他们与广州医药工业研究所共同开发的心脑血管病新药脑复康,一举占领了国内市场,并远销美、日、港、台等国家和地区,仅去年一年就销售5000多万片,创利税200多万元。去年该厂产值1500万元,今年预计超过3000万元。

修改后发表在1991年8月24日《人民日报》一版头条的消息是这样的:

黑龙制药厂靠科技腾飞
研制成9种高精尖产品人均利税超万元

本报讯 在辽宁省锦州市黑龙制药厂采访,了解到三件难能可贵的事情:

第一件,这个厂专门拿出一笔经费,请省内10多名医药专家、教授根据科研需要自购图书,书籍由他们先用,用后交辽宁图书馆收存。第二件,这个厂主动和沈阳医学院药物研究所挂钩,做他们的科学试验基地,并提供相应的经费。第三件,这个只有300多人的小厂,凭借科技优势,在与几家大厂联合生产新药的时候,居然可以当"龙头"。

从这三件事可见厂长周文志经营思想之一斑。他42岁,卫校毕业,自学中医学、中药学各4年,3次进修经济管理,编著过11本书。他认为,既然承认科学技术是第一生产力,那么在所有的信息资源中,科技信息就是最重要的资源。这种经营方针,使得创办才3年的黑龙制药厂迅速形成了自己的优势。它与中国科学院等国内20多个医药科研机构和大专院校建立了开发新产品的合作关系,并已经共同开发出9种填补国内空白、替代进口的"高、精、尖"产品。去年这个厂产值是1500万元,人均利税超万元,是锦州市经济效益最好的企业之一。国家卫生部已确定这个厂为生产国际最新镇痛药曲马多的定点厂,一旦批量生产,年产值即可过亿元,并可为国家节省大量外汇。

这两个稿件放在一起一对比，就可以看得很清楚了。初稿的篇幅较长，写法上采用了类似"流水账"的办法，只把该厂做了哪些工作写进去了，但是最主要的特色却被埋没了。经后来的反复修改，篇幅短了，特色突出了，把三件最新鲜的事儿提到前面，并集中说出，读起来也轻松多了。

新闻写作的第二个基本要求：简明

简明实际上是两个方面的要求：简单、明了。简单不一定明了；明了也并不一定简单。我们要求是既简单又明了。

邓小平同志在谈到简明时说："可以不说的去掉，该说的就可更突出。"（见《邓小平文选》第262页）可见，简与明还有密不可分的内在联系。

做新闻工作多年的同志都知道，在新闻作品中最难写的体裁不是别的，而是最简短的消息。

许多作家都说过，简练是最高级的写作技巧。我们可以说，简明是新闻写作的最高的技巧。

为什么把简明放在这样高的地位呢？是新闻特点和报纸读者特点"双重"决定的。

新闻，从其最原始的意义上说，就是消息，用现代的语言说就是一种信息。消息也好，信息也好，其主要的意思就是对某一件事或者一件事情的变动的最新情况做一个简要的报道。一般说，用最简洁的语言，把最有新闻价值的信息报告给读者，也就足够了。苏联卫国战争时期，一个记者写了一句话的新闻："强大的苏联红军于×月×日×时饮马第聂伯河。"就是一个好例。

至于解释性的报道、报纸上的评论等等，这都是后来的发展。因此对读报的人来说，他只要知道发生了什么事情就可以了；有的时候需要解释，但也是最简要的解释，就是真正的深入的解释，和其他文体比较起来也应该是简明的。当然学术性较强的解释，他们一般会求助于理论文章或者理论书籍。杂志更适于完成这个任务。

前面已经说过，读者读报纸的最大的愿望和最大的乐趣，是在最短的时间内获得最多的消息。因此，新闻报道的简明就必然是他们最基本的要求了。

请看一篇报道的开头：

从总理的报告到代表对报告的审议，都非常重视走有中国特色的社会主义道路问题。

坚定不移地走建设有中国特色的社会主义道路，是李鹏总理报告的精髓部分，也是"两会"议政的核心问题。

12条原则回答了什么是建设中国特色的社会主义。

谁说有中国特色的社会主义道路说不清？政协委员×××说，过去我们对"中国特色"包括哪些内容说不清，而现在明确了。报告中对"中国特色社会主义"的解释，是我党多年来实践经验的总结，同时也向全世界昭示了我们坚定不移地沿着社会主义道路前进的决心。

这是一篇人代会报道的初稿开头的句子。记者不善于处理字数很多的专门政治术语——"建设有中国特色的社会主义"。这样一个本身就有12个字的专门政治术语，作者在开头就反复用了六遍！读起来，就像说绕口令一样。

如果改成下面这个样子，是否会好得多呢？

建设有中国特色的社会主义，是党中央12条建议的核心问题，也是李鹏在这次人代会上报告的精髓部分，自然也就成了会议代表们的议论中心。

把简明提到这样的高度，还因为真正做到简明是相当难的。

简而不明，不太难；明而不简，也不太难；难就难在既简又明。往深里说，更难在既简明还有文采。

说难，并不是说它做不到。我们要花大力气研究简明的技巧。

首先对简明应该有一个客观的标准。一说简明有人就把它归结为一个"短"字。这个说法的大方向未必是错的，但是对短本身又常常引起不少的争论。长短之争始终困扰着编辑部。有的总编辑为了解决这个争端，干脆把篇幅"量化"。例如，安岗同志在担任人民日报副总编辑的时候，倡议创办并主持了一段《市场报》的工作。他当时规定，一般的消息在两三百字，最长的消息报道也不能超过四百字。这个规定很有效，很快形成了这个报纸的短小精悍的风格。人民日报为解决长风的问题做了不断的努力。后来编辑部也做过这样的规定：一般的消息应该在四五百字，最长的消息不能超过一千字，最长的通讯不超过两千五百字。

从根本上解决这个问题，关键还是编辑记者树立报纸读者的观念。这里面主要是注意两个"度"的问题。一个是"读者的关切度"，一个是"读者的理解度"。把握住了这两个度，才能做到恰到好处的简明。

必须鲜明地提出"读者关切度"的问题。许多记者在写稿的时候，许多编辑在编辑稿件的时候，不会忘记要注意宣传党的政策，也不会忘记要把自己采访到的情况更好更多地告诉读者，甚至不会忘记被采访的单位对报道提出的希望和要求，但是常常会忽略一个非常重要的问题：读者对你报道的这个问题究竟关切到什么程度。

这就产生了在信息供求关系上的不协调的现象。这就是读者用朴素的话批评的："我想知道的，你不说，我不想知道的，你说个没完。我已经清楚的，你还在津津有味、啰啰唆唆地说，我不清楚的、不明白的，你却一笔带过！"这当然涉及报道的题材问题，但同时也有写作的方法问题。记者在写作之前，不仅应该掂量自己要写的事情读者是否关心，还要考虑读者关切到什么程度。如果读者只想知道一个信息就可以了，那么你写一个简讯就是了；如果读者想了解事情的简要过程和最后的结果，那么你写一条消息就是了；如果读者还想知道事情详细的过程和生动的细节，那么你就写一篇通讯；如果读者还想知道事情的深刻含义和它的深远意义，那么你就写一篇工作通讯或新闻述评，如此等等。这里这样说是用体裁代表了篇幅的长短。

可以举一个实际的例子来说明这个问题。1959年，我国的登山健儿攀上世界最高峰珠穆朗玛峰的时候，新华社记者郭超人同志，连续发了一系列的报道，包括消息、通讯等等，而且长篇通讯不止一篇。

这些报道在当时引起了轰动性的反应。为什么这个事件的报道，可以如此连篇累牍呢？就是因为读者的关切度已经到了这个程度。对这样一个大长中国人民志气的事情，如果只报道最后的结果，人们会很不满足的，许多人非常想了解关于这个事情的一切细节,因为大家不仅对登上世界最高峰的结果感兴趣,更对健儿们是怎样登上去的感兴趣,最感人的也正是这样的内容。年轻的记者郭超人同志一举成名,这固然与他的基本素质和不怕艰苦牺牲的精神有关,但事件本身所具有的读者的极高的关切度,无疑是记者成功的客观条件。

现在如果我们再来报道某个登山活动,即使它是很重要的登山活动,我们还有可能用这样长的篇幅来报道吗?显然是不可能的。

再一个是"读者的理解度"的问题。在这个问题上,记者往往犯三个毛病:一是没有意识到还有个读者的理解力问题,因此在进行写作的时候根本没有这个方面的考虑;二是过高地估计了读者的理解力,以为自己理解的事情读者也都同样理解了,或者自己也并不理解,反正提供消息的人是跟我这样说的,我照本宣科就是了;三是过低地估计了读者的理解力,于是在自己的报道中加进了许多本来可以不说的内容,使自己的报道的篇幅大大加长了。

这三种毛病,有时是单独犯的,有时是在一篇报道中全都犯了,该解释的部分没有解释,人家明白的地方却啰唆没完。请看一篇稿件:

大寨再也不吃大锅饭了

新华社太原(1982年)12月22日电 山西昔阳县大寨大队党支部委员宋立英最近对新华社记者说,大寨大队从今年秋收以后开始实行联产承包到人的生产责任制,不再吃大锅饭了。他们把860亩耕地全部分给社员承包,实行大包干责任制,原来集体经营的一座粉坊、3台拖拉机、200亩果园、800亩山林,也都承包给社员。

(大寨大队在今年秋收以前,实行的是联产承包到作业组的生产责任制,社员没有自留地。从秋收以后,搞小煤窑的、搞林业的、做粉条的专业承包劳动力,每人承包了一份口粮田,从事种植业的劳动力,每人承包了一份责任田;全体社员每人都分得一份自留地。)

(过去大寨大队没有开小煤窑,现在办了一个有30多人参加的小煤窑,过去大寨社员吃菜靠统一分配,根本不能满足需要,现在社员在家门口用瓦筒放上土,栽上了白菜、西红柿;过去大寨把家庭副业当作资本主义尾巴砍,现在家庭副业也开始活跃起来,社员建起了鸡窝、兔笼,圈起了猪圈,个人养猪达140头,其中一半是近两个月才买来的小猪。宋立英告诉记者,老农贾九胜今年光卖猪卖兔就收入近500元。)

现在再也不用扯着嗓子喊社员下地了,社员再也不用那么紧张了。她还说,过去大寨卖粮多,社员口粮不足,现在社员口粮足了。以前每人一年只分到50斤小麦,今年分到了200斤,社员非常满意。社员群众说,过去搞的极"左"的那一套不灵了。

原稿是新华社的通稿,《人民日报》在刊登的时候,做了较多的删节。中间用( )括起来的两段,全都删去了。这样删改以后,应该说是更简明了。因为中间这两段内容大都是人们已经知道的或者是完全可以自己理解的。而这样一删,就突出了最重要的东西:批判极"左",拨乱反正,在大寨这样的典型也顺利地进行了。这是全国人民最关心的,也是政治意义最大的。当然,这篇报道原稿也还是比较简练的。

再看这样的一个例子:

1981年10月,胡耀邦同志在纪念辛亥革命70周年大会上发表讲话,10月9日新华社播发了1400字的消息,10月10日又发表了讲话的全文,有几千字的篇幅。

外国记者在报道这篇讲话的时候,不可能用我们的报纸这样大的篇幅,也不可能全面介绍这篇讲话的内容,他们从他们的读者关切度出发,来选取报道的内容。美联社记者霍尔斯坦10月9日发出了380字的消息,引用了胡耀邦的讲话中这样的部分:以中国共产党负责人的身份,请蒋经国先生以及台湾各界人士来大陆和故乡看看。这样短的消息中还加上了描写:胡是在中国革命家孙逸仙的像下讲这番话的。副主席邓小平坐在胡耀邦的旁边。在这位党的领导人发表40分钟讲话的时候,邓小平抽着烟。

路透社的消息是627个字。英国《卫报》的消息是280个字。

在中国新闻界，最善于"写"短新闻的，可能是中央人民广播电台每天早晨"新闻和报纸摘要"节目的编辑了。这个节目之所以有这样多的听众，除了它的播出时间好以外，消息摘得简短是一大原因。因为这样，它可以在30分钟的时间内，把当天的重要消息都播发了，满足了受众的"在尽量短的时间内获得尽可能多的信息"的要求。

看这样的一条消息：

文化部副部长陈荒煤在电影创作会议上说，电影工作者头脑里要装着三个数字：8亿农民，2亿青年，3亿少年儿童。

多么简短而又富有概括性！

这样的例子多不胜举。

正确地把握理解力的问题，在经济报道、科技报道、专业性强的报道中，尤其显得突出。许多记者在这方面做出了努力。如有的记者用煮饺子来比喻和说明"规模效益"的经济问题，有的记者用"空壳症"来比喻和说明企业的虚盈实亏的"潜亏问题"，有的记者用运动会的三个要素——运动员、运动场、裁判员和规则来比喻我国经济改革中的三项任务——搞好企业、完善市场体系、建立以间接调控为主的宏观管理体系。这样的办法都是考虑到读者的理解度而尽量地既简单又明了地说明问题……

要想写得简明，就要在自己的头脑里树立和强化简明、简短的观念，排除一些与此相违背的"干扰性"的想法和看法。

1. 要排除长就一定比短好，长报道一定比短报道有分量、影响大的看法。

2. 要排除只有写长报道才能够出名的想法。

3. 要树立同样的事情，写得短要比写得长有本事的信念，而不是相反。

4. 要树立这样的观念：写长写短，绝不是个人的爱好问题，而是涉及新闻报道的效率和效益问题，也涉及一个记者有没有群众观点的问题。

5. 这也涉及新闻写作如何借鉴其他文字样式的问题。有人把小说的写法，把报告文学的写法直接搬到新闻作品中来，于是越写越长，越写越啰唆。所以，要树立新闻报道、新闻写作要走自己的路的观念。

早在 1946 年 9 月 1 日，胡乔木同志就在延安《解放日报》上发表文章，题目是《人人要学会写新闻》，文中说："你的全部作品最好就在一百字上下，再多也就是几百字，如果过了一千，这就成了长篇小说，有些面目可憎了。这可是我们学写新闻所遇到的最大难关呀！"（载新华出版社出版的《中国共产党新闻工作文件汇编》第 3 册第 224 页）胡乔木同志还写过专论"短"的文章《短些，短些，再短些》，可见短的问题的重要。

俄国著名作家安·契诃夫曾经说过："写作的技巧，其实并不是写作的技巧，而只是删掉写得不好的地方的技巧。"确实，许多有经验的记者都知道，在他们最后加工修改自己作品的时候，所做的最主要的工作就是删除。谁能在删除中"战胜自己"，谁就会成功。谁吝惜自己，谁就会自毁。

美国《读者文摘》的创办人德威特·华莱士说，没有什么文章不能压缩。他用自己毕生实践证明这一点。他办的《读者文摘》用 16 种文字在全世界出版，发行量 3000 多万份。他认为"短些就是好"。人们问到他的座右铭，他说："最完美的压缩。"

直到今天，各种文摘的盛行，证明着压缩的巨大功效。

我国大诗人杜甫说，语不惊人死不休。我们的记者可以把这句话套改一下，来一个报道不简明死不休。只要有了这种精神，简明的办法总是有的。

对实现"简明"要求来说，编辑常常要起很大的作用。有所谓"第二次写作"的说法。记者采写是第一次，编辑处理是第二次。这说法虽不完全准确，但也足见编辑的作用。编辑删改稿件，可以看成是一种"写作"，加或改标题，可以看成是一种"写作"。还有，陈云同志曾指示报纸对长文章、长报道一定要加提要，写提要实际正是"大缩写"，更是一种"写作"。有了提要，报上就有了"双轨"，有时间，可以详读全文；没时间，可以先浏览提要。

记者应该留心编辑的加工修改，并从中吸取教益。

新闻写作的第三个基本要求：深刻

清代著名画家戴醇士谈作画时说："令人惊不如令人喜，令人喜不如令人思。"这话也很适合新闻写作。如果我们可以靠新鲜来"令人惊"，可以用简明"令人喜",那么用什么来"令人思"呢?靠深刻。

人们普遍认为新闻作品在写作上是以"粗"和"浅"为特征的。对此应该有一个全面的看法。

首先应该承认,新闻作品就其总体而论,和其他多数文字作品比较起来,确实比较粗和浅。

为什么它会"粗"?因为它是"易碎品",记者是在仓促之中来"炮制"这种产品的,他来不及精雕细刻;换句话说,他精雕细刻带来的"效益"常常会低于他抢时间带来的好处。而一般读者首先注意的并不是文字技巧,而是信息本身的价值。

说新闻作品"浅",从总体来说,也不要否定。道理很简单,因为新闻作品主要的任务是传播信息,它不是讲理论的,即使讲道理,也主要是通过摆事实;它也不是用来给人们以艺术的享受的,因此不可能也不必要在文学上提出那么高的要求。从一定意义上说,新闻作品是给人们思考提供原材料的,它的最重要的指标是真实,让人们可以根据这些真实的材料自己去加工、去深化。

但是,新闻作品并不是注定粗浅的。事实上有相当多的新闻作品既不粗又不浅。20世纪50年代魏巍同志写的《谁是最可爱的人》,60年代穆青、冯健、周原同志写的《县委书记的好榜样焦裕禄》,难道是粗的是浅的吗?这样的新闻作品不仅教育了当时的一代人,而且教育了几代人。一篇通讯是如此,更不要说约翰·里德的《震撼世界的十天》、埃德加·斯诺的《西行漫记》、范长江的《中国的西北角》等那样的长篇新闻作品了。

一个记者要想使你的新闻作品能够"走"完读者阅读的选读、略读、详读、研读四个阶段,特别是后面的两个阶段,没有"深刻"这一条是绝对不行的。

怎样才能使自己的新闻作品深刻呢?

首先对自己写的题材要有一个正确的分析。在新闻报道中有一些题材并不要求你写得多么深刻,对这类题材,不需要去研究怎样写得深刻。例如,一个新产品的问世、天气的变化、丰收的信息等等,一般用不着做什么深刻的分析。硬去做反而给人以画蛇添足之感。

对有些需要"深刻"的新闻报道则要抓住它,尽量写得深刻些。

"深化"的方法之一:选取更能深刻反映事物内涵的角度。同样的题材,甚至同样的一个题目,记者是可以从不同的角度对它进行报道的。记者要使自己的报道更深刻,就要在报道的角度上多动一些脑筋。著名的短消息《上海奇寒》本来是有关气候的消息,为什么写得深刻呢?关键是记者选取了深刻的角度:寒冷和社会的关系,寒冷在不同的社会条件下引起的不同后果。消息把气候和社会联系起来,还把新旧两个不同的社会下的不同后果加以对比,旧社会这样的寒冷曾经让许多无家可归的人冻死在街头,今天再也看不见这样的情况,这样它的深刻的内涵一下子就揭示出来了。

"深化"的方法之二:提炼更加深刻的报道主题。同样的题材到了不同记者的手里,会写出不同深度的报道来,其中重要的原因就是不同的记者在提炼主题上所下的功夫不同。《中国青年报》记者张建伟曾经写了一组反映在美国学习后回国的DBA(工商管理博士)的情况的报道。如果他把报道的主题只归结为个人就业问题,或者至多归结为应该解决知识分子的所学非所用的问题,那么这篇报道的主题就浅了。但是作者把自己报道的主题深化了,由这件事实,作者提出的是我们的社会、我们的现行机制如何使真正有本事的人才可以充分发挥作用的大问题,从而发出了必须改革的强烈的呼声。于是这一组报道在社会上引起了强烈而广泛的反响。

"深化"的方法之三:概括和凝练也会产生深刻的效果。新闻报道要求简明,简明本身可以导致两个方向,一个方向由于简明而导致肤浅;还可能有另一个方向,由于简明而导致深刻——起码给人以深刻的感觉。

请读笔者写的下面这篇消息:

本报讯 正在北京举行的全国城市发展战略思想讨论会发出呼吁:为顺利完成"六五"计划,为实现十二大提出的战略目标,各级决策机关要充分重视和发挥城市在经济和社会发展中的中心地位和作用。

"城市在四化建设中居于什么样的战略地位?""建设城市只是发展工业吗?""城建就是盖房子吗?""城市发展只同城里人有关吗?""中国城市化的道路是什么?""城市问题包含哪些矛盾?怎样正确处理这

些矛盾？"——为探讨这些问题的正确答案，中国自然辩证法研究会从12月19日起召开了这次讨论会。

……

这条消息原载1982年12月24日《人民日报》头版头条。这里摘引的是消息的导语（第一段）和副导语（第二段）。

我们看到，真正实质性的内容是在副导语里面。这一段读后就使人有深刻之感。为什么呢？就是因为它写得很凝练。城市问题涉及的面很广、很复杂，人们感到了这一点，但是人们在未经过深思熟虑的情况下又很难把它们说清楚。这条消息采取提问的方法，把城市问题所应该研究的内容大都概括进去了。正是它的凝练使人感到深刻。

"深化"的方法之四：报道中应该有一点富有哲理的语言。新闻报道是纪实性的，新闻作品的语言自然也应该是纪实性的，是排斥任何夸张的、模糊的、主观色彩浓厚的语言的。但是绝不应该由此就得出这样的结论：似乎新闻报道的语言不应该也不可能闪烁思想的和哲理的火花。

正因为新闻报道的纪实性才更加需要这样的语言为它添加引人深思的成分。如果说新闻作品是易碎品这一点是难以改变的话，那么我们可以为这个易碎品添加耐压的成分：富有哲理的语言。

就是在上面摘引的那条消息里，就有这样的句子：

> 古今中外的经验教训说明，城市建设上的成就可以成为社会文明发展史的里程碑，而城市建设上的失误，是人类最难改正的错误之一。

这样的句子读起来就给人一种深刻感，甚至可以成为警句、格言。

笔者写的《已是山花烂漫时》（原载1984年10月12日《人民日报》）中有这样的一段话：

> 最早搞"包产到户"的地方，却成了最害怕"包产到户"的地方，似乎是有讽刺意味的，却也是可以理解的。当年搞"包"的人，遭遇如

此惨痛，名声是如此之"臭"！多少年，用千千万万的语句刻在人们脑子里的痕迹，要比用钢铁的斧子凿在石头上的痕迹还难以去掉。而有些人在事不关己的事情上，又总是不求甚解的，这就使谬种得以流传。

这段话，既是对这件事本身的深入的分析，又含有由此而来的引申。它不仅使人更好地懂得报道中的事情，而且由此可以领悟生活中的某些哲理。

"深化"的方法之五：尽量使自己的报道具有预见性。新闻报道一般是"过去时"。这是毫无疑问的。但是深刻的新闻报道应该具有预见性——如果有可能做到这一点的话。新闻报道的预见性主要表现在以下几种情况中：1. 抓住了事物的动向和苗头，因而揭示了事物发展的趋向和方向；2. 从报道的事实中总结出了某个具有指导意义的观点，这种观点可以使人们做更深远的观察；3. 抓住了最具有事物本质特征的现象，抛弃了混淆事物本质的假象和其他没有意义的现象，因而帮助人们更好地了解事物的本质。当然，也该有一些直接对未来做出预测的报道，在政治报道上，在经济报道上，都有一些这样的成功的例子。

说到底，深刻的问题，绝不只是写作技巧的问题，更多的是记者的政治、理论、思想的素养问题。做到深刻与做到新鲜、简明相比，更多的不是靠记者写作上的功夫，而是靠思想上的"功夫"。

人们常使用"大记者"和"小记者"的说法，这当然是一种形象的说法。凡"大记者"，都是具有较深刻的思想的，有的甚至可以说是思想家。我国著名的记者范长江，就是这样的一位代表，他对自己的要求就是：要穷毕生的精力研究一两个问题——这当然是关系国家和民族命运的大问题。这就是深刻的要求，并在自己的实践中做到了这一点。他在20多岁写中国西北角这个系列报道的时候，就对红军的动向做出了自己的预见，后来历史的发展证实了他的预见。

三条基本要求的出发点和结合点是读者观念

在全面讲述了新闻写作的三条基本要求之后，需要总括一句：在这里最重要的不是技巧问题，而是读者观念、对象观念问题。有了这样的观念，技巧可以逐步学会，办法总是有的。

有这样一个有趣的故事：某中央报纸的一位驻地方记者，他给编辑部写了一条消息，消息写好之后，他还有些不放心，于是又写了一封短信，随稿件一起寄回编辑部。在家值班的编辑拿起这位记者写的消息一看，行文太长，条理不清，读起来很吃力。于是把稿件交到记者部主任手里，并告之此稿难以采用。主任看过记者的稿件以后，认为编辑的意见是对的。可是，他猛然发现，记者的这封短信写得很好，把消息中最主要的新闻事实点出来了，把这个新闻事实的意义也指出来了，而且所用的语言既简练又通俗，有亲切感和交流感。这位主任灵机一动，就用这封信作为稿件发表不是很好吗？

于是出现了这样的结果：记者的稿件被"枪毙"了，记者的附信被当作稿件采用了。

这看来是奇怪的事情，其实并不奇怪，为什么记者的稿件没有写好，而记者的附信反而写得比较好呢？同一个记者同一个时间的写作水平是一样的，为什么他很重视的稿件没有写好，随手写来的信件反而更好些呢？其根本的区别就在于有没有对象观念。他写稿件的时候，只是想要把自己采访到的情况写出来发表，要完成报道任务等等，就是没有想到要打动读者。而他在写那封附信的时候，他的意图是很清楚的，那就是一定要打动编辑（编辑也可以看作是新闻报道的第一位读者）。于是他的写法、他的语言、他所用的结构都不一样了。正是强烈的读者意识使他成功了。多么耐人寻味的小故事啊！

从传播的角度来理解新闻写作的基本要求

新闻作品是新闻得以传播的载体，也就是说，好的新闻作品，从新闻业务的角度说，应该是适应新闻传播的作品，是一个好的"传输工具"。（注意：这里是相对地抽象掉了新闻作品的具体内容。）

怎样的新闻作品才能适应新闻传播呢？这里只从两个层次来加以论述：

第一个层次：新闻传播首先是新闻的传播

新闻传播的最主要的特点是时间性。传播得快，实际上包括两个方面，既要传播出去得快，又要被受众接受得快，这就要求快速交流。为此，新闻作品的写作和新闻作品的处理，有一系列的特殊的手法和方法。

分析一下新闻写作中的"倒金字塔"，有助于加深我们对快速交流的理解。

在目前通用的新闻教科书中，把"倒金字塔"作为消息的一种常见的写法，即最重要的写在前面的导语之中，然后按照重要性的程度，把需要写的材料依次排列，越到后面，就越不重要。关于"倒金字塔"的必要性，一般是讲这样的几点理由：一、便于记者阅读；二、便于编辑删改稿件；三、它的历史成因是：美国南北战争的时候，记者用电报向编辑部发消息，但是电报机常常发生故障，记者们为了保证自己的消息不仅能够及时发出，一旦电报机出了故障，即使只是发了一半也可以把问题说明白，因此他们把最重要的放在前面，即按照"倒金字塔"的格式来写作新闻。

这些说法都是对的。但对"倒金字塔"的认识只停留在写法的认识上，恐怕还不够。近年来出现了这样的看法：有的研究生在自己的论文中，把"倒金字塔"当成了一种束缚新闻改革的框框。他们认为新闻的写法要改革，就必须冲破"倒金字塔"的藩篱。

如果把"倒金字塔"当成了死板的写法，那确实是要改变的。但这不是"倒金字塔"的罪过，而是我们没有真正理解"倒金字塔"的过失。

"倒金字塔"的实质是什么？"倒金字塔"实际是快速交流的逻辑：既是快速表达的逻辑，也是快速接受的逻辑。也就是说，在快速交流的情况下，表达的一方和接受的一方所能够接受的都只是"倒金字塔"的逻辑。因此，"倒金字塔"逻辑的应用范围超过新闻传播的范围；"倒金字塔"的逻辑被人们运用，远远在现代新闻传播出现以前。

让我们设想一个故事：

> 在原始社会的时候，一个部落出去打猎，为了搜寻到野兽，酋长可

能派两个类似现在的侦察兵的人,先出去寻找野兽。这两个人被派出以后,在附近的山头转了又转,没有发现野兽,他们无精打采地往回走了。正在这个时候,他们突然发现附近的山头上有两只老虎。于是他们气喘吁吁地跑回来向酋长报告。

在原始社会,自然还没有什么现在意义上的新闻报道,这两个人当然也从来没有受过什么新闻写作的训练,更不知道什么"倒金字塔"之类的东西。但是,由于这个时候他们必须和酋长以及全体部落的人进行快速交流,他们说出来的话,必然是按照"倒金字塔"排列的。他们的报告可能大体是这样的:

"老虎,

　两只,

　　一大一小,

　　　就在附近的山头,

　　　　离我们不远,

　　　　　正向着我们走来……"

如果酋长"调兵遣将"还有一个过程,那么他们才再交代"新闻背景"说:"您派我们出去,我们转了甲山头,又转了乙山头,还转了丙山头,转来转去,也没有发现什么野兽。这时候我们灰心了,我们开始往回走了。也真是巧极了,就在我们快到这儿的时候,突然发现了两只老虎……"

你看,他们的表达就是"倒金字塔",最重要的放在前面,后面的越来越不重要。

这个设想,大概是合于实际的设想。——"倒金字塔"远远产生于新闻写作之前,这是毋庸置疑的。

现在再设想一个现代社会的例子:

一个患"气管炎"(妻管严)的男子(这种人的兜里一般是没有钱的),下班路过附近的商店,看到商店里新来了黄花鱼。他们家已经有很长时间没有吃到黄花鱼了，他急于买一些回去。但是一掏兜没有钱，他便急急忙忙跑到家里向妻子要钱。如果去晚了，商店里的鱼可能会卖光，时间急迫，这时候也必须是快速交流。那么，这位丈夫所说的话，也必然是按照"倒金字塔"排列的。大体将会是这样：

"钱！

　给我！

　　来鱼了！

　　　黄花鱼，

　　　　挺新鲜，

　　　　　就在旁边的副食店，

　　　　　　排队的人不多……"

在妻子掏钱的时候，如果还有一些时间，那么他才交代"新闻背景"和必须买鱼的理由：

"今天班上的事不多，我从机关出来得早了一点，顺便到副食店去看看。没想到来了新鲜的黄花鱼，而且排队的人不多。咱们家最爱吃黄花鱼，好长时间没有买到了，这回就改善一顿吧！"

举出这两个例子，无非是要说明"倒金字塔"是快速交流的逻辑而已。

第二个层次：新闻传播毕竟是一种传播

传播者，既传又播也。也就是说，它既要传递，又要播散——广泛地扩散。传递如果是一条线的话，那传播就是一大片了。

为了适应广泛的传播，新闻作品除了在内容上要选取有共同兴趣的事情以外，在写作上，就要求通俗、生动、引人入胜、易于消化等等。例如，在数字的运用上，一般的总结报告和新闻报道就有很大的不同。总结报告要求所用的数字必须是全面的、翔实的，而一般并不考虑用多还是用少的问题，也不考虑看总结的人是否看得懂，是否看得耐烦等问题。但是新闻作品就必须认真地考虑这些问题。

下面这篇稿件在数字运用上就是有毛病的：

……××市的地方财政收入，1985年仅为6275万元，1986年达到7707万元，增长22.82%；1987年达到8811万元，又增长14.2%；1988年跃过1亿元"龙门"，达到10825万元，又增长22.86%；1989年达到1.4亿元，再增长29.56%；1990年全省各地经济普遍下滑，唯独××市还往上蹿，当年财政收入达到1.65亿元，比上一年又增长18.11%。1990年与1985年相比，财政收入实实在在地增长了1.57倍。

——这是一篇报道中的一段，这一段集中引用了如此众多的数字，一般读者恐怕很难看得下去。这些数字无非是为了说明一个问题，即他们在推行某项政策以后，财政收入连年增长。但一般的读者并不需要这样了解每一个年度的详细情况，越细反而越粗，因为这样运用数字，在读者看来无非是密密麻麻的一片。如果这段数字改成下面这个样子，恐怕要好得多：

××市的地方财政收入，1985年仅为6275万元，此后的连续5年，每年的年递增率都是两位数，最高的一年达到29.5%，到1990年，财政收入已经比5年前增长了1.57倍。

这样一改，读者看起来就省力多了，作者要说的话实际上是更好地传达给读者了。

再看一篇稿子的开头：

本报讯 我国横向经济技术协作与联合经过10年迅速发展，1990年继续保持良好势头。据全国32个省、市、自治区和计划单列市的不完全统计，1990年全国横向经济联合共签订经济技术协作项目52560项，执行61730项，其中技术协作项目22236项，占全部项目的36.2%；协议金额212.4亿元，实现经济技术协作的项目新增产值430亿元，新增利润86亿元。

这样的一段导语，几乎全被数字"占据"了。不算年号，在只有100多字的导语中共有9个数字。问题不仅在于多，还在于用数字的目的不明确，这些数字说明了什么问题，不明确。起码读者不会从这些数字中形成某个清晰的概念。现在，无目的地使用数字、使读者摸不到头脑地使用数字的情况是相当普遍的。

"可读性"是一个重要的概念

"可读性"对中国新闻界来说，是20世纪80年代开始流行的外来语。它一引进，立即得到较快的流传和广泛的应用。为什么？就是因为这个概念，把我们说的"读者观念"具体化了，而且有了可操作性。新闻报道要写得"可读"，要求多明确！读者被摆到了"标准"的地位。

可读性，当然首先是内容问题。这里着重讲在内容确定之后，在具体行文写作时，如何提高可读性的问题。归纳各家的说法，我们可以概括为这样几条：

1. 字汇之难易程度。难字越少，可读性越高。新闻报道要尽量少用难字、冷字。（可计算每百字中难字的数目。）

2. 字汇的抽象或具体的程度。（可计算每百字中抽象与具体的字汇各占多少。）具体字汇越多，可读性越高；抽象字越多，可读性越差。

3. 句子的平均长度。总字数除以句数，即可得句子平均长度。越长，可读性越低；越短，可读性越高。

4. 人情味字汇和人情味句子的比例。人情味的字汇和句子所占比例越高，可读性越高。所谓人情味的字汇、句子，可以理解为贴近生活的字汇、句子，而不是"公式话"、套话、官腔。

5. 分段的长短程度。一般说，越短越好读，通篇不分段，读者有坠入"字海"之感。

上述这些条条，并不能把"可读性"说全、说透。但总给我们一个把握它的方向；总告诉我们，写作时要想到"可读性"——方便读者，而不是"方便自己"。

注意读者心理

读者心理应该从两个方面加以研究：一个方面是业务心理；一个方面是社会心理。当然，这两个方面又是互相影响和互相渗透的。

所谓读者的业务心理，是从新闻业务的角度对读者心理规律的抽象。这种心理是相对稳定的，有它的继承性，在新闻传播系统没有发生很大的变化的情况下，这种心理一般是不会发生很大变化的。例如，我们在前面说的那些读者读报的习惯、读报的过程等，就是相对稳定的，而且无论什么具体社会条件下的读者一般都是这样的。这一部分，是我们的一般新闻学特别是新闻心理学研究的主要内容。

但是实际生活中的读者，都是在一定的社会条件下生活和工作的读者。这种特定的生活条件和生活环境，又使他们形成了特定的社会心理。这种社会心理主要决定着他们对新闻报道内容的好恶和取舍，同时也会对新闻报道的表现形式、手法产生不同的态度，也就是说，它也会影响到读者的业务心理。

深入地观察一下我国的读者，就会发现，新中国成立以来，他们的心理发生了很大的变化。新中国成立初期，读者心理是以顺向思维为主的，新闻媒介说什么，他们都会完全相信，而不会打问号。经过"十年动乱"的"文革"以后，顺向思维有所减弱，逆向思维在发展。读者对提出问题和反思的内容更感兴趣。改革初期，人们对改革充满了幻想和过高的期望，因而他们更喜欢"一泻千里"式的报道方法和报道风格。但当改革深入的时候，改革中的各种矛盾暴露出来并发生了各种利益的调整的时候，人们的牢骚增多了，人们的社会心理实际上是发生了很大的变化。这个时候，他们就会认为那种"一泻千里"的报道是说假话了。于是我们看到了类似《大杂院里听牢骚》这样的报道受到欢迎了。这种报道与过去的报道相比，更注意客观性和全面性，而把记者自己的倾向性隐藏在不言之中。进入21世纪之后，世界经济全球化局面出现，国际交往增多，各种文化交汇，多侧面的社会生活造成了人们多侧面的思维和心理，因此人们就更喜欢多侧面的报道方式。

有些同志在读过去的一些著名的老记者的作品的时候，常常产生一种"生疏"以至"陈旧"的感觉。如果一些年轻的同志因此而认为这些老同志

"不过如此而已",那当然是不对的,我们必须给这些作品和作者以应有的历史地位;但是这样的事实却是不可回避的:他们过去的作品不仅内容离开现在太远而使今天的读者漠不关心,而且这些作品的表现方法也觉得不像当年那样受欢迎,不够适应今天的读者了。今天的新闻界后辈,应该尊重他们,但这种尊重应该是尊重他们在历史上的地位,尊重他们把握了他们那个时代的读者的心理,因而写出了无愧于他们那个时代的伟大作品。正是从这一点出发,我们应该好好地向他们学习,学习他们的有时代感的读者观念,学习他们和读者的心紧紧地贴在一起的基本经验。

总体来说,读者读报,是"欲知其新,欲知其快,欲知其广,欲知其详"。(引自王承放《浅谈体育报道和体育报纸的特色》,载 1981 年 8 月 1 日《新闻学会通讯》总 30 期)我们应满足他们要求的新、快、广、详。

许多有实践经验的记者,具体地总结了自己在树立"读者观念"方面的经验。例如,有的记者提出,记者应该"当读者的眼睛"。(见满运来、焦保强《现场采访与写作》,载 1982 年 4 月 15 日《新闻学会通讯》总 44 期)记者应该有自己的眼睛,但这双眼睛绝不只是他个人的眼睛,而是"自己眼睛"和"读者眼睛"的结合。

又如,记者林里认为,对不见面的读者,在理解力、知识面方面,宁可把他们估计得低一些;在"顽固性"、自信力方面,宁可估计得高一些。"眼前的读者是一些不大容易说服的人。"他还指出,记者要多想读者心里想的事情,而不是自己心里想的事情;首先是读者的疑问,而不是记者的目的——想要向他宣传什么。

再如,有的记者提出"最近点"理论,认为记者应该从最接近读者之点着笔写报道。(见洪天国《现代新闻写作技巧》)

……

总之,我们可以这样说:真正懂得读者,才算真正懂得新闻写作!

十分重视标题的写作

在谈到新闻写作基本要求的时候,还必须提到新闻标题的写作。新闻标题的写作能不能满足新闻写作的基本要求，对于整个新闻作品能不能满足新闻写作的基本要求起到关键的作用。标题定不好将严重影响整个新闻作品的质量。

标题在新闻作品中处于怎样的地位呢？

标题是新闻作品的名称，新闻作品的品牌。人们不可能用作品的全文来称呼该作品，只能用作品的标题称呼这个作品。新闻作品有了好的标题，就等于一个产品有了好的品牌，一个人有了好名字。

标题是整个新闻作品的脸面。看人先看脸，看报先看题。人们讽刺某些人看报不认真说"看报看题"。这里说的是只看题不够，但先看题是必然的。哪个人看报不先看题就直接看文呢？没有这样的人。所以，一个人想自己漂亮，必须先把自己的脸面打扮得漂亮。

标题是新闻作品的纲。主标题可以成为全篇的总纲，文中的小标题可以成为全文分段的提要。总标题加小标题可以成为整个作品的提纲。有了清晰的提纲就给读者阅读和消化作品提供了很大的方便。

标题是整个新闻作品"画龙点睛"的"睛"。画龙点睛的故事说，一个人画好了龙，但龙还不是活的，然后把眼睛一点，整个龙就飞起来了。好的标题往往也是起着这样的作用。一个好的标题往往能够把作品的主题突现出来，把本文最精彩的东西凝练起来，把全篇都带活了，同时方便读者记忆和传播。

记者不注意标题的写作是一个重大的失误。他们往往认为，反正我的报道在发表的时候，编辑还要做标题，我就用不着费这样大的劲了。这是不对的。编辑是编辑的工作，记者是记者的工作，不能认为后面还有编辑的工作，记者的工作就可以放弃了。而且要认识到，记者是经历了采访写作的全过程，对报道的内容和亮点是最清楚的，最有条件把标题做好，如果放弃了，岂不是很可惜吗？让别人给你的作品画脸、点睛，如果这个脸画得不好，睛点得不好，岂不是很遗憾的事情吗？

对新闻作品的基本要求完全适用于对做好标题的基本要求，即一定要体现和满足新鲜、简明、深刻的要求。其顺序也是如此，一定要首先追求新鲜，其次再追求简明和深刻。新鲜的标题才会吸引人，如果不吸引人，人家连看都不看，你的简明和深刻就难以起作用。

"文化大革命"期间，笔者在广播电台工作的时候，给《人民日报》投了一篇稿，然后天天关心发表了没有，结果一直没有看到自己的文章。后来编辑通知我说，你的文章在某天的报纸上已经发表了，让我看一看。我找到那天的报纸，但怎么也找不到自己的文章。编辑不会骗我呀！于是我来个笨功夫，一版二版三版四版从头至尾一篇一篇地看，终于找到了自己的文章。为什么自己写的文章还这样难以发现呢？因为编辑把我的文章的标题改了，而且改得毫无特色。我原来的标题是《怎样在思想上筑起反腐防变的长城》，被编辑改成了《一心为革命，一心为集体》这样的放之四海而皆准的标题。每当我看到这个标题的时候，我就把它一带而过，殊不知那就是我的文章！这件事深刻地教育了我，使我深深懂得了标题的重要性。

后来笔者到人民日报工作，在写作中便始终注意尽量把标题想好。这里试举几例：

水，让我们重新认识你

这是1982年笔者写了一篇反映北京严重缺水问题述评的标题。

北京已经严重缺水了，但人们还没有应有的足够的认识。因此，这是一篇警示性的文章。我想，人们为什么不重视水的问题呢？主要是因为对水作为一种最重要的资源缺乏认识。于是，我把述评的标题定为：《水，让我们重新认识你》。这个标题的好处是：一下子点到了主题，即我们必须要对水资源有足够的认识。同时它又比较新鲜，读者看到这个标题会有一种奇怪感，我天天接触水，难道我还不认识水吗？再者，标题用了祈使句，发出了一种强烈的呼唤。

为了便于读者把握水资源的特点，文中设计了三个小标题。第一个小标题是："无限循环掩盖着有限的数量。"说的是水资源在数量上的特点。水本来是有限的,但其循环是无限的,人们往往把无限的循环就当成了无限的数量,所以不珍惜它。第二个小标题是:"低廉价格掩盖着不可替代的作用。"说的是水资源在质量上的特点。水是最宝贵的资源,宝贵在没有其他资源可以替代。但人们往往因为它太便宜了,所以不珍惜它。第三个小标题是:"各自取用掩盖着水资源是一个整体。"说的是水资源在使用上的特点。每个人都可以打开龙头自由地用水,但他不知道水资源是一个整体,你用的水和我用的水是连通的,地上水和地下水是连通的。这就为水资源的管理带来困难。作者的奢望是,读者看了这三个小标题,即使不看全文,也能够把握文章的主要内容了。或者说,通过水资源在数量、质量、使用三个方面的特点的揭示,人们对水资源的认识才能到位。

一直到 21 世纪,北京缺水问题越来越突出,以至于必须要南水北调,一些人还记得在近 30 年前发表的这篇文章!

现代化的觉悟

这是 1982 年笔者写的一篇反映落实知识分子政策的通讯的标题。

这一年夏天,我到湖北襄樊采访该市认真落实知识分子政策的问题。我采访了当地许多领导,始终在叮问一个问题:你们为什么能够在"文革"期间就重视落实知识分子政策?但采访了十多天,几乎所有的主要领导都问过了,也没有得到直接回答这个问题的很好的答案。最后,一位在当地工作多年的老副市长从外地回来了,接受了我的采访,原本希望寄托在他身上,以为他会给我一个很好的回答,但也同样落空了。晚上,我躺在床上睡不着觉,脑子里翻来覆去思考着这个问题。突然,在深夜模模糊糊的睡梦中,脑子的神经突然活跃起来了,采访中市科委主任鄂万友的"这是有没有现代化觉悟的问题"这句话迸将出来,这个问题的答案终于想出来了,连句子都有了:"落实知识分子政策是一个有没有现代化觉悟的问题。真搞现代化就要搞工业,搞工业就需要知识,需要知识就需要知识分子。在当地领导者的头脑中，逻辑就是这样简明，难道还需要论证吗？"我马上翻身坐起来，找到笔，把这些句子迅速地写在采访本子上。

"现代化觉悟"这个标题不落俗套，比较新鲜，而且起到画龙点睛的作用。

笔者还拟过这样一些报道的标题：
《小城镇，大问题》——大小对仗，容易上口、记忆和流传。
《背水之战》——借用"背水一战"的成语。
《需要你啊——软科学》——用祈使句突出一个新词。
《请把目光投向"卫星"》——用"卫星"代表"卫星城"。
《古迹要"整旧如旧"》——"整旧如旧"成了流行语。
《社会公平的辩论》——用不同意见的辩论吸引读者。
《面对生活不等式》——提出一种社会普遍关心的问题。
《改到深处是产权》——针对现实突出一种理论观点。
《有党做主不怕枪打出头鸟》——尖锐的批评报道。
《中观上的突破》——突出了"中观"这一新观点。
《紧紧掌握我们的法宝》——用传统的"法宝"一词来比喻邓小平理论。
……

附带提一下评论的标题。现在多数媒体的评论标题都太死板，用陈言套话太多。在延安《解放日报》时期，出现了许多篇题目非常生动、泼辣、尖锐、鲜明的标题，如《大公报此言差矣》《与大公报论国是》等等，十分脍炙人口。

这样的事例还很多，这里就不一一列举了。我国唐代大诗人杜甫有一句名言："语不惊人死不休。"记者在思考和确定自己报道的标题的时候，同样需要这样的精神——"题不惊人死不休"。

第四节　新闻作品的主要样式

内容提要：新闻作品像一切作品一样，包括内容和形式两个方面。所谓形式是一个内涵较为广泛的概念。但对于新闻作品来说，体裁是它们的基本框架。不同的体裁有不同的"规格"，有不同的写作要求。体裁又是长期以来，新闻工作者在符合新闻规律的基础上的创造所积累起来的成果。即我们常说的"十八般兵器"。其实它们有几十种之多。

为了便于记者理解和掌握这些体裁，这里把新闻体裁和报纸上的体裁分成了五大类：典型的新闻体裁、边缘性或杂交性新闻体裁、报纸上刊登的其他文字作品体裁、广播电视上的一些特殊作品体裁、探索性体裁。

形式是一个内涵比较广泛的概念。一切外在的东西，内容外化的东西，包括体裁、语言、文字、篇幅、结构、表现方法等都属于形式范畴。对学习新闻写作的人来讲，最常遇到的实际操作性问题是体裁问题。因此，研究新闻作品的样式，实际上主要是研究新闻作品的体裁问题。

就目前中国新闻传播界来看，新闻作品的体裁是多种多样的。

大体上可以分为五大类、几十个品种。现将各类体裁的特点和功用分述如下：

第一类：典型的新闻体裁

消　息

报纸上最常用的体裁。它的篇幅较短，一般只有几百字，最长的也不过千字而已。对消息的要求是，它应最简要地把新闻事实完整地报道出来。所谓完整，即指再短的消息也应该包括五个W——何人（Who）、何时（When）、何地（Where）、何事（What）、何因（Why）。一般情况下，如果缺少一个W，就被认为是不完整了。

消息的结构一般有比较固定的格式：开头的一段称为"导语"，把消息中最主要之点写在导语里面；有的消息，在导语后面的一段是副导语，即对导语的补充或者进一步的说明；其次是新闻主体，即消息所报道的主要的新闻事实——消息主体部分，有的是用一个段落来写，有的则用几个段落来写，这要看新闻事实的简繁来定；再次是新闻背景，即交代新闻事实发生的大的环境，包括宏观的环境、历史的背景、潜在的原因、各方面的反响等等。当然，新闻背景的位置并不是固定的，有的时候它可以插在导语的后面，有的时候它可以插在主要的新闻事实当中。

如果你所报道的新闻事实是读者"知道了就可以了"的事实，是需要完整但又粗略地了解的事实，那么你就选择消息这种体裁。这是记者最常用的体裁，是作为一个记者必须掌握的——必须熟练掌握的基本体裁。

报　道

这是一个似是而非的名词，因为所有的新闻作品都可以称为新闻报道。这里"报道"二字是狭义上的，实际上是"长消息"的意思。

从某种意义上说，"报道"是我们的报纸特有的体裁。因为我们的报纸担负着指导工作的职能，因此常常要发表一些介绍经验的新闻。这时，如果你写一条较短的消息，往往不能说明问题，于是就出现了一两千字甚至更长的消息；其内容也不仅仅是五个W可以概括得了。为了表明它与我们常见的短消息的区别，于是我们便称它们为"报道"，而不称它们为"消息"。

简　讯

这种体裁是消息向着与报道相反的方向的延伸，即向着更加简单和简短方向的延伸。有的新闻事实，并不需要完整地告诉读者，只需要把最重要的一点信息或一个方面的信息告诉读者就够了。这个时候，就可以发一条简讯而不必发一条较为完整的消息。简讯者，比消息还要简短，有时只是一行字、一句话。在版面处理的时候，有的时候，甚至连标题也不加。

简讯并不要求一定是5个W俱全。例如，新产品的简讯，只要告诉人们有一种什么样的东西生产出来了就行了，至于怎样制造的、前因后果、来龙去脉等则均不需交代。

简讯的重要性不可低估。在信息量越来越大的现代社会里，简讯的报道方式可以使报纸在较少的版面中刊登更多的信息，有助于加大报纸的信息量。可惜的是，许多记者宁可把简讯拉成消息以至报道，也不愿意直接写成简讯。

记者不愿意写简讯，有其原因：1. 怕写成简讯，降低了自己报道的分量；2. 写长一点，"留着给编辑修改的余地"，有更高的成活率；3. 这也可以省一些事，把一件新闻事实写成简讯，有时比写成一条消息还要费事。

通　讯

这是篇幅一般较长的新闻报道体裁。它和消息比，不仅需要五个W俱全，还要报道新闻事实的情节，细节；不仅要写事，还常常要写人；不仅用叙述的方法，还要较多地采用描写、评论、抒情等的方法；所用的材料不仅是新闻事实本身，还往往旁征博引各方面的资料；它所完成的任务，不仅是"报道"，还有"解释"。

通讯又分为这样的几种：

事件通讯：这种通讯主要是较为详细地报道某一个新闻事件。

如著名的记录解放战争东北战役的《英雄的十月》（记者华山）、记录抢救山西平陆县中毒农民的《为了六十一个阶级弟兄》（中国青年报记者）、记录对"四人帮"审判的《历史的审判》（新华社记者）等都属于这一类通讯。

工作通讯：这种通讯主要是写某单位的工作事迹和工作经验。这是报纸上最多的一种通讯。如曾经轰动一时的《大庆之路》《大寨之路》《且看愚公怎样移山》《现代化的觉悟》等都是这类的通讯。

有时，事件通讯和工作通讯也难以绝对地划分清楚。如1984年《人民日报》发表的关于引滦入津重点工程的通讯《背水之战》，说它是一篇事件性通讯可以，因为它写的是引滦入津这一个事件；说它是工作通讯也可以，因为它通过引滦入津工程的成功，总结了进行重点工程建设的经验。

问题通讯：这种通讯主要是提出工作中、社会中、群众生活中存在的问题，包括某个问题或某些问题。这样的通讯有的虽然也可以纳入工作通讯的范围，如提出工作中某个问题的，但是，它和典型的工作通讯终归是

不同的，这种问题通讯，常常是只提出问题引起大家的注意，一般并不拿出解决这个问题的方法来。如20世纪50年代的《自由王国管庄》的报道，只是揭示了管庄无人管理的状况。1988年年末，《人民日报》发表的《不同认识缘何而起》，只是揭示了当时社会对改革认识分歧的加剧有可能引起对抗，提醒人们的警觉等，就属于这类通讯。这类通讯目前更多地运用于分析社会和经济问题的动向。

有一些批评报道也应该属于这类通讯。这类通讯以尖锐的笔锋，揭露社会上和工作中的问题，自然也应该属于问题通讯了。

人物通讯：这种通讯主要是写人的事迹和人的思想的。在我们国家的报纸上，人物通讯一般都是写先进人物的；也有少数是写落后甚至是反面人物的。写先进人物的通讯很多，穆青等人写的著名的《县委书记的好榜样焦裕禄》是这方面的代表作。写反面人物的通讯也有，如李普同志在解放战争时期写的《孙殿英素描》就是这方面作品的代表作。（这篇通讯收入了李普同志的作品集《建国前后》）

人物通讯有写一个人的，有写一群人的。魏巍的《谁是最可爱的人》即是写群体的代表作。

概貌通讯：也有人把这种通讯称为"旅行通讯"或"旅途通讯"。这类通讯的内容，一般是写一个地区的面貌变化的，或者是记者到一个地方去采访，把自己的见闻写下来。出国访问的记者，往往是采用这种体裁来报道他在国外的见闻。我国最早的记者之一瞿秋白同志写的《俄乡纪行》就属于这类通讯。现在这类通讯更多的是用来反映我国社会主义建设成就或反映新中国成立以来或者改革开放以来某个地方、某个行业的变化。

特　写

这是与通讯较为类似的体裁。它与通讯的区别是，它选取的报道着眼点，往往不是事情的全部或完整的过程，而是事情的某个局部、片段，甚至是某一个情节或细节；对选取的部位，着力去写，而对其他的方面则往往是一笔带过，甚至带也不带。

速　写

　　这是与通讯类似的体裁，更与特写相近。与通讯的区别是，它的篇幅一般要比通讯短得多，在写作的方法上，速写一般多采用素描方法，简笔勾勒。速写与特写往往是很难区别的。如果硬要区别的话，那么，在取材上，特写更讲究要抓取有特色的局部，而速写不一定这样要求，它也可以用素描的笔法简要地勾勒事物或事件的全过程；而在写作手法上，一般速写没有特写那样细腻。当然，在实际的新闻写作中，也没有必要划分得那么清楚。例如，西洛同志写的《表》，你说它是速写也可以，因为它用最简要的笔法，勾勒了若干解放军战士路过一家看到一只手表放在桌子上而谁都没有拿的前后经过。你说它是特写，也可以。因为它集中就写了那一只表。

　　现在我们的许多记者对特写和速写这一类体裁是过于怠慢了。鲁迅在谈到写小说经验的时候说过，宁可把中篇压成短篇，不可把短篇拉成中篇、把中篇拉成长篇。我们的记者实际上也存在着类似的问题。为了扭转这种情况，中国新闻工作者协会在1990年举办了首届现场短新闻的比赛，除了提倡把消息写短以外，很重要的也是要提倡这类的短小体裁。一些好的现场短新闻，常常是一篇生动的特写或速写。著名的消息《刘胡兰英勇就义》可以说是这样的一篇代表作。

　　本书作者所写的《温州奇人》，也基本上属于速写这一类的体裁。现转引如下：

温州奇人

　　"如果多几个滕增寿，我就可以去钓鱼了。"温州市长陈文宪说。

　　滕增寿，1990年全国20名优秀企业家之一，现年54岁，身高1米80，说话好站立，挥动两手，声若洪钟。此人多奇事，略记一二。

"吹牛"哲学

　　一接手濒临倒闭的温州玻璃钢厂，滕增寿就在全厂职工大会上讲：

"我要是完不成承包任务，到时候就买一把快刀，站在这个院子中间，抹脖子！"有的领导劝他，这话不要再讲了，留一点余地。他不以为然。此事发生在1984年。

亚运会前夕，北京市副市长张百发说，准备工作出问题，他要从京广中心跳下去。滕听说后问领导："张百发说的如何？"领导说："好。"他笑了："张百发说的和我一样，怎么官大就对了？"

他热衷抬此杠的理由是："现在有的人，事还没有办，就想好了退路。我这样吹牛，就是不给自己留后路。"

"三轮车"理论

滕增寿对一位市委主要领导人说："我把你好有一比。"

那领导人问："比做何来？"

滕增寿说："三轮车夫。"

问及其详，他做了如下阐述：全市经济有三个轮子，集体经济这个后轮，气半饱不饱；个体经济这个后轮，气鼓鼓的；国营经济这个前轮，气是瘪的。要想车走得快，该给前轮打气。前轮气不足，蹬起来费劲，也妨碍引导方向。

自小生活在温州的滕增寿，深知"温州模式"形成的缘由，但他想得更远些。

断指、割疮及其他

1974年滕增寿带着一批待业青年创建玻璃钢建材厂。当时一批造反派说他"用生产压革命"，手持利斧、棍棒，要砸烂工厂设备。他闻讯，虎地冲出门，拦住来人，大喝道："谁敢砸我的锅，我就砸烂他的头！"行凶者吓退了，而他冲出的当儿，关门过猛，一个手指骨折断，竟全然不知！

为研制产品，滕增寿和青年们在屋子里关了一百个日日夜夜，大腿上长了一个肉瘤，疼得钻心。他拿了一把消了毒的剪刀，一咬牙划开了自己的腿部，连脓带血带肉瘤，一次清除。

……

此篇全文约 2000 字。（载 1991 年 7 月 22 日《人民日报》二版头条）

作为全国优秀企业家的滕增寿，可以说是一个"大典型"，按照惯例，写四五千字的一篇通讯是不为长不为过的。作者的第一稿也写了将近 6000 字。但他决心做一次"短"的尝试，接连大改了四次，6000、5000、4000、3000、2000 这样递压下来。

小故事

这是在一些群众性强的通俗性报纸上或者广播节目中常使用的一种体裁。它类似通讯，或简直就是小通讯。但它与一般通讯毕竟有所不同，主要是它不仅短小，而且以情节见长，即以故事性见长，更多地借鉴了我国古代小说的一些写法。它虽然也刻画人物，但是不以刻画人物为主，而是讲故事为主。这种体裁，文化不高的读者是欢迎的。初学新闻写作的人也便于掌握。

述　评

述评从字面上说是一种写作的具体方法，述者叙述也，评者评论也，述评者又叙述又评论也，也就是我们平常说的"夹叙夹议"的意思。述评作为一种写作方法，应该说任何新闻报道的体裁都是可以用的。消息可以用，有述评式消息；通讯可以用，有述评式通讯，等等。

但是随着新闻作品体裁的发展，述评逐渐形成了一种独立的新闻体裁，并把它称为"新闻述评"。这种体裁的特点，顾名思义，就是又述又评，夹叙夹议，把新闻报道和新闻评论有机地结合起来了。

这种体裁在近年来获得了较快的发展和较多的运用。早期的述评，大多是类似新闻综述的东西，它所报道的，往往不是一个具体的新闻事实，而是某一方面的情况或者是较为宏观的情况；然后在这个宏观情况的基础上做一些分析。因而这样的述评，一般是比较枯燥的，可读性比较差。后来，新闻述评向着更多样化的方向发展。它的写作方法也趋于多样化，扩展到描写、抒情等多种方法。在取材上，除了宏观的、综合的内容以外，也逐步发展到对某个具体新闻事实或新闻事件的报道和分析。

新闻述评近年来获得较快的发展，并受到新闻界和读者的重视，这不是偶然的。社会生活的发展变得越来越复杂，人们对某一事件或某一事实的看法往往不一致，而且有时一般的读者很难形成自己的看法。在这种情况下，读者是很愿意看到报道者——记者对其所报道的事实抱有什么样的看法。即使他不见得完全同意你的看法，但是他也愿意听听你的看法。

可见，述评这种新闻体裁的发展，并不是某些人偏好的结果，而是社会生活发展的要求使之然。

采访札记

这是类似述评的一种新闻体裁。但是它与述评又不完全相同。从直观上看，札记的篇幅比较短，特别是它的段落比较短，往往是分成一段一段的；每段之间虽然也有一些联系，但是它们往往可以相对独立成章。所以采访札记往往是在一个大的方面下的许多小观点的集合，这些观点可以有较为紧密的联系，也可以是较为松散的联系。采访日记也是与采访札记类似的体裁。这与札记的区别在于它是按时间顺序来写的。

记者来信

这是一种定型不久的新闻体裁。通讯体裁最早是以记者通信为其名字的。记者把采访中所见所闻用来信的形式写给编辑部，故曰"通信"。

现在的记者来信这种体裁则是完整地保存着来信的形式，即它是以书信体来进行报道和发表意见的。这种体裁就其实际运用来看，我们不如把它看成是一种小型的述评。它所报道的事实也不见得是五个W俱全的，记者的意见也不见得是那么全面的，有的只是提出一个问题引起大家的注意而已。

应该说，记者来信是一种相当灵活的体裁，可长可短，可深可浅，可述可议，并且可以根据自己掌握材料的多少做文章，自由度是比较大的。

专　访

　　这是近年来用得比较多的一种新闻体裁。和人物通讯不同，人物通讯是写人物本身事迹的，而专访则是记者对某些人物的访问记录。专访一般有两种：一种，记者用第一人称写出记者在访问某人时的所见所闻，虽然也会介绍被访问者的一些事迹和背景，但以具有现场感的见闻为主。让读者感受到是同记者一起见了这个采访对象。另一种，主要是记录对方的谈话的。通篇就是记者和采访对象的对话记录。

　　专访这种体裁的优点是：1. 直接现实性比较强。因为报道是直击直见被采访的本人。2. 权威性比较强，因为专访的对象一般都是权威人士。3. 采写简单，特别是只记录对方谈话的专访，只要把谈话内容记录和整理出来就可以了。4. 报道迅速。有一种问题性的专访，记者就某一个问题，采访若干权威人士，把他们的谈话记录整理出来，就是一篇某个问题的专访了。这样常常可以对某一件事情或某一个问题做出应急的反应，因为这类采访常常通过简单的电话采访就可以了。5. 专访的题材可大可小，比较灵活。

　　2008北京奥运结束以后，需要有一篇全面的总结性的报道。这个报道怎样写？考虑到奥运会的开幕式、闭幕式和比赛情况，都已经通过电视做过实况转播了，再重复这些内容就不新鲜了。这个总结性的报道应该着重于理性的总结。于是，新华社记者采访了权威人士——北京奥组委主任刘淇，并采用了专访形式写成这篇报道。

　　这篇专访式的报道，刊登在2008年9月19日各大报纸。

　　专访的标题是：

奥运成功是中国人民的伟大胜利

专访的开头是：

　　在北京奥运会、残奥会成功闭幕之际，中共中央政治局委员、北京市委书记、北京奥组委主席刘淇应邀接受了新华社记者采访。

面带微笑，刘淇爽朗地说："首先，我要郑重地对北京全市人民、各协办城市人民、海内外中华儿女、各国对华友好人士、国际奥组委、国际残奥会和各国体育组织表示衷心的感谢和崇高的敬意。我还要特别强调的是，北京奥运从申办、筹办到成功举办，整个工作都是在党中央的直接领导下完成的。……"

接着是新华社记者提出的问题和刘淇的回答。
新华社记者的问题是：

1. 您在很多场合讲过"奥运精神"，即为国争光的爱国精神，艰苦奋斗的奉献精神，勇攀高峰的创新精神，团结协作的团队精神。您如何理解"奥运精神"对今后我国建设和谐社会、深入落实科学发展观、实现全面建设小康社会目标的意义？应该如何使之发扬光大？

2. 您和北京奥组委一直致力于"有特色、高水平"的目标，那么北京奥运会、残奥会"特"在哪里，"高"在何处？

3. 请您阐述北京奥运会、残奥会为中华民族留下的宝贵遗产。"绿色、科技、人文"三大理念如何在奥运会后继续传承？

4. 北京市民是"我参与，我奉献，我快乐"的实践主体，他们给您留下的最深的印象是什么？

5. 奥运期间北京在环保、交通、安保、食品安全、城市环境整治、无障碍设施建设等方面采取了大量创新措施。北京将如何让奥运成果延续？

6. 随着奥运会、残奥会闭幕，北京奥组委将完成光荣的历史使命。您作为奥组委主席，此时此刻，您最想说的话是什么？

记者的这六个问题，也可以看作是总结北京奥运的纲。

专访这种形式在广播、电视里用得更多，而且越来越多，越来越有新的发展变化。中央电视台有许多都是专访性的节目或栏目，如《高端访问》《面对面》《人物》，还有在专访性报道基础上发展的样式，如《对话》《实话实说》以及《焦点访谈》等等。各地电视台和电台这类节目就更多了。这些报道对记者（主持人）在提问方面和把握谈话进程方面都提出了更高的要求。

第二类：边缘性的或者是杂交性的新闻体裁

这类新闻体裁既有新闻作品的特点，又有其他的文字体裁所具有的特点，它们往往是新闻体裁和其他样式的文字作品的体裁杂交而成的。

报告文学

这是新闻和文学杂交而成的一种体裁。它既有新闻的优势，又有文学的优势，因而形成了"强强结合"。它大体是在 20 世纪 20 年代诞生的，近年来报告文学获得了较大发展，特别是"文革"以后的一个时期，报告文学作品不断引起社会的轰动。例如，作家徐迟写数学家陈景润事迹的《哥德巴赫猜想》、作家黄钢写地质学家李四光事迹的《地质之光》、作家理由写击剑运动员栾菊杰事迹的《扬眉剑出鞘》等作品，可以说脍炙人口，风行一时，报告文学成为很受人们欢迎的新闻或文学的样式或体裁，一时涌现了一大批报告文学作家，他们成为报纸和刊物上的受人欢迎的作者。

于是出现了这样的情况，许多人认为，有出息的记者才能写报告文学，或搞报告文学才有出息。这除了一些误解以外，也说明当时新闻作品较为呆板的状况。在当时的情况下，"文革"后的拨乱反正时期，人们长期被压抑的情感需要充分发泄，而报告文学作品正是比较好地满足了这种需求。报告文学的成功，首先是满足时代需求的成功，过去样式的新闻作品在这方面没跟上，被报告文学"夺了戏"。

这种现象产生了两种作用：一是促进了新闻写作的改进，开阔了新闻写作的思路。二是给人一种错觉，似乎新闻是不行的，只有文学才有力量。这就产生了新闻向文学的不应有的靠拢，因而弄得我们的新闻作品很冗长、很啰唆，充满了不必要的多余的描写。

记者应该掌握报告文学这种体裁，这种报道手段。但是也应该如实地承认，这种手段也有它的局限性。主要是它的篇幅一般比较长，在报纸上刊登受到版面的限制。即使承认它是"核武器"的话,那么我们在"常规战争"中,真正使用得最多的还是常规的武器。因而我们应该把主要的精力用于改进常规武器。

调查报告

这也是一种杂交性的边缘体裁。应该说,典型的调查报告并不是新闻报道所特有的。它是政策研究部门的文字作品的主要的形式,是政府部门、党委部门、研究部门等机关性的部门常用的文字体裁。

调查报告与工作通讯似乎有些相近,但实际上它们是不完全相同的。如果说通讯更注意反映新闻事实的话,那么调查报告则更注意反映事物中的带有规律性的东西。如果说工作通讯也要反映工作中的经验的话,那么调查报告则更注意这种经验的普遍性和完整性。如果说新闻通讯更注意新闻性的话,那么调查报告则更注意科学性。

报纸上的调查报告与一般的调查报告相比,它的新闻性要强一些。并不是一切内容的调查报告都可以在报纸上发表的。

如何改进调查报告是一个迫切的问题。目前需要认真解决的问题是：

提高调查报告的可读性。在这方面,毛泽东同志的《湖南农民运动考察报告》是一篇非常好的范文。现在有些调查报告之所以不引人看,八股气甚浓是一个主要的原因。

要把调查报告的篇幅变短。现在有一种误解,以为发一般的新闻报道不给那么大的版面,那就写调查报告吧,用这种形式去争版面,好像既然是调查报告就不能少于 3000 字了。

可以把新闻的写作方法更多地引进调查报告的写作中去。例如,一篇关于某农村党支部优良作风的调查报告,开头是这样写的：

在××县××村大队办公室门前 5 米远的地方,有一排苹果树,一到秋天,树上挂满了红红的苹果,磕头碰脑伸手可摘。每天不知有多少人从树下经过,但是没有一个人摘一个苹果吃。有一天夜里刮风,刮落了几个苹果，保管员把它捡起来，放到办公室的桌子上，一连几天也没有人动。就这样放坏了也太可惜了！还是一次开支委会，党支部书记花钱把它买下，大家分着吃了。

这样开头以后，再引出这个支部思想和作风建设的经验来。这种写法的可读性就强多了。因此，我们报纸上刊登的调查报告尽量要用新闻把它们"改造"一下。

座谈纪要

座谈纪要也是报纸使用的一种体裁。实际工作部门常常采用这种形式，把某些人对某件事或某个问题的看法集中起来并加以分析。

新闻报道也采用这体裁——有时为了宣传某个政策、某个精神，而且要很快地加以反映。这时，如果采取典型报道的方法，往往来不及，或者来不及发现这方面的典型；或者采写典型报道要花费较长的时间。有时为了对某个政策、某个问题的宣传形成一定的气候，造成一定的声势，这时往往请一些权威人士发表意见，座谈纪要也就成了需要采用的报道体裁。

座谈纪要的写作可以采取三种整理方法：

按人法：按照发言人的发言顺序整理，一个人一个人地列出其发言的摘要。

按题法：打乱每个人的发言，而将所有人的发言中有关的部分集中起来，一个问题一个问题地整理出来。文字中要保留每人的发言原话，即参加座谈者仍以第一人称的口气发言。

综合法：既不以人头来整理座谈会上的发言，也不按照问题把各个人的发言整理出来，而是用记者的语气，即用第三人称的方法，把座谈的内容概述出来。

这三种方法本身并无什么优劣可言，主要是根据座谈问题的性质和座谈的具体情况而定。

第三类：报纸上刊登的其他文字作品体裁

我们之所以把这些体裁称为"报纸上刊登的"体裁，而不称为"新闻报道体裁"，是因为它们本身并不是新闻报道，但它们确实又是在报纸上刊登的，或主要是在报纸上刊登的。它们是报纸上的体裁，但不是新闻报道体裁。我们的新闻工作者也应该很好地掌握和运用这些体裁。特别是编辑，有些体裁是必须熟练地掌握的。就这种意义上，也可把它们归为"新闻体裁"。

评 论

在报纸上，评论是和新闻报道相"分立"的另一大类新闻体裁家族。

说它和新闻报道"分立"，是因为评论和新闻报道虽然都可以说是新闻体裁，但它们的任务和写作方法都是不同的。

典型的新闻报道体裁，是报道新闻事件或新闻事实的，而新闻评论则是对新闻事件或新闻事实发表看法的。因此，又有"新闻评论是报纸上的言论"的说法。如果说新闻报道是要讲求客观性、真实性的话，那么对评论来说，最重要的是观点的正确性和鲜明性。读者在新闻报道中主要是看新闻事实，而从新闻评论中主要是看作者（往往是代表本媒体）的意见。

报纸上的言论类体裁大约有这样几种：

社论：这是报纸上的最高层次的言论，就其名称来说是代表报社说话的，但实际上并不仅仅是代表报社而往往是代表主办报纸的机关说话的。例如，《人民日报》是中国共产党中央的机关报，那么它的社论就是代表党中央说话的。

编辑部文章：这是用得比较少的一种重头文章，一般是就重大的国际或国内问题发表系统的看法的。它从字面上看是编辑部的文章，但实际上也往往是编辑部受权发表的、代表报纸的主管机关的看法的东西。20世纪50年代、60年代，中国共产党和苏联共产党之间的理论争论，中国和印度之间的边界争论，常常使用这种体裁发表中方的看法，当时这种体裁用得比较多，而近年来则用得比较少了。

本报评论员文章：这是目前用得最多的而同时又是分量较重的评论体

裁。这种体裁用得比较多，同这种体裁的优势有关。一是它比较有分量。既然是本报的意见，而"本报"又是一定的主管机关的机关报，那么它的意见就是不可忽视的了。二是它又比较灵活。因为是"本报"的意见，不直接是主管机关的意见，则还有一定的弹性，说起话来自由度也就较大些。三是由于它标以"本报"的字样，所以在定稿的时候，其过程也就比较简单，大多是编辑部或报社的领导人自己就可以定了的，因而这种评论便于抢时间。

短评：这是在规格和层次上低于评论员文章的一种评论体裁。顾名思义，它的篇幅是短小的，一般只有几百字，长了就不成其为短评了。当然它除了短的特点以外，主要是评论问题的层次要低一些，即评论一些较小的问题、分量较轻的问题。许多的短评不是单独发表的，而是配着新闻报道发表的，即所谓的典型配评论的样式。新闻报道中有些话没有或不可能说清楚，那么就在报道之后加一篇短的言论深入地说明之，或者起到画龙点睛的作用。

短评一般只讲一个观点，而且是点到为止，不敞开论述。

编者按

这实际上是更加短小的评论，不过它不以单独的一篇文章的面目出现，而是以在新闻报道的文前、文中、文后的几句插话形式出现。

应该说"编者按"是一种很好的、很方便的发表编辑意见的形式；它有话则长，无话则短；它可以随时在报道需要说话的地方说话；它往往没有八股气，因为这种形式不允许你长篇大套地摆开架式发表意见，而只将最主要之点说出。

编后话或编后：这是类似编者按的体裁，但是它与编者按不同的是，它只是放在新闻报道的后面，而且往往是有较大的独立性。它类似短评，不过比短评更短，不如短评完整，而且往往没有题目。

署名评论

上面所说的评论体裁都是不署作者名字的（近来有的报纸，评论员文章也在尝试着署名），还有一些评论是署名的。这些署名评论大都放在一定的专栏之中。

署名评论，实际上还有两种。一种是更接近短评的，不过以署名的形式发表，以求更灵活自由一些，说话的口径也可以更宽一些。我们在报纸上看到的这类的专栏，如《经济时评》《长话短说》《快话新言》《漫话》等就是。还有一类署名评论则更接近随笔或散文之类的，个人的色彩更浓厚一些，有信手写来的味道。这类的专栏，如《人民论坛》《市场随笔》《今日谈》《王府井随笔》等。还有一种署名文章，主要是思想评论，许多的报纸都在评论版上发表这种体裁的东西，最著名的有《中国青年报》的《青春寄语》专栏等等。

杂　文

这是文艺性或文学性的作品，但是主要发表在报纸上，所以也可以算作是一种报纸体裁。

第四类：广播、电视中的一些特殊体裁

传统的广播体裁，如录音报道、配乐广播、口头报道、录音访问、广播讲话、实况转播等等。电视发展起来以后，电视的体裁就更多了，除了传统的电视新闻和电视特有的实况直播之外，还有五花八门的各种节目形式，特别是各种节目主持人的形式有很快的发展。近年来，随着电子互联网的发展，更出现了把电视广播和互联网结合起来的互动节目。

这里要说的是，在报纸的新闻作品体裁和广播电视新闻体裁之间有共同点，也有不同点。在目前的情况下，改进我们的广播电视报道需要从两个方面努力：一方面要研究新闻写作的普遍规律，另一方面也要研究广播电视的特殊规律。考虑到我们的广播电视，特别是广播是从报纸的基础上发展起来的，多注意研究自己的特殊规律就显得更加重要。前些年，曾任中央广播事业局局长的梅益提出广播电视界要"走自己的路，自己走路"的口号是很正

确的、很必要的。

第五类：探索性体裁

应该明确，现有的体裁是过去的新闻同仁不断创新的成果，今后同样应该随着时代的发展，在符合新闻规律的前提下不断地进行创新。

最近几年，我国新闻界在新闻改革的鼓舞下，在新闻写作方面确实有了不少的创新。这些创新许多是很可贵的。这中间有的是新闻写作方法上的创新，有的则是新闻体裁上的创新，起码可以作为一种尝试。黄道宏同志在他的《新闻采写新思维》一书中，曾列举了一些新的新闻报道的写法和体裁。他列举的有：

日记式新闻，

书信式新闻，

视觉式新闻，

见闻式新闻，

对话式新闻，

预测式新闻，

释义式新闻，

立体式新闻，

散文式新闻，等等。

他的这些归纳未见得完全准确，但毕竟反映出了近年来我国新闻界的努力和尝试。许多新的领域有待我们去继续探索，不要被已经有的东西完全束缚住自己的头脑和手脚。

当然，这种创新不是为创新而去创新。它必须遵循两个基本点：一个是为了新闻报道的需要，一个是必须符合新闻规律。

本书作者，作为人民日报记者，曾在1988年7月11日、12日发表了《社会公平的辩论》（上下篇）。这篇新闻作品是仿照亚洲大学生辩论会的形式写的新闻作品。这篇新闻作品既没有采取一般的新闻报道的体裁，也不是完全模仿广播中常用的对话那样的体裁，而是采用了辩论的写法。记者设计了辩论的甲方和辩论的乙方。双方辩论的中心是社会分配不公的问题。

社会公平的辩论

第一个辩题：允许一部分人先富起来谁先富？甲方的观点是：谁对社会贡献大谁先富；乙方的论点是：谁赶上富的机会谁先富。……

第二个辩题：怎样衡量收入差距上的公平程度？甲方的观点是：社会主义的原则是按劳分配，不符合它就是不公平；乙方的论点是：初级阶段实行的是多种分配原则，不能只是一把尺子、一个标准。……

第三个辩题：当前应该强调的是社会公平还是社会效率？甲方的观点是：应该强调社会公平，因为不公平已经搅乱了人心，影响了社会效率；乙方的观点是：大锅饭刚刚开始打破，已经见到积极的效果，切不可在公平的压力下，让平均主义回潮……

为什么要采用这样的体裁呢？这是因为改革开放以来，社会公平的问题日益成了人们的议论的中心，甚至成了社会不安定的因素之一。它不仅是人们议论的热点，而且成了人们议论的难点，人们对此众说纷纭、莫衷一是。在这种情况下，如果记者只是片面地报道一方面的意见，批驳另一方面的意见，即使记者的观点是对的，一般也不会有好的效果。如果把双方的意见都摆出来，就要好得多。（一）它可以使人感到记者是客观的。这样的敏感问题，如果搞不好就会起到火上浇油的作用的；（二）它可以使人们感到记者是公平的；（三）把不同的意见摆出来就会起到交流的作用，促使人们进行全面思索；（四）这种交流即使记者不下结论，也会起到一种缓解矛盾的作用；（五）把各种意见摆出来，对决策者也起到一定的参考作用。

实践证明这样的写法、这样的体裁，其效果是好的。此文发表以后在社会上引起了很大的反响。一些人反映，这篇东西解决了他的许多的认识问题；领导机关也认为这篇东西是可以"承受"的。当然也有人不同意文章的观点；也有人提出这样的体裁是不伦不类。但如果我们考虑的是解决问题，而不是做文章，或绝对地囿于原有的体裁，那么，起码这种探索是应该肯定的。

上面我们列举了五大类、数十种新闻体裁。虽尚不完全，但也可以看出，与国外的报纸比较起来，我国报纸上作品的体裁是极为丰富的。这一点也许使我们引为骄傲。但也正因为如此，我们应该很好地研究和掌握它们、发展它们，发挥我们这一优势。

第二章 事实和说话

第五节 生活事实和新闻事实

内容提要：既然新闻写作的基本规律是用事实说话，那么我们研究新闻写作就要从研究事实开始。事实这个概念是人们用得最多的概念之一，但也是最为模糊的概念之一。人们在差别很大的各个含义上都来使用它。

因此，要把这个问题搞清，一要对完整的意义上的"事实"这一概念廓清；二要从我们新闻写作的角度对事实做一科学的分类。

这就要分清：生活中的事实和新闻事实，事件性事实和非事件性事实，总体事实和个别事实，具体事实和概括事实，物质事实和精神事实。

事实是一个模糊的概念

首先，我们要认识到"事实"这一概念实际运用中的复杂性事实是社会生活的最基本存在。不管是什么人，他的一生中，接触最多的是事实，即使是最好幻想的人，他也是生活在事实当中。

事实是任何要有成效的研究者必须面对的主要的研究对象，不管他口头上是否承认自己是唯物主义者。

事实是生活中用得最多的概念，同时也是最模糊、最不确定的概念。

人们在使用"事实"这个概念的时候，一般是不够规范的，不同的人，在不同的场合，用"事实"来表达的内涵实际上是很不相同的。

例如说："一年分四季，春夏秋冬，这难道不是事实吗？"

——这句话中的"事实"，是指事物运动顺序或规则如此，并不是指某一件具体的事情。

例如说:"中国穷,这是事实。"

——这句话中的"事实",是指一件事物的存在状态和对它的评价,也不是一件具体的事情。

例如说:"事实上,今天太热了,39摄氏度。"

——这句话中的"事实",相当于"实际"这个词,是确实的意思,成了语气词,更不是一件具体的事情。

例如说:"我比他高,这是事实。"

——这句话中的"事实",指的是两个事物之间的某种关系,也不能看作是一件具体的事情。

例如说:"中国现在的人口出生率降到了千分之十左右,这是事实。"

——这句话中的"事实",是对事物从某特定角度的抽象,也不是一件具体的事情。

例如说:"谁能否认中国一天天强大起来这个事实呢?"

——这句话中的"事实",指的是客观事物的一种趋向,也不是一件具体的事情。

例如说:"他多少年来,总是兢兢业业地工作,一心扑在工作上,这是事实。"

——这句话中的"事实",实际上是对某人行为的总的概括,也不是指一件具体事情。

例如说:"2月5日,当他来到河边看见一个儿童掉进冰水中的时候,他奋不顾身地跳下水……终于,落水的儿童被救起来了,而他却因过度的疲劳,沉入了结冰的河底再也没有上来。这就是他在短短的人生轨迹中留给我们的最后一个事实。"

——这句话中的"事实",指的才是一个具体的事情或事实。

如此等等,很难全部列举。

为什么要揭示上面的这种情况呢?你是要否定"事实"这个概念的科学性吗?不,不是的。我们的目的主要是:

(一)认识"事实"这个概念的丰富内涵和运用中的复杂性,注意到它的模糊性和不确定性。有没有这种认识是大不相同的。

（二）对事实这一概念的分析，实际上就是对事实这一概念所包括的复杂的客观事物的分析，我们如果深入地这样做了，就会对事实有更为深入和科学的了解。

（三）在实际工作中，特别是在理论研究中，概念的严密性是非常重要的。因此，我们在论述某个观点的时候，在谈到事实的时候，必须明确是在什么意义上运用事实这个概念，不然就会造成相当程度上的混淆。

对事实进行必要的分类

广义上的事实和科学意义上的事实

广义上的事实，我们在本节的开头已经说过了，那样多的事实的说法都应该说是正确的，起码你不能说它错。但是在我们进行科学研究的时候，我们就必须给事实一个科学的定义。

在新闻学上，我们给事实下的定义是：事实是客观事物已经发生过的相对独立相对完整的过程。

这里包括以下几个要点：

1. 事实是客观存在的，是客观事物运动的轨迹和结果。必须排除对事实的唯心主义解释。

2. 事实是一个"过程"，因而事实必须是具体的，一般来说是可以直接感受的。

3. "相对完整"的意思是说事实一般都是有开头、有过程、有结尾的。

4. "相对独立"是说事实是可以单独存在和单独表述的。它和其他的存在是可以相对分开的。当然是相对的意义上的。因为任何事物都是发展的，都是和其他事物有联系的。

请注意，这个定义是指最典型意义上的事实和最严格的定义。

为什么要提出这样的一个严格意义上的定义呢？这是新闻工作的需要。我们在报道新闻事实的时候，常常需要完整地报道新闻事实，而我们如果不知道怎样的事实才算是完整的，我们又怎能做到这一点呢？

古典的新闻学实际上已经用很简要很通俗的方法解决了这个问题。这就是"五个W"的说法。

所谓"五个W"实际上是一个完整的事实必须具备的五个要素，说它们是"新闻五要素"，不如说是"事实五要素"。因为具备这五要素的，并不都是新闻事实。它实际上告诉我们的只是如何把新闻事实写完整而已。

我在《新闻采访方法论》专著和《论宣传性现象》专论中，曾提出在"五个W"的基础上再加上两个字母："H"和"M"。"H"是"HOW"的字头，表示"怎样"的意思：怎样的过程和怎样的方式。"M"是"MEANING"的字头，表示"意义"的意思：事实的含义、意义、本质。

这样，笔者就认为，完整意义上的事实应该是包括七个要素了。

为什么非要加上这两个要素？如果说"H"还可以说是具体的可见的话，那么"M"则是"虚"得很，而且是常常有分歧的，这样是否把事实弄乱了？

对于这些问题，笔者已经在上述的著作中做了详细的回答，有研究兴趣的人可以去翻阅它们，在这里没有必要重复了。

这里只需说明如下几点：

1. 新闻工作是和事实打交道的，而事实的研究如果不深入到哲学领域，特别是用马克思主义哲学原理来加以分析，是说不清楚的。

2. 对事实的哲学分析是打开新闻真实性这个众说纷纭的理论原则的一把钥匙，甚至可以说不用这把钥匙，这把锁是打不开的。

3. 新闻真实性是新闻的生命。但真实性方面发生的问题，并不仅仅在采访阶段，许多是发生在写作阶段的。或发生在"五个W"的表述上，或发生在"H"的描述上，或发生在"M"的揭示上，或发生在这几者之间关系的概括上，等等。

也就是说，只有把握住了完整事实的科学定义，只有全面地了解了这七个要素的真正含义及其关系，我们在新闻写作中，才知道怎样去真实地反映事实，出了错误也知道问题发生在哪里。

这里我们还需要补充一点是：这个事实的严格的定义，首先是具有理解和理论的意义；在具体操作中，我们又在不违背原则的基础上有若干灵活和妥协，这要取决于不同报道的不同需要。

如关于天气的报道，只要说出是晴、是阴、是雨、是风就可以了，连五个"W"都可以不全，更何况"H"和"M"之类呢？因为这对一般的人们来说就已经够用了。但在理论上，我们应该明确，这不是一个科学意义上的完整的事实。因为只有从科学意义上的事实的定义的角度来研究新闻的真实性，才有可能把这个问题"罩住"。在实际运用的时候，它又有层次性、局部性、灵活性等等。

我们在后面的论述中，并不总是在严格的科学意义上用"事实"这个概念。只有在广义的事实概念基础上，才有分类的问题，才能对我们的工作有指导意义。

一般事实和新闻事实

这是我们在新闻写作中首先要做的分类。

所有的事实我们都可以称之为一般事实。新闻事实则是一般事实中特殊的一种事实。这种事实的特殊性顾名思义即可以看出，它是一般事实中那些有新闻价值的事实。

判断一个事实是否有新闻价值，主要有三条标准：

1. 是否是新近发生的事实。陈旧的事实是没有新闻价值的。

考古的发现之所以可以成为新闻，一方面在于这个事实是原来人们所不知道的，因而它还是"新"的；另一方面，它是人们的新发现，因而也是新的事实。许多科学规律的发现也具有同样的情况，有些规律实际上是一直存在并一直发挥作用的，不能说是新的；但是人们最近发现了它，是新的发现，因而还是新的，因此仍然有新闻价值。

2. 是否有新的信息。新的事实是很多的，但许多新的事实并不带有新的信息。只有给我们带来新的信息的新的事实才是新闻事实。如每个儿童的降生都是新的事实，但那并不是新闻；而毛孩的诞生是新闻事实，因为它给我们带来了新的信息。

3. 这个新的信息是否能引起普遍兴趣。许多新的事实有新的信息，但这些新的信息只是少数人感兴趣，那它的新闻价值是很小的，甚至可以说没有新闻价值。因为新闻传播是大众传播，是面对着社会上的大多数人的，如果只是少数人感兴趣，是不能传播的。

报道主要是用新闻事实说话，所以这一分类是至关重要的。当然，新闻报道中所用的事实不一定全都是新闻事实，但新闻报道中主要的事实必须是新闻事实，而且其他的事实又必须同这个新闻事实有联系，这一点则是无疑的。

非事件性事实和事件性事实

这个分类对新闻写作来说是相当重要的。

我们平常说新闻报道有事件性新闻和非事件性新闻之分。这个分别从哪里来的？就是从它们报道的事实不同来的。报道非事件性事实的，称为"非事件性新闻"；报道事件性事实的，称为"事件性新闻"。

事件性事实一般是我们说的那种严格意义上的事实；而非事件性事实，则往往是我们说的广义上的事实。

事件性事实，有这样几个特点：

1. 有明确的行为主体。
2. 有开头、有过程、有结尾。
3. 有具体的原因和结果。
4. 时间和地点比较具体和集中。
5. 常常带有鲜明的矛盾性和冲突性。

例如，渤海2号翻沉，山西小煤窑矿难，党的全国代表大会召开，第11届亚运会或第29届奥运会在北京举行，海湾战争，美苏首脑会谈，唐山大地震，汶川大地震，企业家王淑琴被杀，步鑫生打官司，平陆县农民中毒，林彪出逃，审判"四人帮"，捉拿并击毙抢劫杀人犯"二王"，袁隆平发明水稻杂交良种，京广复线通车，武汉长江大桥建成，1997年7月1日香港举行回归祖国仪式，陕西农民周正龙拍摄假老虎图片，云南一监狱发生"躲猫猫"死人事件，奥巴马竞选成功，美国通用汽车申请破产保护……虽然它们的大小不同，范畴不同，但都可以称为事件性事实。因为它们都具有上面说的那五个特点。

　　这里还要再深说一层，我们说的"事件性事实"和我们平时说的"事件"并不完全是一回事。"事件性事实"所指要比"事件"广一些。凡是可以称为"一件事"的事实，都可以称为事件性事实；而只有其中的突出的、突发的、尖锐的、有重大意义的事实方可以称为"事件"。饭店开业，可以是一件事，但不是一个事件。人大开会是一件大事，但是在一般的情况下，因其是正常的活动，也不称为事件。像林彪仓皇出逃这样突发的异常的大事，那就成了"9·13"事件了。

　　如果一个"事件性的事实"构成了"事件"，那么一般它是有比较大的新闻价值的。对这样的事件，我们新闻记者是不能放过的。

　　一般说，事件性新闻的写作是比较容易的，记者可以较为容易地判断自己获得的材料够不够。因为事件本身就已经很有情节了，在结构的安排上和具体的表达上也都较为容易些。

　　比较困难的是非事件性新闻的写作。应该说，在非事件性新闻的写作上，更能考验一个记者的水平和功力。

　　非事件性新闻写作的难度主要有这样的几个方面：

　　1. 取材范围的界定比较困难。事件性新闻在采访和写作的时候，主要就围绕着那一件事进行了解和表述就可以了；而非事件的新闻，则没有这样的比较现成的明确范围的界定，它要记者从现实生活中自己去确定范围，去搜集大量的材料，去自己筛选、提炼等等。

　　2. 选用什么角度来报道也是较为困难的事情。事件性的事实，特别是那些事件，它们本身的特点就已经很鲜明地显露出来了，一般说选取报道的角度不是那么困难的。而非事件性报道，它面对的材料本身就是那样的分散，面面都有，究竟选取什么角度就不是一下子可以定好的。在那些经验性的报道中，这个问题就更突出了。一个单位的经验是多方面的，可以从多方面加以总结，但是哪个方面是最重要的，哪个方面是最有针对性的，都需要记者花费很多脑筋。

　　3. 非事件性报道的内涵的挖掘是较为困难的。与事件性报道不同，事件性报道的新闻价值就在事实本身，即使事实本身的丰富的内涵没有挖掘出来，这样的报道同样是有吸引力的。海湾战争爆发，即使你不去说明它的意义，也是有很大的吸引力的。这是不言自明的。但非事件性报道不同了。因为这些报道中所用的事实，大部分是人们平时见到的，而它的新闻价值正在于人们平时没有发现的或理解不清的内涵。这种内涵，不下功夫是挖不出来或挖不深的。

4. 由于上述这一切，必然给表达上带来许多的困难。没有事件那样的集中，怎样集中？没有事件那样生动，怎样生动？没有事件那样连贯，怎样连贯？没有事件那样通俗易懂，怎样通俗易懂？等等，等等。

在某种意义上说，研究新闻写作，更重要的是研究非事件性新闻的写作。

总体事实和个别事实

我们知道，任何事实都不是孤立的，都是处于某个系统之中的；而它们所处的这个系统又是另外一个大系统中的小系统，或者同另外的系统发生交叉。

例如，某企业的厂长或经理贪污事件，这是个别事实。同类事实的集合，即企业经营者的经济犯罪情况，则是总体事实。这是一个层次。

我们还可以把企业经营者犯罪看成是个别事实，起码可以看成是个别方面的事实，而把企业经营者的全面情况看成是总体事实。

这里实际上是两个系统：个别经营者犯罪的事实处于经营者阴暗面这个系统；经营者阴暗面又处于经营者总体状况这个大系统之中。

总体事实和个别事实之间呈现着极其复杂的关系。总体是建立在个别的基础之上的，但个别又不等同于总体，即使是简单地相加也不等于总体；个别不仅与总体有着巨大的数量上的差别，而且还有质上的差别；而且个别与个别之间的差别又是多么地五花八门！

我们的新闻报道，不仅要报道个别事实，也要报道总体事实。有时是直接报道总体事实，有时是直接报道个别事实。报道个别事实时，也不应该忽略总体事实，报道总体事实的，也不应该忽略个别事实。

为了便于解决这个问题，我们不妨把个别事实和总体事实的关系分析一下，大约有如下几种情况：

第一种情况：个别事实和总体事实是同类的，只有量上的差别没有质上的差别。

第二种情况：个别事实和总体事实除了量上的差别外，还有不可忽视的质上的差别。

第三种情况：个别事实只是总体事实的一个侧面，甚至只是支流的一个侧面。

第四种情况：个别事实和总体事实呈现着对立的关系。

第五种情况：个别事实纯属是个别事实，很偶然出现的一个事实，很难发现它和总体事实的较为固定的联系。

在我们报道个别事实时，主要会遇到这样的问题：把并不能代表总体事实的个别事实，当成了能够代表总体事实的个别事实来写。如个别的企业经营者可能有经济问题，但是我们在写作的时候，如果不注意的话，有可能把它夸大成普遍的现象，夸大了个别的"普遍度"，就会发生歪曲总体事实的情况。这是由于"量"的问题没有处理好而带来的质的问题。

还有这样的情况，报道抓住了枝节性的事实，并且集中报道这一点或这几点，就有可能使人对这个事物的总体事实有不正确的认识，甚至可能造成对事物本质的歪曲。例如，1979年年初，中国以真理标准的讨论为主要内容，开展了伟大的思想解放运动。这是一个极其深刻的政治运动和思想运动。但是当时的一些外国记者，集中报道了两件事：一是"西单墙"上的大字报，尤其是突出了批评毛泽东同志的内容；二是报道了青年人穿喇叭裤子。不能说这些个别事实不存在，但是对于人们了解思想解放运动的全面情况来说，这些毕竟还是片面的情况和枝节问题。他们这样的报道就歪曲了当时中国的实际情况，在国外的人们中间造成误解。这是由于主流和支流、实质和现象的关系没有处理好而带来的质上的歪曲。

报道个别事实方面需要做深刻研究的应该是典型报道问题。在这个问题上，有这样的一种偏颇的三段论式的逻辑：典型等于代表，代表等于一般。按照这种"三段论"，在文艺作品的评价中，不是常常发生这样的责问吗：你写了一个农民,他就问,难道我们的农民都是这样的吗?你写了一个工人,他就问,难道我们的工人都是这样的吗?你写了一个干部,也还是同样的提问。这就是把典型当成代表了,而且不是具体的代表,是全体全面的代表。

恩格斯在论述文学典型的时候,他强调的是"这一个"。既然是"这一个",就不是"那一个",更不等同"这一群"。恩格斯继而对"这一个"做了这样的解释:"典型环境中的典型性格。"他这里强调的是个性和共性的高度统一、人和环境的高度统一。而许多人只把典型当成了共性的代表,而不理解个性在这里更是不可忽略的。忽略了个性,实际上也就没有了典型。去掉了个性的共性,至多是一些抽象的条条和空洞的理论了。

在新闻报道中,典型报道无疑是一种非常重要的报道方法。典型报道的巨大力量已经被实践充分地证明了。因此我们必须坚持典型报道的方法。但是我们也应该注意总结典型报道中的一些经验和教训,不断改进典型报道。

典型报道中存在的问题主要是:

把生活中的活生生的人和单位,完全描写成我们所希望和所要求的那样。把活生生的典型抽象化、理想化、标准化。

但是,任何真实存在的个人和单位都不是理想的、标准的,于是我们在写作的时候,就往往用拔高的办法、不顾基本的全面的情况而擅自取舍的办法来解决这个问题。这就造成了典型报道的失真。

在我们完成了典型的"塑造"之后,我们又把典型当成了样板,当成了所有的人和所有的单位都必须照搬和照办的样板。正像在推广大寨经验时报纸社论中说的那一句话:"大寨能够做到的,你们为什么做不到,一年不行,两年行不行,三年四年总可以了吧?"

这样的教训我们是应该记取的。

请看这样的一段文字:

进医院,还是进法院?

1982 年 7 月 15 日。天津市委会议室。

引滦入津工程指挥部党委第一次全委扩大会议正在进行。参加者表情严肃。

此刻，驻津部队某部副师长左尔文被"卡"在台上下不来。

"你们那段洞子，什么时候能通？"党委书记、工程指挥李瑞环问。

"明年二三月。"左尔文回答。

"说的是实话吗？你们的情况我早已经算过了！"李瑞环提高了嗓门。

"这是我们定的。"左尔文有些含糊其词了。

"为什么这样定？本希望你们一马当先，带出一个万马奔腾！现在你大大方方地说，到底什么时候能通？"

看来是过于不留情面了……

会议散时，一向低血压的左尔文，变成了高血压。

这是人民日报记者艾丰写的《背水之战》原稿的一个片段。这里比较真实地写了李瑞环这个年轻的领导者的个性，说话干脆、有魄力，但也毫不客气。发稿时，有的编辑提出，这样写是否显得李太武断了，于是又磨掉了一些小的棱角。现在看，不磨也是可以的。把个性的棱角都"磨"去了，标准则标准了，但已经偏离本人了。

有些新闻报道是要直接报道总体事实的。例如，经济形势的分析报道、国民经济成就的报道、政治动向和思想动向的报道等，都属于这一类。

总体事实报道的难度在于它概括的全面，分析的透彻，分寸的准确。

为了解决这些问题，总体事实的报道往往采取述评式的报道。

无论是直接报道个别事实还是直接报道总体事实，最值得注意的问题之一，是要把个别事实和总体事实联系起来加以研究。即使在报道中它们不是以同等的水平出现的，但是，我们的脑子中，时刻要记住它们是互为背景和衬托的。

具体事实和概括事实

说到这个分类，有人会说，事实都是具体的，难道还有概括的事实吗？但是，生活中确实有概括性事实。请看下列事实：

1979年至2008年改革开放30年间，我国国民经济以平均每年9.8%的速度增长；

我国居民的平均寿命已经达到 74 岁；

我国人均耕地只有 1.5 亩；

……

这些都是事实，不会有争议。但也有一点应该承认，那就是这些事实都不是作为一个实体存在，而是一种概括性的存在。请问你能够直接找到、看到、摸到 9.8% 的速度、平均 74 岁的寿命、人均 1.5 亩的耕地吗？显然是做不到的。因为这是算出来的。虽然是事实，但是是经过人们"加工"而"生产"出来的事实，而又是客观存在的事实。所以，我们应该承认，有这样一种事实，它是客观存在的，可又是直接触摸不到的。

因此，我们把感官可以直接感受到的事实称为具体事实，而把感官不能直接感受到的事实称为概括性事实。

或许说，概括性事实不就是总体事实吗？不能这样归并。因为这是从不同的两个角度对事实的分类，所以在实际生活中，它们既不是平行的概念，也不是重合的概念。应该说是有某些交叉的概念。一般地说，概括性的事实，是表述总体事实的——但也不尽然。如说"他的枪法很好，命中率几乎在 100%。" 100% 是概括性的事实，但是它是用来说明一个人的一种技能的，也就是说它反映的是个别事实。具体事实多是个别事实——但也不尽然。具体事实和个别事实这两者也不能画等号，因为有的总体事实也是具体的。例如，1984 年我国的粮食总产量达到 4200 亿公斤，这就是一个总体事实，但它又是具体的事实，那些粮食不仅是确实存在的，而且是可以触摸到的。而当年我国的人均粮食占有量达到 720 公斤，也是一个总体事实，但这个总体事实就不是具体事实而是概括性的事实，因为这个事实是我们直接触摸不到的，而是我们计算出来的。

物质事实和精神事实

这样的分类初看起来，更使人感到困惑：难道事实还有非物质的吗？还有纯精神的事实吗？

问得好？就"世界是物质的"基本命题来说，根本是不可能有离开物质的事实。

但是在承认这个前提的基础上，我们可以从新闻工作的可操作的角度，来做上面的分类的。这是就事实的实际内容而言的。

在新闻报道中，常常有一种人们称之为"说话新闻"之类的东西。它报道的是什么样的事实呢？是一些人说的话。这些话是意识形态的东西。某某人说了话，这是事实，但是他说的这些话毕竟还只是"话"！我们报道的一些计划，一些打算，一些预测性的东西，其实都属于这类事实。

明白这个道理，懂得这个分类，起码使我们注意这样的两点：1. 这类"精神事实"是可以报道的；2. 报道这类的精神事实一定要注意它还是"纸上的事实"，不要和生活中的实现了的事实混淆起来。

研究事实的分类的意义

上面我们已经对事实的分类做了一个简要的分析和概述。

我们按照新闻写作的要求，把事实做了这样的几种分类：

广义的事实和严格科学意义上的事实；

一般事实和新闻事实；

非事件性事实和事件性事实；

总体事实和个别事实；

具体事实和概括事实；

物质事实和精神事实；等。

了解这样的对事实的分类，对于我们把握事实，在新闻报道中恰当地运用事实有着重要的意义。

这样的分类的意义是：

1. 记者是在事实的海洋里游泳的，知道了这个分类，就如同知道了水性一样，懂得在什么样的河流和什么样的海洋里应该怎样航行一样，我们就可以在繁杂的事实中迅速地发现我们所需要的事实，并将它们稳稳地抓到手。

2. 可以使我们对所要报道的主要事实的特点或特性有一个准确的了解。

如果你是写一个非事件性的报道，就要注意采取与事件性报道不同的方法，如此等等。

3. 知道怎样用比较的方法去了解、理解和反映事实。这对真实地和深刻地报道新闻是有很重要的意义的。

第六节　主观和客观的矛盾
——事实和说话的关系之一

内容提要：从总体来看，任何新闻作品都是要"说话"的，即总要体现和宣传一定的观点。

从存在的形态看，事实是客观的，观点是主观的。这就构成了事实和说话之间的客观和主观的矛盾。

这种矛盾究竟有几种表现形式？怎样去解决它们之间的矛盾？——不是在客观事实进程的意义上，而是在新闻写作的意义上去解决。这里主要提出了"分别检查，双向对接"的方法。

新闻在说话，新闻要说话。

新闻的定义是最近发生事实的报道。从这个定义来看，新闻是一种事实的客观报道，只是把某件事情告诉读者或受众，并没有必须向受众说话的意思。

在"古典的"西方新闻理论中，提倡绝对客观的理论，更是明确地反对报道者站出来说话。

这仿佛都是说新闻是"不说话"的或"不许说话"的。但是请注意新闻定义中的"报道"二字。新闻不是事实本身，而是事实的报道。既然是报道，就有记者的选择和记者的立场观点包含在里面了；同时，既然是报道，就与不报道不同，传播本身就含有一定的说话的意义。所以应该说，这个定义中的"报道"二字，就含有我们所说的说话的意思了。

至于"纯新闻"的说法，实际上是说话的方式和方法问题。他们反对的只是记者站出来直接讲话而已，而不是说新闻中根本就没有"说话"的因素。

事实上越到后来，西方记者在自己的报道中直接说话的情况越多。而用自己的角度、观点、语言去描述一件事实则是基本的方法了。

从新闻工作的宏观上看，古今中外没有一家新闻单位是"不说话"——不发表或不反映、不表达自己的观点的。不仅在他们撰写的评论中是如此，就是在新闻报道中也是如此。只是有方式的不同，巧妙程度的不同，公开宣布与否的不同而已。

在弄清上述问题的前提下，再来看看新闻报道说话的方式。它们大体有以下几种：

*直接表达方式。*在新闻报道中直接阐明报道者自己的观点。

*引述表达方式。*在新闻报道中有选择地引述别人的话，借他人的嘴说自己的话。

*假引述表达方式。*有时明明是记者自己的看法，也假借一个别人的名义。如许多的西方记者在自己的报道中常用这样的句子"此间观察家认为""此间消息灵通人士说""此间权威人士透露"等，实际上，这个所谓的"观察家""权威人士""消息灵通人士"往往就是记者本人。

*荫蔽表达方式。*记者的看法和观点，在报道中并没有直接说出，但字里行间无不渗透着记者的观点和记者的思想感情，用潜移默化的办法去影响读者。

*选择事实的方式。*记者的观点不是说出来的，而是用他选择的事实说出来的。在报道某件事实上看，他报道这个事实范围内可能是相当客观的，而他为什么选这个事实不选那个事实呢？这就有他的观点和倾向了。这就是他要说的话。

*选择角度的方式。*即使报道的是同一个事实，由于报道的角度不同，体现着记者的不同观点。因此，选角度也是一种说话方式。

*选择时机的方式。*什么时候报道什么，也等于变相说了自己的话。在人家过生日的时候，你说他"有病"；在人家婚庆的时候，你说他"欠债"。可能你说的都是事实，但你选择这个时机说这个话，反映了你的不友好的态度。

*选择力度的方式。*连篇累牍是一种说话的方式，轻描淡写也是一种说话的方式。放在重要的版面位置，用大字标题是一种说话的方式，放在很低的版面位置和用小标题也是一种说话的方式。例如，1989年以来，东欧的形势和苏联的形势都发生了很大的变化，这些变化是有其复杂的原因的。对于这

样的事情，我们的新闻报道没有直接发言说长道短。但是这并不等于我们对这些事情没有自己的看法，没有自己的态度。不等于我们没有就这些事情要说的话。这些话怎样说呢？一般只能采取不同的报道力度的方法来表达了。

信息传递方式。这是一种最广义的说话方式。在许多的情况下，我们只需告诉人们某件事实，至于如何认识这个事实，和从这个事实中得出什么结论，并不需要在报道中都说出来。信息往往只起提醒的作用。这是记者和读者结合起来的一种说话方式：记者不说的话，读者也会完全明白。

版面语言的方式。这主要是编辑的说话方式。上面说的那一条实际已经包含这个方面的意思了，但版面语言还不止这些。这属于编辑学方面的问题，这里就不详细述说了。

还可能有其他的更多的说话方式。我们不厌其烦地列举了这许多，无非是要说明：新闻报道从总体上看都是要说话的，而说话的具体方式方法又是多种多样的。

现在我们摘录一条外国记者写的消息，看一看记者表达意见的方式和方法。这里当然不是全部的方法，但是可以从中看到一斑。文中[ ]里的话是本书作者加的。

法新社综述世界各国承认俄罗斯的情况

法新社巴黎（1991）12月24日英文电 （记者菲力普·索瓦尼亚格）

综述：俄罗斯是苏联的继承国，但是独立国家联合体的其他国家有需要履行的准则。

俄罗斯已得到欧共体的承认，不久也会得到美国的承认，所以从所有实际作用上它似乎已经取代了从前的苏联在世界舞台上的位置。[这个导语里面，实际上就有记者的话，记者对这一事件的评价和估价，主要是最后的那句话。]

这个联盟的其他共和国也在12月17日得到土耳其的承认、星期一（23日）得到瑞士的承认、今天得到蒙古和罗马尼亚的承认。

……

就连坚持共产主义的中国,过去一向是用非难的眼光注视苏联的事态的,现在看来也承认了这种不可避免的事实。[这些文字里面很明显地包含记者的要说的话,他把自己对事情的评价,用一种好像很客观的方法叙述出来了。这就是我们说的那种荫蔽的方法。]

……此间分析家一致认为,联合体中迄今最大,也是最强有力的成员俄罗斯是苏联的当然继承者,尤其是苏联国际上做出的保证及承担的义务的继承者。["此间分析家一致认为"一句话是我们说的那种假引述的方式。他很可能就是记者的假借而已。]

专家们说,欧共体首先得出这一结论,在昨天发表的一份声明中表示了事实上的承认。[这是引述法]

……美国通过一位要求不透露姓名的政府官员说,它在今后几天——很可能是一旦戈尔巴乔夫宣布辞去总统职务的时候——也承认俄罗斯。[这里一般不看作是评论而看成是交代消息来源。]

……欧共体与美国的态度相似:它将与这些共和国建交,条件是它们必须遵守欧共体提出的条件,其中包括尊重人权和国界,以及就核武器做出的保证。[这段归纳性的叙述里面,也包含记者的一些看法。]

……

我们在研究新闻写作的时候,绝不能也绝不是研究记者在新闻报道中不说话的办法和艺术;恰恰相反,我们必须研究记者说话和记者把话说好说得巧妙的艺术。

这样,我们就必须研究事实和说话的关系,必须研究用事实说话当中的矛盾和解决这些矛盾的方法。

事实和说话的矛盾首先表现在主观和客观的矛盾上

事实是客观存在的,是不以我们的意志为转移的,不是为满足我们的某种意愿和说某种话而存在、而"生成"的。

"说话"是一种表达我们的主观认识、见解、意愿的行动,也是一种用我们的主观认识去影响客观现实的一种活动。用我们常用的语言来说，这里的"说话"就是宣传我们的主张——当然不是记者自己的主张。

说话，在生活里是发生无数次的最"简单"的一种行为了。但是在新闻报道中，说话却没有那么简单。因为这里存在着一个似乎是很尖锐的不可解决的矛盾：事实和说话谁"服从"谁？谁为谁服务？

说事实服从说话，那就等于说是让客观为主观服务，这在马克思主义哲学中不仅是说不通的，而且是完全错误的。在"文化大革命"期间，"四人帮"曾经有过"事实为路线服务"的指导思想。结果是使当时的新闻报道用歪曲和捏造事实的办法去宣传他们的错误路线和观点。人们已经认识到它在政治上和新闻工作上的危害了。

那么"用事实说话"这个提法，怎样和这种错误的东西划清界限？这个我们称之为新闻写作的基本规律，是否也有一些让客观的事实为主观的意图服务的味道呢。

不，不是这样。

"用事实说话"是我们抽象出来的新闻写作的基本规律。在这个概括中我们已经抽象掉了说话和事实的具体内容。它只是说，在新闻报道这种工作中，你要宣传观点总是要通过报道事实来实现的；当然也有反过来的意思，报道事实总是要说某种话的，没有为报道而报道的新闻媒介。

如果"说话"是指记者在报道中表达的观点，那么这种观点并不是在写作中形成的，它的正确与否，不是靠或主要不是靠在写作的过程中解决的。从采访开始他就在形成自己的观点了，甚至在采访之前，在日常生活中，在接触其他的大量的材料时，记者实际上就在形成自己的观点了。

如果"说话"是指新闻报道中宣传的党的方针政策，那么这里要说的话是否正确，更不是记者在写作中解决的问题了。我们的记者，特别是党报的记者，他是党和人民的耳目喉舌，记者实际上是一个公职，并不是一个私人性的工作。应该说，他说的话大多是主管机关要说的话。因此这些话的正确性也不是记者个人所能解决的，更不是在新闻写作的过程中所能解决的。

用来说话的事实是否准确真实，这个问题首先是在新闻采访中解决的问题。新闻写作过程中确也存在着核实事实的任务，但是真实的问题毕竟主要是靠采访阶段解决的。

一般说来，我们是在这样的情况下进入写作的：要说的话已经有基本的方向，要用的事实也已经基本上拿到手。新闻写作主要是进一步提炼和表达的问题。这个表达就要靠"用事实说话"了。换句话说，我们在进入新闻写作以前，要说的话和要用的事实，都基本具备了。写作过程要解决的问题是两者的结合，而结合的要领则是用事实说话。

从这个意义上说，好像是要客观的东西为主观的东西服务，要客观"服从"主观。在这个阶段，在写作的具体操作上，在已经有了事实和观点的前提下，确实是这样的。但在这个时刻，事实和说话的关系，已经变成了素材和观点的关系了，变成了如何用观点统率材料的问题了。因此我们可以说"用事实说话"并不含有唯心主义的味道。

主观和客观矛盾的表现

在实际的新闻写作中，我们追求的是观点和事实的统一。但是，由于在说话和事实的关系中包含主观和客观的矛盾，于是常常会出现各种复杂的情况。我们可以把它们的关系做这样的分类：

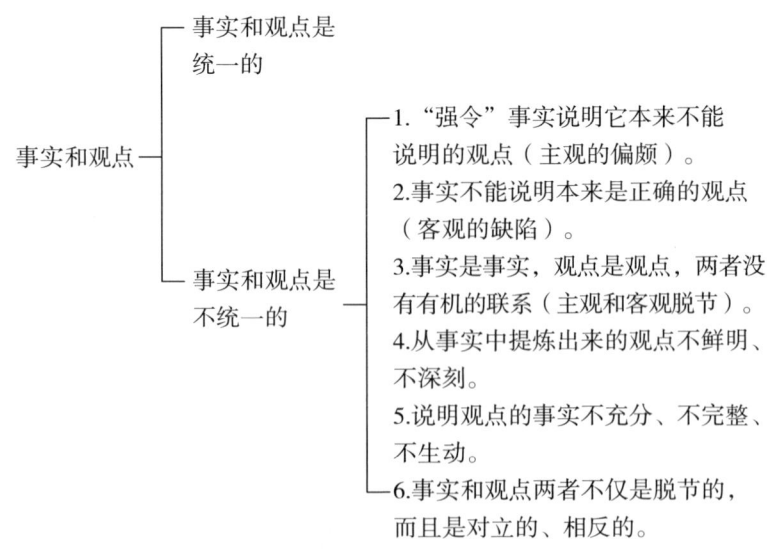

这六种情况，按其实质来说，就是这样的两类情况：

一类是两者在性质上的不衔接，一类是两者在数量上的彼此满足的不充分。即一是质的问题，一是量的问题。

造成这些情况实际上是三种原因：

一种，事实方面的原因；

一种，观点方面的原因；

一种，事实和观点衔接方面的原因。

解决"主观和客观矛盾"的方法

解决的方法，概括起来也很简单，八个字："分别检查，双向对接。"

分别检查，就是分别检查观点和事实。

事实是否可靠、生动、充分？

观点是否正确、鲜明、深刻？

在进入具体写作之前，先用这两把尺子分别衡量写作中要用的观点和事实。在写作过程中也要这样检查和思考，在写成初稿以后修改稿件的时候，还要这样反复衡量。

这样的分别衡量有助于找出问题之所在。或者主要是观点方面的问题，或者主要是事实方面的问题，这样就可以对症下药，而不会笼而统之无从下手。

上面那两把尺子是足够了的。因为它们都包含量和质的两个方面的要求。

双向对接，在这里也是非常重要的。

很可能出现这样的情况：在分别检查中，观点是正确的、鲜明的、深刻的；事实也是可靠的、生动的、充分的。但两者一对接就发生了问题：双方不对号。观点是好观点，材料是好材料，就是两者不搭调。这种情况是屡见不鲜的。

除了独立的标准以外，两者的衔接也是一个重要的标准。如果你在新闻报道中表述的和宣传的观点，只是从理论上和政策上说是正确的，而同你在报道中所用的事实并不衔接的话，那么从新闻报道的角度说，也不能说是完全正确的。强加给事实的观点，歪曲了事实本义的观点，片面反映事实本质的观点，在新闻报道中，很难说是正确的。不正确的观点，越鲜明，越深刻，越糟糕。从事实的角度说也是如此。事实的可靠性和事实的生动性，并不以报道中所用的观点为转移。但与观点不衔接，事实的可靠和生动又有什么用呢？在不搭调的情况下，越可靠越生动就引起更大的不协调。事实的充分性更是对着报道中所宣传的观点说的，它只是说，你在报道中用的材料对你在报道中宣传的观点是否是充分的，除此之外的"充分"对记者写作来讲是意义不大的。

双向检查可能出现三种结果：

一种结果是，一方做一些调整以后就可以对接好。或把观点提炼得更准确一点，或把事实补充得更充分一点。

一种结果是，双方都要做一些调整才能对接好。这种情况也是不少的。

一种结果是，单方和双方调整都不能解决问题，那就要放弃这篇报道，或重新采访。

第七节　点和面的矛盾
——事实和说话的关系之二

内容提要：事实和说话的关系还包含第二层矛盾，那就是点和面的矛盾。一般来说，事实总是一个"点"，而说话总是面对一个"面"。用点上的事实对面上的问题说话，这就是新闻写作的"诀窍"。懂得这个道理的人，就懂得了大部分新闻写作的道理。记者在采访和写作过程中，有两个"面—点—面"的过程。这是需要把握的。

事实是"点"，说话是"面"

一般地说，事实是一个"点"，而说话是对"面"来说话。

一般的新闻，它报道的总是一个具体的事实，或者是一个单位的事实、一个部门、一个方面的事实。但不论如何，它对于全社会来说，对于全面的事实来说，总是一个点。当然也有一些综合性的报道，它选取的事实并不是一个具体的事实，而是把某一方面的事实和材料综合起来加以报道。即便是这样，记者在自己的报道中所用的事实仍然含有着"点"的含义。这是因为：（一）就是你再综合，也还是一个方面或角度的综合，不可能囊括一切。（二）在综合报道里面也还必然要选择若干的问题、若干的点来进行报道和阐述。就像企业集团仍要包括若干企业一样。（三）在具体的写作中，这种体裁的新闻报道，虽然与一个事实的新闻报道有区别，但是也有许多相同之处。——所以，就总体来说，把新闻报道中的事实看成"点"是没有错的。起码多数的新闻报道是如此。

新闻报道要"说话"，所要说的这个"话"，就其实质来说是一个"面"。为什么这样说呢？

（一）所谓的"说话"实际上是一种思想或一种观点，思想和观点都是有概括性的，它是有扩散性的。因而在这种意义上可以看成是一个面。

（二）新闻报道中的"说话"不是对一个点说的，如果只是对一个点说话，只要对那个单位下一具体的指示就可以了；它之所以需要登报，是要对更大的面说话，甚至是需要对全社会说话。也就是说，新闻报道是对"面"来说话的。

（三）既然如此，那么记者在新闻报道中所要说的话，应该是有选择的。选择什么呢？其实就是选择对面上有针对性的东西来说的。

说话的内容是面，说话的对象是面，说话时要做的选择是从面出发的。这三层意思加在一起，把新闻报道中的"说话"看成是"面"的问题，是没有错的。

事实和说话的几种关系

就一般而论，点和面的关系实际上就是个别和一般的关系，特殊和普遍的关系。从马克思主义的哲学范畴看，这两者之间是辩证的关系。它们是互相对立的，又是互相依存的。没有特殊，无所谓普遍；没有普遍，也无所谓特殊。每个特殊中都含有普遍的因素，但又不等于普遍；普遍又不是单独存在的，普遍就存在于特殊之中。这是客观的辩证法。

但是，我们这里说的事实和说话之间的关系并不等于客观上的个别和一般、特殊和普遍的关系。或者说，它们应该是，但不等于是。

为什么？因为虽然事实是客观存在的，但记者想通过这个事实要说的话却含有主观的因素。因此，用这个客观辩证法来要求和研究新闻报道中的事实和说话之间的关系，就会发现有不同的各种情况。

点和面、个性和共性这两者之间是不可能完全重合的。也就是说，总有一些不是共性的个性因素，也总有一些不同层次的共性，最广义层次上的共性往往是最空洞的共性了。共性所能概括的个性越多，它容纳的内容往往越少；但是也还有另一个意义上的说法，共性概括得越广泛，它在理论上越是深刻。任何事实都是如此。因此，记者在处理这个点和面的关系上面临着一个相当复杂的任务。可能有以下的若干种情况：

（一）事实的含义是多方面的，也就是说，根据它所要和所能说的话是多方面的。但是记者在报道中说的话只能突出其中的一个或两个方面。而这一两个方面不仅是事实最主要的方面，也是针对性最强的方面。这是最多见的情况。从点和面的关系来说，这是两者基本统一的情况，即点的主要含义对面上都是有针对性的。这正是记者追求的情况。

（二）事实的含义的主要方面没有针对性，倒是事实的次要的方面有针对性。因此，记者在新闻报道中所说的话集中在这个次要方面了。这就发生了事实主要含义和说话主要针对性的偏斜。这种情况也是不少见的。产生这种情况的原因，主要是因为记者要说某方面的话，而又一时找不到很能说明这个问题的最典型的事实，于是降格以求。当然有时也可能是由于对事实的主要的含义理解不清，没有抓住事实的主要内涵造成的。从点和面的关系来说，两者之间不是很对立的。记者想通过这个事实说的话并不是这个事实的主要方面。这就给读者以强扭角度的感觉。这是点和面的偏位的情况。

（三）事实的含义是深刻的，但说话并没有反映出事实本身所具有的深刻的内涵。这就是所谓的"话说得不够"。

这种情况就更多了。这主要是记者的水平所致。他没有理解事实,也没有深入地研究事实可以说的话。同样的事实不同的记者可以写出深度很不相同的报道,其原因就在于此。就点和面的关系说,点的作用没有充分地发挥出来,是点和面的关系不对称的一种情况。

(四)事实的含义并不深,而说话引申过多。这也是一种常见的情况。所谓拔高者,所谓"说了过头话",就是这种情况。这种情况只是与上一种情况相反而已,也是一种点和面不对称的情况。

(五)事实的含义被记者充分地理解并充分地在其广度和深度的意义上反映出来了。而且是抓住了事实的最主要的特点或特征的意义上反映出来了。应该说这是相当理想的情况。在实际的新闻报道工作中,真正达到这种情况是很不容易的。这是最理想的点和面的关系,两者不仅完全对应而且完全对称。

(六)事实的含义和记者要说的话对不上号。从新闻写作的角度上说这是失败或是失误。故意这样做就是歪曲宣传。从点和面的关系来看这是一种点和面错位的情况,是记者在新闻写作中最需要避免的一种情况。

简单说来,这些情况可以分解为:

(一)用事实的主要的含义说话。

(二)用事实的充分的含义说话。

(三)用事实的次要的含义说话。

(四)用事实的浅层次含义说话。

(五)用事实的拔高的含义说话。

(六)用事实不具有的含义说话。

既然不可能有点和面完全重合的情况,那么,这六种情况中第一种和第二种情况是最为理想的情况。第三种和第四种是勉强可以的情况。第五种和第六种是绝对应该避免的情况。

事实和说话的对照,应该以说话为主导。这是记者的写作过程,特别是他的构思过程。

上面说了这样多,为了便于操作,我们同样应该采取双向检验法。

从事实方面,我们要尽量研究和发现它的具有面的意义的东西,然后据此说话；而把那些没有面的意义的东西，尽量省略掉。

从说话方面，我们要反复地考虑，记者在新闻报道中要说的话有没有充分的事实的依据，如果没有，是事实和说话的错位，还是事实和说话的偏位？

就新闻写作的角度来说，这个过程应该是从面到点的检验过程。而一般不采取从点到面的检验过程。就是说，我们要说什么话，我们有什么样的宣传意图，应该是明确的了。写作只是把我们的意图用事实体现出来罢了。如果我们要说的话没有事实作为充分的材料，而我们不要说的话却有很充分的材料，那是采访不成功，在写作过程很难挽救了。

在记者采访和写作的过程中，有两个"面—点—面"的工作过程和思维过程。

第一个"面—点—面"的过程是：明确报道思想，这是一个"面"，然后确定报道选题，这就到了"点"上了，但是我们采访一个点并不仅仅是为了报道这一个点，而是为了对面上发言，因而又回到"面"上来了。

第二个"面—点—面"的过程是在写作过程中：明确对面上要说的话，这是"面"，按照说话的要求来研究采访中获得的事实，这就到了"点"，然后是从点上研究、分析、筛选事实，说出对面上来说是最重要的话，这又到了"面"。

第八节　现象和本质的矛盾

——事实和说话的关系之三

内容提要：新闻作品要用事实说话，但事实又包含现象和本质两方面，这就带来了问题的复杂性。这种复杂性主要表现在：如果用的事实只是在现象的层次上，那么很容易说错话；如果非要用本质说话，在新闻报道中，有时候这又没有必要，有时候更没有可能，况且，本质还是一个"弹性"的领域。

记者在写作的时候，第一步工作就是要对获得的事实从现象和本质的关系上做一个分类。

在实际的新闻写作中,情况是多样的,有时候是只用现象说话就够了,有时候则要揭示事物的本质才能说话。

记者在处理事实和说话之间的关系时,还要处理好现象和本质的矛盾。

事实包含现象和本质两方面

说话要有根据,

说话要有针对性,

说话还要正确和深刻。

——这就是我们追求的目标。

新闻报道要用事实说话,但事实本身又有现象和本质两个方面。

我们说过,完整的事实是包括现象和本质这样的两个方面的,事实是这两个方面的辩证统一体。

由于事实的现象和本质两方面在实际生活中呈现复杂的关系,因而用事实说话,在实际运用上,也就呈现着复杂的情况。在新闻报道中,你说你的报道是用事实说话的,他可能说你的报道是违背事实的。都说自己的"话"有事实根据,结论却会有很大的不同,甚至是完全相反的。

为了解决这个问题,这就"逼迫"我们不得不再深入地去研究现象、本质、事实这三者之间的关系。

本书作者写的《新闻采访方法论》一书,曾经把全部的社会现象分成两大类、六种。具体说是这样的:

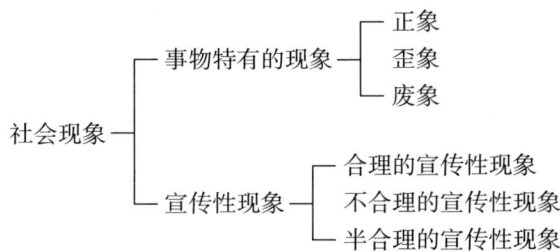

何谓"事物特有现象"?就是事物按其自身规律运行中自然而然要呈现

出来的现象。何谓"宣传性现象"？是人们为了达到某种宣传目的人为制造出来的现象。这两类六种现象，最主要的区分的方法，就是把现象和本质联系起来考察。何谓正象？正面反映事物本质者。何谓歪象？歪曲反映事物本质者。何谓废象？对判断事物的本质不起什么作用者。何谓合理的宣传性现象？是因为这种现象虽然是人为制造的，但是它能够帮助人们更好地了解事物的本质。何谓不合理的宣传性现象？是因为这些现象的制造者用它来歪曲或掩盖事物的本质。何谓半合理的宣传性现象？是因为这种现象里面，有反映了事物本质的因素，也有歪曲或掩盖事物本质的因素。这一切都是以现象和本质的关系来判断的。（详细的论述，请读者看原书，这里不再多做重复。）

记者要了解事实和报道事实，要在自己的作品中如实地描绘事实，并且要在这种报道或描绘中正确地把自己的意见贯穿进去，首先回避不了的一个问题就是如何处理现象问题。

这是因为：

（一）事实呈现在记者面前的时候，最直观的是现象，能直接抓住的也是现象。就是说，记者认识事实必须从现象入手。除此之外别无他法。

（二）现象本身又是非常复杂的，它不是简单地等同于事实，有时它甚至会"引导"记者去"离开"事实、歪曲事实，或者坠入烟海而不得要领。

（三）新闻报道要用事实说话，就其总体而言，主要的是用事物的本质说话，依据本质说话，而认识和研究事物的本质实际上都离不开研究现象。没有离开现象的本质存在。

但是，研究现象，我们又只能从现象和本质的对立统一的角度来研究。

上面的那个分类表，可以说正是这样研究的成果。

怎样在新闻写作中运用这个成果，还是让我们做一些具体的分析吧。

整理材料分析现象

记者在进入写作之前，首先要整理材料。最重要的是要按照上述的分类，把这些材料当作现象来加以分析。

首先，要找出"正象"性的材料。因为它是从正面反映事物本质的。这种材料是我们进行写作的最基本的材料,如果这类材料不够或不适用,那是很难进行写作的。

其次,要找出"歪象"性的材料。所谓"歪象"是歪曲地反映事物的本质的,我们把这类材料找出来,是为了避免上当受骗。例如,某个企业的经营者,为了在自己承包期间多拿奖金,不考虑企业的后劲,也不维修设备,也不搞技术改造,只是拼命多生产,又用压低折旧的办法人为地"降低"成本,这样,他也可以获得较高的生产发展的速度,也可以获得较高利润。这个速度和这个较高的利润,初看起来是他的成绩,实际这是一种"歪象",它们恰恰反映了这个企业经营得不好。又如,1984年的时候,我国的粮食丰收,一些地方出现了"卖粮难"的现象。这在实质上是粮食价格和粮食流通的问题。有的同志被这种歪象所迷惑,片面地提出了"粮食多了怎么办"的问题,好像粮食已经多得不得了了。

再次,应该找出"废象"性的材料。所谓"废象"是指那些不说明问题、不能说明事物的本质的现象。在采访中,会得到相当不少的这类材料——对说明我们的主题,对我们想要说的话无用的材料。一旦发现这类材料就应该毫不留情地抛弃掉。可惜的是,我们许多记者不仅没有把它们抛弃,还把它们当作了宝贝,用它们来说话,以致记者的话说走了板,至少是缺乏说服力。

不能鉴别废象以致错误地利用废象,主要的表现有两种情况:一种是报道里充满了废象性的材料,经不起推敲;另一种是张冠李戴式的写作。如一个农村丰收了,可能丰收的原因主要是今年的气候比较好。但是,记者非要把这个丰收的成绩记到某项工作的账上。在"文革"期间这类报道很多,一会说丰收是"批林批孔"的胜利,一会说是"反击右倾翻案风"的胜利……其实都不是,是老天爷帮忙。丰收在这里对某项工作和政策来说是废象,而记者把它判断为政策的正象。后一种情况,是我们尤其需要注意避免的。当然其中有时是有政治原因的。

区别正象、歪象、废象有时是一件非常复杂的事情。特别在现代社会更是如此,例如股市的变化,就是非常复杂的现象,应该说,股市的变化基本上反映了经济的变化,但也不是那么直接的,许多情况下,股市的变化并不和经济的变化直接相关联。2008年美国的次贷危机导致了世界金融危机,它造成的现象更是五花八门，哪些现象说明危机在加深，哪些现象说明经济在复苏，哪些现象并不能说明问题，这是一个很难做出的判断。在这种情况下，记者要十分谨慎，宁可把现象提供给人们，而不要轻易做出自己的结论。这不是无能，而是负责任的表现。

宣传性现象

上述这三种现象都属于事物特有的现象。还有一类现象也应该引起记者的特殊注意。这类现象我们称其为"宣传性现象"。这种现象与上述现象不同之处在于：

（一）它不是事物日常运转所产生的现象，而是因为同传播联系起来以后才产生的现象。这就是说，它和传播有密不可分的联系，离开了传播这种现象就失去了它本来的意义。

（二）这种现象是人为的现象。这里说的"人为"不是从广义上说的。因为从广义上说，任何社会活动都是"人为"的。这里所说的"人为"是特指那些为了特定的宣传目的，而不是正常的工作目的的"人为"。即这种现象的出现只是某个人或某个单位为了达到某种宣传目的而制造的一种现象。所以我们又把它称为"宣传性现象"。

还是让我们看看这样的一个"老事例"吧：

> 70年代我国的一家大化工厂投产，一些外国人到工厂参观，他们看了设备，看了生产的情况，看了工人的劳动，后来到了污水处理池看到了一群鸭子在里面游泳。最后这一个景象使他们惊讶得喊叫起来了，并且伸出大拇指来说："Good，good，very good！"因为即使是在发达国家，污水处理得很好的工厂，在他们的污水池里面也是不能养鸭子的。

这件事情报道以后，那个单位的人就向上级机关揭露了，说那个污水池本来是不能养鸭子的，只是在外国人参观的时候，把鸭子抱进去，等外国人一走，再把鸭子抱出来，因为它们在那里面坚持不了多大一会。

这个鸭子在水里面游的现象，就是宣传性现象，是人为的，为了达到宣传他们单位的污水处理得如何好而制造出来的现象。记者没有把它从事物特有的现象中分离出来，因而造成了失误。

应该说，这种现象并不少见。在现代社会人们都很重视新闻传播，因而制造各种宣传性现象使之作用于记者进而作用于社会，更成为常见的事情。许多单位的公关部门，许多社会的策划机构，他们的任务常常就是策划和制造宣传性现象。现代社会可以说是一个充满了宣传性现象的社会。所以，有的人这样尖锐地提出问题：你们从电视上看到的世界是真实的世界吗？

从严格的意义上说，记者到一个单位去采访，不可避免地会引起宣传性现象的产生。稍不注意就会失真和失误。如果你到一个商店去采访，可能会因为你的到来，把商店的门面搞得比平常干净得多，服务态度比平常好得多。"欢迎参观指导"的大标语，特别安排的场面和气氛等等，都会对你的认识和感觉产生一定的影响。对这些宣传性现象的因素，记者必须心中有数。

甚至有的时候，我们的记者在采访中主要看到的就是宣传性现象。例如，一个工程开始兴建的奠基仪式，一个宾馆开张的剪彩仪式，等等，很显然，这些都是专门为了宣传而设计和举行的。其实这也是一种宣传性现象。

宣传性现象是一个中性的词汇，它实际上还要分为三种。一种是不合理的宣传性现象。如"鸭子在水里游"者，就是不合理的。之所以不合理，是因为它歪曲地反映了事物的本质。一种是半合理的。例如，我们到某个商店或工厂，他们做了一些准备，记者看到的情况比平常要好一些，但是这只是程度上的差别，不影响大局的话，只消注意剔除其中过分的因素就可以了。一种是合理的宣传性现象。如我们前面说的，奠基仪式、剪彩仪式，就属于这一种。之所以说它合理，因为这种现象虽然是人为的，但它却能够使人们更好地认识和宣传事物的本质。

在我们整理了材料以后，我们对手中的材料有了上面说的现象上的分类以后，我们就可以比较顺利地拿起笔来了。

从这个层次上研究，我们就可以看到，用事实说话，可以分为这样的几个层次：

用现象说话

有一些新闻报道中的"用事实说话"主要是用现象说话，或仅仅用现象说话。

我们这样说，并不是说这些新闻报道中没有涉及事物的本质，或者与事物的本质无关，而是说在新闻报道中，没有直接揭示事物本质的内容。在这类报道中，或者是报道了现象就足够用了，或者是不能和不便直接涉及事物的本质。

报道现象就够用了的新闻报道也是不少的。比如许多的信息性新闻，就属于这一类。反映国民经济状况数字的公报，市场上商品行情的信息，外事活动中送往迎来的消息，乃至天气预报等等，都常常只是报道了一些现象，但也足够了。如果你在报道天气趋势的时候非要把为什么会这样，它的"本质"是什么讲透，反倒是画蛇添足了。

当然，有的时候，只报道现象不能满足读者需要的时候，新闻报道就需要再深入一层了。例如某年夏天，北京天气很热，而且热的时间很长，人们对此议论纷纷。有的猜测，北京可能要地震了。要在这个问题上说话，那么只讲一些天气的现象就不行了。《经济日报》发了一条消息，说北京这年的持续的高温，主要是由于高压气流不散造成的，并不是由于地下反常造成的。这里只有揭示出"热"的实质，才能够说明问题，也就是才能够说话。

有些报道，从读者的角度说，需要记者在报道中点出事物的本质，但是由于新闻事实的本质还看不清楚，或者虽然是清楚的，但记者由于种种原因不能在新闻报道中明确地写出，这种情况也是新闻报道中不少见的。这样的报道，事实的本质是不言自明的，是读者可以自行解决的。还有一些连续报道，开始的时候，不可能或故意留下事物的本质不说，让读者在后面的报道中去解决。

请看1991年夏季苏联发生了震惊全世界的"8·19"事件的过程中，新华社编发的两条消息：

苏联副总统亚纳耶夫发布命令宣布
戈尔巴乔夫被停止履行总统职务

新华社莫斯科8月19日电 据塔斯社19日凌晨报道，苏联副总统亚纳耶夫发布命令宣布，鉴于苏联总统戈尔巴乔夫健康状况已不能履行总统职务，根据苏联宪法，他本人即日起履行总统职务。

这里同时宣布，成立了国家紧急状态委员会。亚纳耶夫受苏联领导机构委托，通知世界各国国家元首、政府首脑和联合国秘书长，自8月19日起，根据苏联宪法和法律，在苏联部分地区实行为期6个月的紧急状态。在此期间国家全部权力移交紧急状态委员会行使。

据宣布，苏联紧急状态委员会由苏联代总统亚纳耶夫、苏联总理帕夫洛夫、苏联国防委员会第一副主席巴克拉诺夫、苏联国防部长亚佐夫、苏联内务部长普戈、苏联国家安全委员会主席克留奇科夫等8人组成。

苏联国家紧急状态委员会于19日凌晨发表的《告苏联人民书》说，戈尔巴乔夫倡导的改革已经"走入死胡同"，"苏联国家和人民的命运处在极其危险的严重时刻"。它呼吁苏联公民支持该委员会的工作。

过了两天以后，新华社又发了另外的消息，这个消息说明局势发生了急转弯：

塔斯社播发苏联中央电视台报道
戈尔巴乔夫宣布已控制了局势

新华社莫斯科8月21日电 据塔斯社21日21时10分（莫斯科时间）报道，苏联总统一小时前发表声明，强调他已完全控制了局势并恢复了一度中断的与全国的联系。塔斯社说，这是苏联电视台在《时代》新闻节目中报道的。声明说，戈尔巴乔夫将于近日内重新完全行使他的总统职权。

塔斯社另一条消息报道，21日晚上戈尔巴乔夫在电话里告诉哈萨克共和国总统纳扎尔巴耶夫，国家紧急状态委员会 4 名成员巴克拉诺夫、克留奇科夫、季贾科夫、亚佐夫以及卢基扬诺夫和伊瓦什科现正在戈尔巴乔夫在克里米亚的接待室里。

新华社的这两条消息，完全是客观报道，只报道了发生的表面的事实（也可以看作现象），而且是用援引塔斯社消息的方法报道的。这是恰当的报道方法。第一，因为事件刚刚发生，事件的本质记者并不完全了解，不便于直接去揭示事件的本质；第二，这样的重大的报道，涉及党和党、国家和国家的关系，因而是不能随便在报道中表态的；第三，这样的事件，读者还是可以看得出来趋向的，不必都要明说。当然每个人的立场不同，对事件的评价和态度也会不同。这是自然的，不是新闻报道可以代替解决的问题。

从最根本上说，新闻报道的用事实说话，还是通过揭示事物的本质或者提供揭示本质的重要现象来实现的，就这种意义上说，用事实说话是用事物的本质说话。

实质是用本质说话

用事实说话，有时主要变成了揭示事物本质的工作。记者的水平和功夫也就表现在这里了。

揭示事物的本质又有不同的情况：

第一种情况，事物的现象是大家都了解的，读者不明白的只是"为什么"，即事物的内在的本质。记者如果不报道事物的本质，就什么问题也没有说明。

例如，1988 年夏秋季，我国物价上涨很猛，通货膨胀严重，这是每个中国的老百姓都知道的现象。如果我们只报道了这个现象，除了说了一句"物价涨了"又说了什么问题呢？因此这时的读者就很欢迎说明物价为什么上涨的新闻报道。

又如，2009 年一季度，国家统计局发表统计数字说，第一季度我国

GDP 增长速度是 6%，同时外贸进出口额下降了 24%。实际上第二个数字就注解了第一个数字。我国 GDP 增速的下降主要是金融危机影响下的外贸的下降。这就使人们更能了解事物的本质。

第二种情况，事实的现象可以做多方面的解释，如果记者不抓住事物的本质报道，不突出事物的本质，就有可能歪曲事实，就有可能说错话，或说假话。1988 年我国出现了严重的通货膨胀。这个通货膨胀是什么性质的？是因为物资短缺还是由于需求过旺？治理整顿开始的时候，如何宣传过紧日子？是让人们懂得这是发展中的问题，还是简单地给人们一个又要过"三年困难时期"的苦日子的印象？

第三种情况，事物的现象是大家所了解的，事物的浅层本质也是大家所了解的，这时记者的报道就应该向着事物的深层挖掘。1997 年笔者在经济日报做总编辑的时候，当时收集到的许多信息都告诉我们，市场上几乎所有的产品都不好卖。这背后隐藏着的是什么问题？笔者通过分析认识到，我国经济随着生产规模的扩大，已经发展到一个新的阶段，那就是进入了全面买方市场的阶段。所谓买方市场就是需求不足。于是笔者先在内部记者会上发表了一篇讲话，随后又在当年 7 月发表了《注意经济的阶段性变化》的述评，抛出了这个观点。中央在当年年底和第二年 3 月正式提出了"扩大内需"的方针。由于对经济现象做了比较深刻的分析，报纸的宣传具有了一定的朝前性，收到了比较好的效果。

事物的本质是有层次的。抓住了浅层的本质，也算是抓住了本质，不能说它是歪曲了事物的本质；但是如果我们研究得深，就会抓住事物的更深层次的本质，这样读者就会愿意听我们的话。如果我们记者说的都是读者已经知道的那个层次的话，那么记者的话等于没说。

谁能够把事物的本质揭示得深，谁的报道就深，谁说的话就深，就会有更多的读者。

在挖掘事物的深层本质的时候，对于记者来说，必须有一种锲而不舍的精神。人们常说，采访的时候要善于问几个为什么，写作的时候更要善于问几个为什么。一般来说，能够回答一个为什么，我们对事物的本质的认识就深入了一层。"为什么"是记者深入认识事物本质的杠杆。

1988年，当我国的改革逐步深入的时候，在干部和群众中间，对改革的认识却出现了巨大的反差，以致造成了严重的分歧。这种现象许多人都见到了。这似乎是很奇怪的事情，改革开放以来我们已经取得了那么大的成绩，为什么还会是这样呢？这也是读者需要回答的问题。

本书作者在1988年11月25日的《人民日报》上发表了题为《不同评价缘何而生？——试析对当前改革形势的认识》的一篇记者述评。这篇新闻作品从四个方面回答了这个"为什么"：

一、改革理论和改革措施的进展和改革实效滞后之间的矛盾，领导者注意和强调了前一个方面，而群众则更注意后一个方面。

二、对经济发展的总体评价和从不同的利益主体的不同价值取向的评价，这两者是不同的，领导者往往只注意前者，而每个人则是更多地从后者来评价。

三、改革的正作用和改革的副作用之间的矛盾，有的时候正作用还没有发挥，副作用却出来了。领导者往往侧重注意正作用，而群众则是全面地看问题，甚至对副作用更加敏感。

四、社会变化的加速和社会变化的失衡，这也是对矛盾，从两个不同的角度出发，对改革的评价就会有很大的不同。这就从几个方面回答了读者的"为什么"的问题。这几个"为什么"也是一步深入一步的。

在这四个大的"为什么"之间还包含许多小的"为什么"。例如其中就有对牢骚多的问题的分析。

当然这只是从经济的角度的分析，如果有更全面的更深刻的分析，那么对人们认识后来中国形势的发展都会有很大的好处的。

简单和复杂

要深入研究事物的本质，要不断地深化，在这个过程中有一个问题需要注意，那就是这个深化的过程常常有一个从简单到复杂，又由复杂到简单的过程。对本质认识的深化，最初的进程自然是由简单到复杂的。但是不能有这样的一个错觉，以为是越深入的东西越复杂。不是这样的。常常是对问题真正地认识深入了，倒是简单了。这就是人们常说的"高级的简单"。记者如果能够把问题说得既深刻又简单了，那么这恐怕才是你对问题的认识真正深入了。

本书作者在1982年采写湖北省襄樊市落实知识分子政策的报道的时候，就一直在不断地挖掘为什么——为什么这里的知识分子政策落实得好？记者在采访时一层一层地挖掘这个问题：

第一层，记者挖到知识和经济的关系。这里的领导者认识到经济的竞争就是商品的竞争，商品的竞争就是技术的竞争，技术的竞争就是人才的竞争。所以他们重视知识分子。

第二层，记者挖到对知识分子的认识和理论的关系。这里的领导者不仅认识到知识分子是工人阶级的一部分，还认识到他们是特殊的一部分；不仅认识到脑力劳动也是创造财富的劳动，还是艰苦的特殊的劳动，应该用马克思主义的简单劳动和复杂劳动的理论来认识问题。

第三层，深入到领导者的世界观。凡是真正要干一番事业的人，都会重视人才的，凡是想当官做老爷的，都会是压制人才的，古今中外概莫能外。因此，在今天，凡是真要现代化，真要为人民服务的领导者都会重视知识分子的作用的。

记者分析了这三层以后，对这个问题的认识也是走过了"由简单到复杂，又由复杂到简单"的过程。于是，作者把这篇通讯的题目定为《现代化的觉悟》，突出说明，能不能落实知识分子政策是有没有现代化觉悟的问题。在文中第一个小标题——"逻辑是简明的"，再次强调这里并没有那么多的"弯弯绕"，就看你的现代化觉悟了。这样的简明实际上更接近了事物的本质。

第九节　用事实说话的几种方式

内容提要：新闻写作要用事实说话是一个总的规律，但在实现的时候，却有不同的方式。有时候它表现得直接些，有时候它又表现得间接些和隐蔽些。

大约可以分为："纯客观"方式，材料组合方式，引述他人观点方式，"化名"方式，渗入方式，直述式，配套式，这样的七种。

记者经常采用的"说话"方式大体有这样几种：

第一种方式："纯客观"方式

这种方式只报道事实，而在新闻中几乎没有记者的任何观点表露。在西方的新闻学中把这种新闻报道称之为"纯新闻"。

这里我们要划清"客观手法"和"客观主义"的界限。美国报业资本家、西方新闻理论鼻祖之一约瑟夫·普利策曾经对手下人说过："我们《邮报—快报》只服务于人民，决不为任何党派服务；它决不充当共和主义的喉舌，而只是真理的代言人；它并不追求固定的目标，只求搞清事件的结局；它决不支持'政府'，却要批评它；它反对出现于任何地方的任何形式的欺诈行为和耻辱；它倡导的是原则和思想，而不是偏见和门户之见。"这段话被认为是客观主义的典型定义。其实，这个"定义"所标榜的客观是政治上的含义，即"独立的"政治立场，也并没有否定而是肯定了"新闻要说话"的观点。他也要做"代言人"，也要倡导原则么！（以上引文转引自黎信著《西方新闻采访与写作》一书第6章）

我们是不赞成虚伪的客观主义的，但我们认为应该恰当使用客观手法。在20世纪30年代以前，西方是很推崇"纯新闻"的。他们认为，任何超越"纯新闻"的报道都会失去客观性。但是到了后来，他们的理论和实践也有了很大的改变，带有记者说明的解释性报道乃至带有记者评论的评述性报道越来越多。之所以出现这样的变化,仍然是基于说话的要求。因为社会的生活日益复杂化,往往只是简单地报道一些表面现象,不能说明问题,还会带来歧义,因此,解释和评述就成为必要的了。

在我国的新闻报道中,目前可以说存在着相反的现象,许多本来是可以不加以解释的或不必评述的,偏偏加上了许多的解释和评述。不善于写或不注意、不重视写"纯新闻"是我国记者在新闻写作中的一大问题。

不重视写"纯新闻"的原因是多方面的:

(一)记者认为简短的"纯新闻"显示不了自己的水平。

(二)记者在新闻写作中缺乏强烈的信息观念,他们不懂得传播最重要的信息往往可以达到或获得记者的评论或议论达不到的效果。

(三)记者受到被报道的单位和个人的影响。被报道的单位总希望有关自己的报道写得越长越好。

(四)在我们的现行的报道要求中,也有一些不成文的规定在"逼迫"人们这样做。

例如在经济报道中,有些企业想宣传自己的新产品是完全可以理解的。于是他们找到了记者。按宣传新产品的要求来说,写一个信息性的消息即"纯新闻"也就够了。但是这样的消息往往被指责为"广告新闻"——因为替厂家做了新产品宣传——于是便很难发表。为了"解决"这个问题,最常见的办法就是把本来只写一条信息性的新闻就可以的事情,非要当成一个经验性的政策性的事实来写。

第二种方式:材料或事实的组合方式

新闻报道是要选择的。材料和事实的选择已经体现了记者的"说话",在具体的写作过程中,材料和事实的"组合"是记者最常用的说话方式。当然这种"组合"是在选择的基础上进行的。

这种组合主要采取这样的三种方法:

(一)新闻事实与新闻事实的组合。

(二)新闻事实的不同侧面的组合。

(三)新闻事实和背景材料的组合。

用得最多的,或最容易运用的是第三种办法。记者往往利用提供背景材料的手段来说出(当然是暗中说出)自己要说的话。

请读一条消息:

江泽民参观利哈乔夫汽车厂

塔斯社莫斯科(1991年)5月17日电 中共中央总书记、中央军事委员会主席江泽民今天的日程是从参观利哈乔夫工厂这家莫斯科最大的汽车厂开始的。中国领导人对这家企业感兴趣不是偶然的:50年代他曾在这里实习过。

"吉尔"生产联合公司经理布拉科夫在工厂管理大楼的正门前迎接中国客人。江泽民向工厂在伟大卫国战争年代牺牲的战士——汽车制造工人纪念碑献了花。他参观了汽车的总装配车间,来到了许多年前曾工作过的动力中心。

在这里举行了激动人心的会见,中共中央总书记见到了当年一起工作的同行。江泽民用俄语向尼娜·亚历山德罗夫娜·扎宾娜问好。她1948年进厂,今天她像往常一样上班,大概没料到会有这样意外的愉快的会见。在动力中心控制室也出现了这种会面的场面,中国现在的这位领导人曾在这里实习过。

扎宾娜向塔斯社记者介绍说:"我与江泽民在一个班里工作。当时我们都很年轻。我们总是表扬他的认真态度和任务完成得好。大概,这对他担任的重要工作很有帮助。我非常高兴,过了这么多年,他还能一下子认出我来!"

参观工厂以后,"吉尔"厂的领导人向这位客人介绍了这家企业这些年发生的变化,介绍了工厂的现状和未来。

这条消息在写作上的主要特点就是巧妙地运用了背景材料。也就是导语中的后边的那一句话——我们用楷体字标出来的。通过这样的背景材料,说出了许多的"话",不仅介绍了江泽民的经历中的这样一个重要的片段,而且说明了中国人民和苏联人民的传统的友谊与合作关系。可以说这条新闻的价值正是在于背景材料上。如果没有这个背景,这条消息也就是一条一般的外事活动的消息了。它的内涵绝不会有现在这样深。

再看一条消息:

李鹏总理说中国准备讨论武器问题

美联社(1991年)6月25日电 李鹏总理今天说,中国准备积极参加任何旨在就限制国际武器销售达成一项公平合理协议的谈判。

他还敦促美国延长中国的最惠国待遇,说如果取消中国的最惠国待遇,那将损害美国消费者的利益。

李鹏说,中国不能接受对延长最惠国待遇附加任何条件。

李鹏是在钓鱼台国宾馆向大约300名中外企业家、外交官和新闻工作者发表的一次难得的讲话中说这番话的。

中国每年出口价值20亿美元的武器,从而成为世界上第五大武器销售国。中国出售的武器大大少于美国和苏联,但是美国担心,中国向第三世界、特别是中东出售导弹将加剧地区冲突。

李鹏说,中国只向别的国家出售很少量的武器。

然而,他说,中国政府准备积极参加所有旨在实现一种有助于地区和平与稳定的公平合理的军备控制体制谈判。

这是最近几周中国对愿意在军备控制方面进行合作所做出的最积极的表述之一。然而,中国官员在具体问题上不肯做出许诺。美国特别担心报道所说的中国计划向叙利亚和巴基斯坦出售可以携带核弹头的中程导弹。

这条消息中,我们标以楷体字的段落都是记者加的背景材料,记者用这样的两段材料企图说明这样一个道理:美国之所以提出以停止中国的对外武器销售为条件来考虑是否给中国的最惠国待遇问题,是基于对地区乃至世界和平的考虑。在这些语句中，读者也可以清晰地感受到这位记者的报道大国霸权主义的色彩相当浓，仿佛美国说的就是对的。它出售大量武器不威胁和平，而中国出售少量的武器就要威胁和平了。

但是也应该承认，记者用这样的写法来表达他的思想和观点是比较巧妙的，不容易被一般人所察觉，有人还以为他只是客观的叙述呢。

关于用新闻事实的不同的侧面组合说话，也是常用的方法。请看这样的一条消息：

布什对延长中国的最惠国待遇充满信心

法新社（1991年）7月23日电 布什总统今天表示相信，美国参议院将会支持其无条件延长中国最惠国贸易地位的政策。

当问及其立场在参议院有关给中国贸易优惠的辩论中能否获胜时，布什说："我们的立场十分明确，是希望会获胜。"

参议院多数党领袖乔治·米切尔正在敦促通过一项法案，它将把中国的最惠国待遇延长到1992年7月，但附加严格的有关人权、贸易和防止武器扩散的条件。

米切尔预计他的法案在参议院将获得明显的多数票。同时众议院已经以明显的差额通过了一项类似的法案。这反映出此地对美国在北京1989年镇压要求民主的运动以后所采取的政策仍心有疑虑。

除了人权问题，对中国在贸易上的做法、武器和导弹的销售以及向第三世界国家转让核技术的抱怨也在不断增加。

但是布什曾宣称要否决任何对中国最惠国待遇附加条件的法案，而米切尔在征集推翻总统否决所需要的2/3多数票方面也遇到困难。

参议院少数党领袖鲍勃·多尔说："我相信，表决将表明，这一议案以及任何类似的东西都不会获得本届会议的批准而成为法律。"

这篇消息把围绕中国最惠国待遇问题美国各种政治力量的态度都反映出来了。可以说是用了一个大新闻事实中的若干小的新闻事实的组合。

从这样的组合中，记者反映了美国统治阶层的观点、他的新闻机关的观点，同时也表达了他自己的对此事可能出现的结局的判断。

用各个新闻事实的组合来说话，也是一种重要的方式。记者组合许多看来不太紧密联系的事实，用来表达一种观察或一种观点。请看这样一条消息：

> 1991年9月10日，即毛泽东同志忌辰（9月9日）的时候，日本《东京新闻》发表了该报记者发自北京的一篇报道。题目是《新中国的建国之父毛泽东主席仍然"活在人们心中"》。记者列举了这样的一些事实：
>
> 9月9日那一天，到毛主席纪念堂瞻仰毛主席遗容的人很多，从早上4点就有人来了，一整天"排列着前不见头，后不见尾的队伍"。
>
> 中国再版了《毛泽东选集》，已销售了700万册。
>
> 一位理论家对香港报纸说，"'毛泽东热'并不是单纯的怀念，而必须将此引导到同社会上蔓延的丑恶现象做斗争上来"。
>
> 中国新闻媒介报道了毛主席的孙子毛新宇和毛泽东生前警卫员来瞻仰的消息。
>
> 报道灾区人民的呼声："没有毛主席，就没有共和国的今天"，"大灾之年，咱老百姓还能过安稳的日子，全托中国共产党的福"。

这是一位很有眼力的记者。他对中国在国际风云变幻情况下的主要动向，抓得很敏锐、很准也很深。并且用一种客观的手法，说出了自己的观点。

第三种方式：引述他人观点的方式

所谓引述式，其实就是借别人的口说自己的话，请看一篇报道：

美国抓住中国政策不放
其他国家却努力使对华关系正常化

美联社北京（1991年）5月30日电 在美国议员紧紧抓住北京人

权问题和贸易政策不放之际，曾经批评过中国的其他国家却在努力使对华关系正常化。

一位欧洲的外交官精辟地解释了为什么大多数国家采取行动与中国改善关系。他说，这就是要做生意。

意大利本周签署了一项同中国加强经济合作的协议。澳大利亚正在大力向中国推销羊毛。

欧洲共同体国家已经恢复向中国提供贷款和派高级官员。日本已经解除对向中国提供贷款的冻结，并派了几位内阁大臣访问北京。

法国《世界报》在外长迪马4月份访问北京时说："在几个大国中，唯有华盛顿眼下还在打关系正常化的牌。"

……

一位德国外交官说："我们可以通过这些项目施加影响，以表示我们对人权的关注。德国公众仍然关注中国的人权，包括西藏。"

自从去年11月以来访问北京的有西班牙外交大臣奥多涅斯、英国外交大臣赫德、日本外务大臣中山太郎、澳大利亚外交部长埃文斯、意大利外交部长德米凯利斯和法国外长迪马。

意大利总理安德利奥蒂计划10月访华。据传日本首相海部俊树将在今夏访华。

许多欧洲国家的部长说，他们同中国领导人会晤时表示了对人权的关注，并认为接触是推动中国改革的最好途径。

在这篇消息中，凡是记者用引述的方法表达自己意见的地方我们都把它变成了楷体字。记者正是用这样的方法很巧妙、好像是很客观地表述了自己的观点。

这种"说话"的方法应该说是经常要用的方法。此方法并不复杂，只要记者留心人的议论，并把它积累起来，到时加以利用就是了。

第四种方式："化名"方式

记者想用直接的阐述的方式说话，但是为了保持新闻报道的客观性和议论的客观性和权威性，他在报道中故意不露出说这话的就是自己，而是化了一些别的名称来说。最常见的是假借"此间观察家""此间消息灵通人士""权威人士""有资格的人士""分析家"等来说话。其实这些说法往往就是记者自己的意见和看法。

第五种方式：渗入方式

记者在新闻报道中叙述事实的时候，好像是客观介绍，其实他所使用的词汇往往是有观点、有倾向的，记者往往通过这种方式来表达自己的意见。例如，我国媒体在介绍苏联东欧在20世纪80年代末90年代初发生的变化的时候，所用的概括的语言是"东欧剧变""苏联演变"等等，而西方的记者则使用"民主改革"的概括的语言。正是通过使用不同的词汇，表达了记者的不同的立场和不同的观点。

西方记者常常使用一种"评述性的语言"来进行新闻报道，正是用这种方法，他们把自己的观点潜移默化地塞给了读者。例如，在中国共产党十三大闭幕的时候，西方的一位记者这样写道：在刚刚闭幕的十三大上，邓小平取得了胜利，但是并没有完全达到自己的目的……看来像是叙述，其实是包含记者的评论。

这种方法是他们最常用的而最不被人们注意的。

第六种方式：直述式

所谓直述式，就是在新闻报道中，有一些句子，乃至有一些段落是记者直接站出来说话的。虽然在这些话的前面，并没有加上"记者说"之类的词，但是，它们还是记者的话。请看一个导语：

塔斯社莫斯科（1991年）5月2日电 苏联国防部长、苏联元帅亚佐夫今天启程前往中国进行正式访问。在苏中关系的历史上，类似级别的军事首长访问这将是第一次。应当在苏中两国关系发展的总体背景下来看待国防部长的这次访问,因为苏联总统戈尔巴乔夫和中国领导人的会晤已为这种关系开创了崭新的阶段。

这个导语一共有三句话。第一句话说的是新闻事实;第二句话说的是新闻背景;第三句话实际是记者的议论。记者在这里是直接站出来讲的,不注意我们会忽略了这一点。

在我国记者所写的报道中,这样的方式一般来说是用得最多的。这里有两个原因:一方面,我们的记者和西方记者不同,我们不讳言我们是搞宣传的,是宣传工作者,因而不回避在报道中宣传自己的观点,读者也不会因此而对我们的报道不相信。另一方面,我们的记者不注意研究如何更好地使用新闻报道的客观手法的技巧,不善于在客观的方式下掩藏自己的观点。从这种意义上说,这是我们记者的弱点,是需要改进的。

著名记者安岗同志是善于在自己的报道中发表议论的。翻开他的《安岗新闻通讯集》,可以在几乎所有的作品中看到记者直接的议论,并因此而形成了自己的写作风格。在新闻界有人把他的通讯称为"安岗式通讯"。

例如,在《中华农业振兴有望》(1981年)一篇报道中有这样的句子:

> 放心吧农民同志们。我们党同农民是想在一起的。三中全会的路线、方针、政策不是权宜之计,而是根本大计。会不会变呢?可以肯定地说,给农民当家做主的权利,把权利、责任和利益密切结合起来,在农村因地制宜地实行各种生产责任制,这一条是不会变的……

例如,在《国营厂矿应有正确的企业管理思想》(1953年)这篇报道的结尾有这样的句子:

> 现在12月已经过三分之二,时不我待。在紧张完成1953年全年生产任务中,机床一厂还存在很多问题。希望努力争取完成任务,并在学习总路线的同时,认真检查工作,从思想、工作、到组织各方面都健康起来,迎接明年更大的任务。

这样的例子还很多，正是这些直接的议论，形成了安岗新闻作品的一个重要的特点。

苏联作家兼著名记者伊利亚·爱伦堡（1891—1967年），是公认的政论式通讯的大师。读他的作品，你会感到一种政论的征服力量。不过，他的政论的力量与其说是来自逻辑的力量，不如说是来自形象的力量。他直接用政论式的语言表达自己的看法，更用形象的政论语言表达自己的情感。请读一读这样的句子：

"希特勒的军队是由贪婪和傲慢引导着前进的……"

"我们的欢乐是严峻的，它没有孩子般的活泼愉快。我们没有把回忆赶出门外，我们不想很快忘掉牺牲者。"

"时间是医生。妻子失去了丈夫，母亲为自己生育的英雄痛哭，但现在他们都苏生过来了。悲痛已经平静下来。"

"我们的敌人说，我们把一切我们不喜欢的人都叫作法西斯主义者。这话不对，但是说，所有一切法西斯主义者都不喜欢我们，那就对了。他们不仅不喜欢我们，他们还叫嚣进行反对我们的战争。"

"每一个劳动者，每一个有良心的人，不论是俄国人，还是美国人，还是英国人，还是法国人，当他们听到叫嚣战争的时候，会有什么感觉呢？死者的坟墓还没有长上青草，繁华的城市还是一片废墟……"

……

（以上引文均见新华出版社1982年出版的《爱伦堡政论通讯集》）

这些政论的句子可以说是相当精彩的，很值得我们借鉴。它是直述式的，又是巧妙的直述式的，记者在发表自己的评论时表现了自己多方面的素养和技巧。

第七种方式：配套式

所谓的"配套式"是指新闻报道和新闻评论的配套。这是中国的编辑和记者的一种创造。在国外的报纸上，新闻报道是有的，新闻评论也是有的，但是，新闻报道和新闻评论像我们的报纸上这样配套发表，则是很少的。

这种配套的言论，有时是编辑看到记者的稿件有一个重要的思想需要单独抽出来加以论述，故而配了一篇评论，与新闻报道同时发展；有时，这种评论则是由记者自己撰写的。

运用这种方式，一般是由于这样的几个原因：

（一）记者在报道中虽然也说了一些话，但是觉得还说得不充分，有单独写一篇评论的必要；

（二）记者觉得在报道中有些话没有说清楚，或者只是用在报道中的夹叙夹议还不能说清楚，有必要单独成篇来说；

（三）记者在报道中说了好几个观点，有必要把最重要的观点抽出来充分地阐述一番、突出一下；

（四）这种方式也显示了一定的报道规格，一般而言，单独配有评论的报道是比较重要的。

说到这里，需要补充这样的几句：现在我们有许多的记者不注意评论写作，更不注意在自己写重要的报道的同时，自己配写一篇评论，而往往把这件事只是交给编辑去做。一般地说，这也是无可非议的，但是记者可以这样做而不去这样做，就放弃了一个重要的锻炼机会；别人配写的评论也不一定就说到了自己想说的点子上。

既会写各种体裁的报道，又会写评论的记者，才能算是一个多面手的记者。

第三章 素材和主题

第十节 新闻作品的主题

内容提要：新闻作品应该有主题。

但必须知道什么是主题，对此，我们提出了主题和题材的区别。

什么是好的主题？对于好主题我们提出了"三符合"的标准：符合马克思主义毛泽东思想；符合被报道事实的实际；符合当前的报道思想。

新闻作品是否应该有主题

有人认为，新闻作品是新闻事实的报道，如果提出新闻作品要有主题，会不会使新闻报道失去客观性？而有的报道，特别是那些很简单的事实的报道，很难谈什么主题。

是的，这些说法并非没有道理。但是否可以得出新闻作品不必有主题的结论呢？

新闻作品就其总体来讲是应该有主题的，但是，就每一篇作品来讲：

第一类，无主题的新闻作品。有少数的作品，确实是没有主题的，或者说是没有什么主题可言的，如那些简单的信息性的作品，就属于这一类。它们不可能也不需要提供什么主题思想。你硬让喜降春雨这类消息去体现一个什么思想，不是强人所难吗？

第二类，暗主题的新闻作品。这类的新闻报道是有主题的，但是它的主题是暗藏在报道之中的，并不明白地显露出来。有许多事件性的新闻报道就属于这一类。这些报道往往并不需要费很大的气力去提炼主题，而主要是如实地描写和叙述事实就可以说明问题了。

第三类，明主题的新闻作品。这一类报道的特点是把自己报道的主题千方百计地努力突出来。在事件性报道中有这种情况，在非事件性的报道中，更多的是这种情况。例如发生自然灾害的报道，新闻事实本身是没有什么主题的。汶川发生了地震，很难说这件事情本身体现了什么主题思想。但是如果记者的报道侧重描写地震的可怕和震后的恐怖，那么就会传染一种消极的情绪，如果记者着重报道人民怎样在党和政府的领导下抗震救灾，那么就会起到积极的作用。所以说，事件性的报道中也有提炼主题思想的问题。

更多地需要提炼、明确主题的新闻报道是非事件性的报道。这种报道如果没有主题思想统率，很可能成为杂乱无章的东西，使读者读后不得要领。例如，工作通讯一般是要介绍一个单位的经验的，但是不管什么经验都拿上来是不行的，记者要进行深入的研究和提炼，从中找出最主要最精彩的东西来，找出"灵魂性的东西"来。好的主题思想才是灵魂的东西。还有一种"概貌式的通讯"，如果记者提炼不出什么思想来，这样的作品也是没有感染力的，只是给人以庞杂啰唆之感。

第四类，多主题的新闻作品。有的时候，新闻报道的主题并不见得是一个主题，它可以有一个以上的主题，两个平行的主题，一个第一主题加上两个第二、第三主题。这种情况虽然不多见，但也是有的。

分析这四类情况以后，我们可以总括地说一句：新闻作品是需要主题的，是需要好主题的。记者在新闻写作上的水平和功夫往往更多地表现在主题的提炼上。

什么是新闻作品的主题

主题是一篇新闻作品主要说明的问题。

这种说法还需要解释。

也有人把主题称为"主题思想"。这是很有道理的。主题并不是新闻作品主要说明的那个问题本身，而是解决那个主要问题的主要思想，或报道那个主要问题中体现出来的主要的思想。也可以说，主要问题是产生主题的

"向导"，而主题思想则是对这个问题的回答。

有一种常见的误会，就是把新闻报道的标题当成了主题。

这是初学者容易犯的毛病。在杂文写作中常有所谓"无题有感"之类的作品。这类作品是无标题的，但是不能说它是没有主题的。

大家知道，新闻作品是很讲究标题的，有人甚至说，好的标题可以占作品成功的一半。有经验的记者和编辑都是在制作标题上肯于下大功夫的。一个好的标题，往往能够把新闻事实中最有意义的东西，还有记者和编辑的立场、观点、感情巧妙地熔铸在里面。但是标题毕竟还是标题，而不就是主题。我们至多可以说有的标题点到了主题，但还不是完整的主题，更不能说所有的标题都是主题。

请看这个标题：

"活着的黄继光"杨朝芬

（1979年2月23日《解放军报》一篇通讯的标题）

这是一个好的标题。第一，它点出了杨朝芬事迹的本质——是黄继光式的人物；第二，它点出了杨朝芬事迹的特点——他是活着的人，没有牺牲。但是通过这个标题还不能完整看出这篇报道的主题思想。

再看一个标题：

农民都夸三中全会政策好
赤壁公社基层干部称赞三中全会给农村带来十个好处

这个标题点到了这篇新闻报道的主题——夸十一届三中全会的政策。这个标题的主标题，采取了"从实脱虚"的方法，把报道要说的话突出了。新闻事实是：赤壁公社的农民说三中全会的政策好。而主标题把赤壁公社去掉了，于是成了农民——普遍意义上的农民夸三中全会政策好了。这就成为带思想性的东西了。但应该说，这个标题还不就是这篇报道的主题本身。纵观全文，它的主题应该是：通过赤壁公社对党的三中全会政策的反应，说明党的十一届三中全会的政策，通过实践证明是正确的，是受到农民欢迎的，按照这个政策搞下去，农村一定会大变样。所以说这个标题也不就是主题。

提出这个问题，是防止把主题和题目即标题混同起来，以为有了标题就是有了主题，那么就会放松提炼主题的工作。

最容易搞混的是主题和题材的关系

在新闻写作中，题材这一概念可以分为广义的和狭义的两种理解。

从广义来说，它是指报道的事实属于哪一个范围，如我们常说的经济报道、政治报道、军事报道、文教报道、科技报道、社会新闻等等，实际上就是用题材来划分的。

从狭义来说，题材是指记者报道的具体的新闻事实，可以看作是记者写作素材的一种总称。

题材和主题有着密切的联系。应该说，题材是提炼主题的重要依据，题材在很大的程度上决定和制约着主题。记者不可能离开题材去单独地设计或提炼自己报道的主题。

但是，主题对题材也起着相当的主导作用。有的时候，主题是在记者采访之初就有了雏形的，这时候，主题就会影响记者去选取题材。他会根据主题的要求去取舍具体的材料的。也就是说，主题可能成为记者选取具体题材的标准。

值得注意的是，有许多的人把两者混淆了，把题材当成主题了。比如你问他："你写这篇报道的主题是什么呀？"他会不假思索地回答道："我写的是企业承包的事情。"或者说："我是写一个企业上市的事情。"其实他说的并不是主题而是题材。

主题和题材的区别是很清楚的。它们的主要区别有：

1. 实和虚的区别。题材是实的，它是指你写的是什么事实。主题是虚的，它是指你要通过这个或这些事实要说明的思想观点。

2. 点和面的区别。题材的着眼点总是向着点的。是一个点一个点的东西。没有点，无所谓题材。主题则正好相反，它总是朝向面的，没有面上的针对性，无所谓主题，也就是说，主题的概括面越大越好。

3. 明摆和贯穿的区别。题材是明摆的，而主题则往往并不是明摆的，它是贯穿在整个报道之中的。题材是一眼就可以看出来的，而主题思想则往往要经过考虑才能够把它抓住。

这里我们可以打个比喻，写报道就像是开药方。题材就是你选用的药材，而主题就是你这副药方在主治病上所具有的功效。主治的功效自然离不开药材，但药材总还不就是这种功效。

现在让我们具体分析一条新闻。这条新闻被评为1979年的好新闻。

偿还浪费公款 再次出任大臣

本报讯 因为出差花费过多而被解除职务的丹麦前教育大臣丽特·比耶雷戈尔夫人，在偿还超支的差旅费后，最近又被提名为新内阁的社会事务大臣。

丽特·比耶雷戈尔夫人去年10月间到巴黎出席联合国教科文组织的会议时浪费公款，因而在去年12月22日被解除职务。在这以后，她向政府偿还了5300丹麦克郎（约合1000美元）。这笔钱是在她出差时花费的私人开支，其中包括雇佣一辆小汽车和司机的费用，电话费和邮资。

（1979年11月15日）

先说标题。两句话，说出了两件事，是叙述式的。显然我们不能认为它就是主题。

再说题材。导语也是两句话，对标题点明的两件事情做了详述。这是本消息的主要题材，即主要的新闻事实。第二段是新闻背景，即事情的前因。这也不能看成主题。

那么主题在哪里呢？显然我们从标题和题材中找不到明摆着的现成的主题。主题在这时近乎是"弦外之音"，要靠读者的思索来获得。

这个新闻的主题有两层。第一层，从新闻事实本身来说，它要说明，担任政府工作职务的人应该是廉洁的。如果有了这方面的失误，应该勇于承认错误。只要改了，人们还是欢迎的。但这条消息的更重要的主题还是在第二层。为什么要向中国人报道资本主义国家的这件事情呢？它无非是说，在资本主义国家政府的官员在廉洁问题上尚能做到这一步，我们社会主义国家的政府官员们则更应该做到这一点了。"它山之石，可以攻玉"，这实际上是一篇提倡廉洁的报道。这篇报道是采用了暗主题的写作方法。这种写作方法在这里有独特的妙用。

从记者写这篇报道的过程，我们也可以看出题材和主题之间的交互作用。1979年上半年之前的一段时间，丹麦的政局发生动荡，因为经济问题，内阁多次变动。这位教育大臣因浪费而被解除职务的事情，实际上是这里面的一支小插曲。也是当时执政者转移视线的一种方法。这些题材记者都是可以写的，也对记者的思想有所启发。但是新闻主题的考虑又使记者对题材进行了选择。记者在选择主题的时候，想到了读者。他报道的虽然是国外的事情，但是他知道读者对象是中国人。因此他要选择对中国读者有针对性的主题。当时国内的人对廉政建设很关心，于是就选了这样的一个主题。

当然，我们不能说这个主题就是这件事情的最主要的内涵。这样，我们就不懂得资本主义社会的政治特点了。不过，从这篇报道中，我们却可以看出记者对主题的选择，对题材选择的影响。

什么样的主题是好主题

不同性质的报纸，评定好主题的标准是不同的。黄色报刊自然就认为那些荒诞离奇、桃色新闻是最好的主题了。

我们这里说的好主题自然是对人民的报纸、人民的记者来说的，是对我国媒体的报道来说的。

好的主题应该是达到"三符合"要求的。

（一）符合马克思主义、毛泽东思想、邓小平理论和党的方针、政策。

这一条是解决新闻作品主题的政治思想上的正确性问题的。

（二）符合采访对象（包括单位和个人）新闻事实的实际。

这一条是解决保证新闻作品主题的真实性问题的。

（三）符合当前的宣传要求（其中含有读者的要求、实际生活的要求、宣传方针和宣传效果的要求等）。

这一条是解决提高新闻作品主题的针对性问题的。

以上三条缺一不可，缺少了任何一条都不能说是一个好主题。主题不正确行吗？主题"客里空"行吗？主题没有针对性行吗？显然都是不行的。

第一个符合，对记者来说是最重要的，最基本的，也是最难的。

其实它不仅是为了解决正确性的问题，也是为了解决主题的深刻性的问题。

新闻报道不是理论，但是它的写作几乎一时也离不开理论的指导。特别当遇到一些复杂的新闻事实的时候更是如此。面对一件争论不休的事实，面对尖锐的对立（在重大的事件中这是常有的），面对扑朔迷离的现象，面对一个刚刚出现的新生事物……在这些时候，没有正确理论指导的记者常常会感到束手无策；或者由于没有正确理论的指导而写出主题错误的报道。在错误思想或理论指导下写的新闻报道主题几乎是不可能正确的。

1979年春天，在我国黑龙江省的宾县，揭露出一个以王守信为首的大贪污集团。有不少记者赶去采写这个大新闻。众多的新闻报道自然也会有众多的主题。这些主题有深浅的差别，也有原则上的分歧性的差别。如有的新闻报道提炼出的是这样的主题：从王守信的案件中可以看出，经过"十年动乱"，党风遭到了严重的破坏，我们的党必须也有能力来解决这个问题。但也有的新闻作品写出了这样的主题：从王守信的案件可以看出，这个贪污集团的出现是因为有大量的难以打破的关系网的存在，说明我们的党已经腐败了，至少已经腐败到了非常严重的程度。

从报道引起的轰动效应来看，前一个主题不如后一类主题。当人们读到第二个主题的作品的时候，有的人可能感到很"痛快"、很"解气"。前一个主题对有的人来说，是"还差一层窗户纸没有捅破"。但是如果仅仅用轰动效应来判断一个新闻报道的价值，恐怕就失之片面，甚至发生错误了。用马克思主义观点来分析的话，我们就可以看出，后一个主题是不正确的。至少是犯了片面性的错误，以点代面。一个人身上长了个瘤子，不能说这个人等于一个瘤子。

正确理论和政策的指导，也会对提炼主题的深刻性起重要作用。请看这样一个案例：

  1994年春天，人民日报在总编辑范敬宜的直接指挥下，搞一组《东西南北中》的系列报道。当时经济部主任艾丰为首的记者组，被分配到广东写一篇代表《南》的报道。广东因为是改革开放的先行地区，因此便着重采访他们最近一个时期在改革方面的突破性措施。和省委宣传部长谈过以后，当时的省委书记谢非同志跟记者做了一次长谈，主要是企业产权改革和农村产权改革方面的做法。然后，他又介绍记者到南海、顺德等地区了解具体进展和落实情况。记者在这些地方参加了当地的一些会议，和一些领导人做了长谈，看了有关的文件。当时他们触及了两个敏感问题：一个是城市扩大了，工业占地增加了，农民的土地被征用了，土地纠纷增多了。他们尝试在农村股份合作制中，用农民土地使用权入股的办法来解决这个问题。一个是外资企业到中国来，不仅利用高薪而且利用给经营者"干股"来挖我们的人才，因此，我们的企业也尝试给经营者"干股"，以留住人才。

  记者进入写作的时候，感到，广东的改革不仅是从实际出发的，而且是很讲政治的，一些提法都很准确，应该可以传播的经验。但谢非同志当时和记者有一个约定，因为这些措施还都是在实验阶段，他希望记者先了解情况，但不要做具体报道，免得这些措施引起争议，使这些改革半途而废。想来想去，记者决定不更多地写具体做法，而是写思路。记者想到党的十三届四中全会决议中，关于现代企业制度提出了四句话的概括："产权清晰，权责明确，政企分开，管理科学。"产权改革是最深层的改革。当时有一个流行歌曲的名字叫《爱到深处人孤独》，借用这个句式，记者就把报道的题目定为：《改到深处是产权》。这既是报道的题目，其实也是报道的主题——按照理论和政策确定的主题。

  因为涉及改革深化的敏感问题，这个主题当时的冲击力很大，随后引发了"四句话(指现代企业制度的四句话)不能只说一句话"和"四句话不能少说一句话"的讨论。此后,广东的产权改革得到肯定并在全国推广。2008年改革开放30年的时候,广东的同志还特意到北京来访问记者,大家一起回忆这篇报道出笼的前前后后情况,肯定了这篇报道提出的主题对改革的推动作用。

第二个符合,要求新闻作品的主题符合所报道的事实,也就是说,报道中的事实为主题提供了充分依据。

新闻作品的主题和其他样式文章的主题有所不同,它的主题是从事实中自然而然得出来的。论说文也需要事实的依据,但是事实毕竟处于从属地位,而在新闻作品中,事实则是它的主体。在理论文章中,作者的观点是明说出来的,而在新闻报道中,作者的观点和作者提炼出来的主题则往往是暗含在事实里面的,常常并不直说出来。即使直说出来,也是采取画龙点睛的方法,不会像论说文那样长篇大论地阐述。

论说文观点是主体,新闻作品新闻事实是主体。正是由于这种情况,所以我们强调新闻作品的主题必须和它所报道的事实相符合。

新闻作品的主题和它所报道的事实相符合,这本来是一个很容易理解的问题,但在新闻写作的实践中,常常出现违背这一条要求的情况:

第一种情况:新闻报道中的事实,不足以成为记者所定的主题的依据。

第二种情况:新闻报道中的主题,大大脱离了新闻事实所提供的依据,是记者拔高的结果。例如改革开放以后,出现了先富起来的个体户。有的个体户富了以后把自己挣的一部分钱拿出来为社会或集体办一些好事。有些新闻报道在报道这样的事实的时候,把他们的这种行为完全写成了个人觉悟很高的表现,甚至说成是雷锋精神。其实,有些人的主要动机是为了花钱买一个太平,说这么高,他自己看了也会笑起来的。

第三种情况:新闻事实是一个,但主题随着形势的变化而不断地变化。这是一种"万花筒"式的主题。过去关于大寨的报道就是"万花筒"式的。大寨后来不仅是经济建设上的典型,而且是计划生育的典型,商业工作的典型,教育工作的典型,文化工作的典型,甚至是新闻报道工作的典型。这类情况现在少见了，但这个教训值得我们永远记取。

如果说拔高主题还有客观原因可以推脱的话，那么这种多变的主题，则主要是记者和通讯员的过失了。这种情况的出现往往是这样的：记者或通讯员采访了一篇稿件以后，送到了编辑部。但是报道原来所确定的主题没有赶上宣传报道思想的要求。于是记者和通讯员就根据当时的报道要求变换了自己的主题。有的通讯员甚至就是这样直接对编辑说："事实就是这样，你看可以扭成个什么角度可以用就扭成个什么角度吧。"有时候扭了一次，稿件还没有用出去，于是再扭第二次。这就是我们平常说的"强扭角度"。

第三个符合，符合当前的报道思想。

任何媒体为了指导自己的新闻报道，都制定出自己当前的报道思想。要求符合报道思想，初看起来是和第二条要求相抵触的。有人会说："之所以出现强扭角度的问题，还不就是因为要我符合你的报道思想？"

正确与否的界限在于：第三条要求是在第二条要求的基础上提出来的。主题有了事实的依据，还有一个如何更有针对性的问题。事实是多侧面的，事实的含义也是多侧面的。在有事实根据后，也还有一个选择事实的哪一个侧面和哪一个含义的问题。第二条解决主题的"真实"，第三条解决主题的"价值"。

1980年的好新闻中有这样的一条消息：《新乡七里营"视察田"调茬后又获好收成》。

这条消息所报道的新闻事实是：1958年，毛泽东同志在这个大队视察了一片350亩棉花地。于是这片地便被称为"视察田"，年年种棉花，一直种了20年。前10年，棉花的产量连续超百斤。可是从1968年起，由于土质发生变化，加上病虫的危害，尽管群众不惜投工投资，但是产量仍然连年下降。1978年，他们采取科学种田的方法，开始调茬，改种了小麦，结果在不增加投入的情况下，连年增产。

从这个事实中，我们至少可以看出它的三个侧面和三个含义：

第一个侧面和第一个含义：报道这个大队的增产的消息，通过它反映农村的好形势。但是这个主题就很一般了。因为这样的大队很多，而且仅仅从这样的一个事实反映农村的变化是不充分的。

第二个侧面和第二个含义：这件事也可以说是反映了科学种田的重要。这个主题比前一个主题新鲜，但也有些一般化，指导意义和读者的兴趣都不会很强。

第三个侧面和第三个含义：现代迷信使生产倒退，破除了现代迷信，解放思想就会使生产大发展。

为什么七里营这块地会连年种棉花呢？一般农民都知道种棉花是要不断调茬才能增产的，而这里为什么要做背理的事情呢？显然这是现代迷信的结果。他们是从一种落后的观念来考虑的：既然这块地是毛主席视察过的，既然毛主席视察的时候是种棉花的，那么为了纪念毛主席就要永远在这里种棉花，就是减产了也要种下去。现在调茬体现了他们改变了不科学的观念，真正按照毛泽东思想的灵魂——实事求是的精神办事了。

选择这个主题，不仅在于它的深刻性，更在于它的针对性。因为在1976年粉碎"四人帮"以后，中国面临着一个很重要的拨乱反正的任务。从1978年的真理标准讨论开始，中国正在进行着一个伟大的思想解放运动。这个运动的核心问题实际上是使中国人民从现代迷信中解放出来。而上述的这个事实就是一个难得的好"教材"。如果我们把这样好的主题丢掉了，那将是很遗憾的事情。这篇新闻报道之所以获奖，恐怕基本的原因就在它提炼了一个好的主题。

第十一节　怎样提炼和表现主题

内容提要：提炼主题有四条途径，用形象的语言说是：凤凰落在梧桐树，穿珠红线在何处，绿叶衬得红花美，玩味再三意更殊。

为表现主题我们把素材分为四类：骨干材料，细节材料，一般材料，画龙点睛材料。

怎样提炼主题，是新闻写作中最重要的也是难度最大的问题。

主题的提炼是一个"高级思维"过程。它离不开形象思维,但主要靠逻辑思维,还要有灵感思维。它看来是一个"不可捉摸"的过程。而且一个记者的提炼主题的能力并不是在一次采访中形成的,也不是在一次具体的采访中就可以解决的,它是长期努力的结果。

提炼主题过程中包含这样四个方面起作用的因素:

一是报道题材的不同。不同的报道题材要求记者用不同的提炼方法,对甲种题材适用的方法未必适用于乙种题材。

二是记者的素质和习惯不同。不同的记者往往有自己的独特的提炼方法,这中间并没有绝对的优劣的区别。

三是不同的报纸有不同的要求。适合于大报的主题未必适合于小报。大报的主题放在小报上,会给人以不协调的感觉。

四是具体的报道环境和具体的报道方针不同。新闻报道总是和当时的形势结合在一起的。

这四个因素的组合会是多么复杂!

那么是否就没有研究如何提炼主题的必要了呢?也不是。我们只是说,在这方面只能给一个参考性的东西,至于具体的操作,还要因人、因题、因报、因时制宜。

提炼主题有四种路子:

> 凤凰落在梧桐树,
> 穿珠红线在何处,
> 绿叶衬得红花美,
> 玩味再三意更殊。

现分述之:

第一种途径:凤凰落在梧桐树

"凤凰"在这里是一个比喻,是指主题。

"梧桐树"在这里也是一个比喻,是指题材。

"凤凰落在梧桐树"是指这两者的结合；我国的这句古话，主要意思是最合适的搭配。

这种方法对记者来说，实际上是一个工作顺序问题。这里指的主题，在一次具体的采访之前就已经形成了。记者心中已经有一只凤凰在飞翔了。她飞呀飞呀总是落不下来。为什么呢？因为没有梧桐树让她落。后来终于发现了合适的题材，她一下子就落在梧桐树上了。——先有主题，后有题材，而后结合。这就是这种主题提炼的顺序。

这种方法涉及我们常说的"主题先行"问题。20世纪70年代末，批判"四人帮"这样的文艺创作理论：先确定了"走资本主义道路的当权派还在走"的主题，再让作者来创作这样的作品。后来有人把这种批判扩大到新闻界。新闻报道在那个时候也确实存在类似问题。即先按照他们的理论定一个主题，然后再按照这个主题去找新闻"事实"，甚至"没有的可以加上去"。

但是，有人错误地理解了这个批判，以致认为记者在具体接触采访题材之前，是不能考虑主题问题的，事先有所考虑了，就是"主题先行"了。这样，他们就从本来正确的批判中得出了片面的结论。

就记者实际工作说，甚至可以得出相反的结论：记者在提炼自己报道主题的时候，不仅可以主题先行——进入具体的采访之前就可以考虑主题问题，而且还可以说，许多好的报道都是"主题先行"的。

《谁是最可爱的人》这篇通讯是大家都公认的好通讯。它在发表的当时引起了轰动的效应，就是现在读来也还是那样地激动人心。它的成功原因是：材料好、文采好、主题好。也就是说，没有好的主题它也是不会成功的。

那么这篇报道的主题是怎样提炼出来的呢？作者魏巍同志在《我是怎样写〈谁是最可爱的人〉的？》这篇谈写作体会的文章中说：

《谁是最可爱的人》这个主题，是我很久以来就在脑子里翻腾的一个主题，也就是说是我内心感情的长期积累。长期在部队生活，和战士们接触很多，于是"觉得我们的战士是最可爱的人"。

——请注意，"谁是最可爱的人"这个主题，在去朝鲜战场采访之前就已经在作者的脑子里形成了。

他接着说：

> 我这次到朝鲜去，在志愿军里，使这种感情更加深了一层。我更加觉得战士们的可爱……（他举出了很多的战士的英雄事迹）这些事实更加督促着我。使我有更加强烈的愿望来表现"谁是最可爱的人"这一主题。

——这一段他说的是如何发现了适合表现他心中已经有的主题的题材，以及这个题材又是如何促进了他的主题的发展的。

魏巍同志的这篇报道的成功是没有怀疑的；他在采访和写作这篇报道时，从顺序上讲，"主题先行"恐怕也是无可怀疑的。

这个成功的经验告诉我们，正确的"主题先行"，有利于提高报道质量。这是因为：记者有了这种思考以后再去采访时，他对相应的题材就会更加敏感，就会捕捉得更准、反映得更深——正如马克思主义哲学说的，感受到了的东西，我们不见得能够理解它，但是理解了的东西，我们就能够更深刻地感受它。

我们常常可以看见这样的情况，几个记者到同一地方做几乎同样的采访，看了同样的东西，听了同样的介绍，但是他们之间的感受可能大不相同，写出来的东西也大不相同。其中主要的原因就是他们在进入情况时头脑的准备是大不相同的，而这一点事先很难看出。

范长江是我国著名的记者。当中国工农红军开始进行震惊中外的二万五千里长征的时候，他时年26岁。为了深入了解红军北上抗日对中国政治局势的影响，以及抗日战争爆发后西北地区的现状和未来，他走出书斋，到实地去进行考察。范长江从川北出发，经过甘肃、陕西、青海、内蒙古等广大的西北地区，全程4000里，历时10个月。他把旅途见闻写成通讯陆续发表，这些报道后来编成了一本书，这就是著名的《中国的西北角》。

他的这些报道为什么会成功呢？除了他深入到最有新闻价值的地区之外，很重要的一条就是他在采访和写作中注意自己报道的主题。

后来他在《记者工作随想》一书中说过，他当时到中国的西北去采访的目的,主要有两个:一是研究红军北上以后中国的动向,一是力图比较深入了解即将成为中国抗日大后方的西北地区的现状和未来。他认为这是中国人民当时最关心的两个极其重大的问题。他就是抱着回答这些问题的目的去采访的。虽然这些目的还不能说就是报道的主题,但是它毕竟从大的方面概括了记者的新闻报道的主题的范围,这就为记者的采访和写作带来了很大的好处。在这里,"主题先行"表现在记者采访具有很明确的目的性。

"凤凰落树"和"带框框下去"是有原则区别的。

首先声明,这里说的"凤凰落树"是指的我们前面说的那种正确的主题先行,而不包括前面说的那种错误的主题先行。这里说的"带框框下去"也是说的那种错误的"带框框"。不然,把先有主题一概看成框框,问题就说不清了。

两者区别主要有三:

(一)先行的主题是从生活中得来的,不是记者凭空想象出来的,框框则是关在家门里想象出来的,没有生活根据的。

(二)先行的主题是必须和实际情况即新闻事实相结合的。记者在采访之前要对主题进行必要的思考,但是在采访过程中他要对主题继续进行深入的思考,要在采访写作的过程中不断地做必要的调整、深化和发展;框框是僵死的,它不管实际情况如何,就硬套下去。

(三)先行的主题是要经受实践检验的,如果记者事先考虑的主题虽然是对的,但是被采访的单位和地方的实际情况并不能反映这个主题,那他就不能按照原来的主题进行报道,或者不再报道,或者按照实际情况所提供和反映的主题进行报道。改变事先想的主题,而使自己的主题更符合实际,这种情况是经常发生的。而带着框框的记者则是不管实际如何,框框是不能改的了。虚假的报道往往就是从这里产生出来的。

第二种途径:穿珠红线在何处

这种提炼主题方法的要点是:把一个一个的素材当作珍珠,要研究这些珍珠之间的内在联系,这个联系不是枝节性的,而是贯穿性的;不是表面的,而是内在的；不是人为的，而是固有的。所以我们把它称为"红线"——适合穿珍珠的线。

珍珠是好东西，是闪闪发光的东西，但是如果它是散乱的，并不成为艺术品。只有用红线把它们穿起来，它们才是可以欣赏的艺术品了。

这种提炼主题的方法着重是在现有的素材上下功夫。素材在这里是第一性的东西，是客观存在的东西，主题是第二性的东西，是从客观存在的事实中提炼出来的东西。但主题一旦提炼出来它又成了统率的东西。

这种提炼主题的方法主要是在采访过程特别是在写作过程中进行提炼，而不可能在采访之前就已经开始提炼的工作了。

在使用这种提炼主题的方法时，人们常犯的毛病主要有以下几种情况：

一种情况是：首先就没有把"珍珠"挑选出来。记者被一大堆材料埋将起来，如坠烟海。连珍珠都还没有挑选出来，还谈得上什么穿珠红线呢？

犯这种毛病，主要是记者在采访的过程中，只是搜集材料，没有很好地动脑筋思考，不知道要边搜集、边加工。在进入提炼主题的时候，又不知道要先有一个对材料进行分析的工作。

这是勤奋的但是没有经验的记者容易犯的毛病。

一种情况是：记者提炼主题完全是靠自己的头脑，而不去研究采访中获得的材料。他们以为，所谓的提炼主题，就是提炼出一些结论性的话来。有了这样的一些话，主题就立住了。所以这类稿件，往往是空话多，事实少；结论和事实没有彼此对应的联系，给人以"观点加例子"的感觉。缺少珍珠，或珍珠残缺不全，那么你的红线又有什么用呢？

这是那些懒惰的记者、在匆忙之下急于成篇的记者容易犯的毛病。

还有一种情况是：稿件中也有材料，记者也有自己的穿珠红线，但是两者互相结合不好，珍珠是珍珠，红线是红线。你说它没有材料吗？有。你说它材料不完整吗？完整。你说它没有主题思想吗？也有。但就是两者不搭界。

与这种情况类似的还有一种，那就是主题这个红线没有贯穿始终。这一条红线只穿了前一半的珠子，却没有把后一半的珠子穿起来。读这样的新闻作品，往往是开始的时候感觉还不错，但读到后来就觉得跑题了。

思维能力比较差的记者、不愿意在思维上下苦功的记者容易犯这种毛病。

知道了上述各种毛病之后,还要研究具体的寻找穿珠红线的办法。办法自然是多种多样的,"杀猪杀尾巴,各有各的杀法"。但是可以提出一些具有参考意义的方法。

一种办法是"抓住线头"

主题思想这个红线是客观存在的,但又不是单摆浮搁的。它潜藏在事实之中却又在某一处或某一点显现出来,我们记者要找到这一条红线,就要善于发现线头。

这种抓住线头的工作,有的当然要到写作的时候去做,但更多的时候,是应该从采访的时候就开始了,而且从采访时开始有它的方便之处。记者是第一次接触新闻事实,有一种新鲜感,头脑往往是敏感的,容易捕捉到真正新鲜的东西。

有一位记者到山区某地去采访该地植树造林经验。

一天晚上,他和几位老农民座谈。谈话之中,有一位农民说了这样的一句话:"我们村有不少人埋怨我们的老辈人,说他们没有给我们留下树。"说话的人不过是随便一说而已,但是记者感到这里面"有货",很可能是一个很有价值的"线头"。于是在这位老农的话语刚一停顿的时候,就插进去说:"等一等,刚才这位老大爷说了一句话,说咱们村有的人埋怨老辈人没有给我们留下树,不知道大家对这句话怎么看,村里人怎么看?"

记者的话一落,不少人就抢着发言。有的说:"我看这种说法不对,在旧社会,我们的老辈人进山是求活命的,谁还有心思去植树,能够弄口饭吃就不错了。"有的说:"就是么,山场都是地主的,你种了树归人家,谁还管他那个事!我爷爷告诉我,原来我们家的房子前面有一棵桃树,一到结桃的时候,地主早就看过了,说桃树是他的,把上面有几个桃子都数得一清二楚,少一个就找来算账。你说谁还有心思去种树呢?"

另有的人不同意他们的说法："解放都这么多年了，地主老财早就打倒了，咱们村的树为什么还没有造起来？我看主要是政策不对造成的。谁造的树也不归谁所有，造树又那么费劲，你说谁去造它？你们记得吧，1958年造林，上级给了我们许多的核桃种子，结果大家不好好造林，把核桃都给砸着吃了。"说到这儿，又有人不同意了："现在上级不是都说了吗，谁造的就归谁，为什么还不造林呢？"于是大家又做了分析，得出的结论是：农民对党的政策的稳定性还不够相信，对发展林业的认识还不够等等。

你看，记者在采访的时候，只抓住了一句关键性的话，只是提了一个关键性的问题，就把整个的采访带动起来了，很顺利地了解到了需要的情况，而且主题实际上也就提炼出来了，或者说再提炼主题也就很容易了。

一位记者这样总结自己的经验："记者在接触事物的时候，要非常注意自己的第一个感觉，如果当时有新鲜感觉的话，就不要轻易放过它，而是要紧紧地抓住不放，并不断地思考它的深刻的内涵。"

当然，不是每个线头都是有用的，都会拉出一条红线来。但不放过线头的要求总是对的，如果你发现了线头，一拉就断了，那也没有什么关系，再去找别的线头就是了。

一种办法是"抽出主线"

事物和事物之间、事实和事实之间是有联系的，不仅有联系而且往往有多种和多层的联系。在这种情况下，如果说要找贯穿的线的话，并不一定就是一条，有时是数条。我们的新闻报道的主题不可能是数个，只能是一个。这就需要从若干的"线"中抽出那条主线来。

解放军报的一位老记者把这种抽主线的方法称为"分离法"。就是说，在具体提炼主题的时候，先把可以贯穿的线一条一条地抽出来，并把它们分离开。然后再对这一条一条的线加以比较，找出那个最主要的线来，或者说找出最有意义的线来。

曾经写过著名通讯《县委书记的好榜样焦裕禄》的穆青、周原、冯健等同志，在粉碎"四人帮"以后又来到了当年采访过的兰考。他们这次采访了当年没有采访完的植树老模范潘从正。这位老人，几十年如一日地坚持在沙荒地上植树造林，其事迹是非常感人的。从他的事迹中，记者起码可以抽出这样的几个"线"：

一条，植树造林必须坚持不懈才能有好的效果。

一条，歌颂潘从正这位老人的事业心。

一条，提出林业问题的重要性，要想发展农业必须发展林业。

一条，各级政府对农民发展林业积极性必须注意加以保护。

……

这些线都可以说是贯穿的。但记者没有把他们作为自己报道的主题。他们慧眼独具，从潘从正曲曲折折的经历中抓住了一条超然于这一切之上的线索——不要再折腾了！这是林业的呼声，这是发展经济的呼声，这是潘从正这样的普通中国农民的呼声，也是全中国人民在"文革"后最强烈的呼声！

这一条主线，不仅从那些具体的线中分离出来了，而且把那些线都容纳和概括进去了。主题也变得十分重大了，不愧是高手之作！

第三个办法是"剥茧抽丝"

蚕茧中的丝虽然并不乱，但它是搅和在一起的，一下子难以分清。

任何事实都是多种或多条线搅和在一起的。事物之间的因果关系本身就呈现复杂的情况。一因多果、多因一果、多因多果、一因一果等情况搅和在一起，是屡见不鲜的事。在这种情况下，记者提炼主题要注意不可有片面性。既要把主线抽出来，又不要把事情说得过头，好像客观事物只是像我们说那样只有一条线。

还有一种情况，客观事物是复杂的，在同一事物和同一个问题上，不仅是因果关系多种多样，而且还存在着"二律悖反"的情况。"二律悖反"是一个哲学名词。它的意思是说，两个相反的说法都有道理，都可以成立。

经济报道中这种情况尤其多。比如搞活企业，有的人可以说：不为企业创造必要的外部条件，企业是难以搞活的。有的人则可以说：企业不眼睛向内，首先练好"内功"，企业也是难以搞活的。两个说法都有道理。问题是这样的两个对立的道理并不是分开的，在一个企业的身上，我们都可以找到每一个道理的根据。这样的例子很多。

在这种情况下，记者就可能感到束手无策了。解决的办法是什么？掌握辩证法。一定要抓住主要的矛盾方面，但也不要把次要之点完全抹杀了。

"剥茧抽丝"的反面是"作茧自缚"，就是常说的"钻进去出不来"的那种情况。记者在采访的时候很认真，他搜集了大量的材料，但是他不注意对材料的思索和消化，以致了解的情况越多越跳不出自己造成的材料堆而被它们埋起来了。解决这个问题的办法是记者在采访的时候不能只是单纯地搜集材料，而是必须随时对材料进行思索。

第三种途径：绿叶衬得红花美

这种方法实际上是一种对比的方法。也就是说，记者要善于在大量的材料中发现具有对比性的材料，并挖掘出这个对比的实质性的含义。主题实际上就在这里面了。让我们举个实际例子来加以说明：

20世纪50年代中期，新华社的一位记者接受了报道北京爱国卫生运动的任务，针对当时情况，编辑部要求突出社会主义好的主题。

记者通过采访了解到了大量的材料，新中国成立以后，北京的卫生确实搞得不错，在世界上也已经有了"三无城市"（无苍蝇、蚊子、老鼠）的美称。但是怎样把社会主义好的这个主题挖掘出来呢？这倒使记者犯了难。因为每个具体材料都说的是卫生工作的具体做法，虽然也是感人的，但是并不能使人一目了然地看出社会主义好这个主题。她想来想去，想不出办法来，就去求教她的采访对象——北京市卫生局局长。这位局长不愧是一个有心人，他思考片刻以后就立即向记者讲了这样一个故事：

清朝末年，有一位大官，为了表现自己对老百姓的关怀，来到当时劳动人民居住的地方视察。他一下轿子，苍蝇立即"腙"了他一脸，轰也轰不走。他很生气，就对随员说："一定要想办法把苍蝇给我消灭掉！"于是他的手下人回来以后按照他的指示，做了一个消灭苍蝇的方案。消灭苍蝇最重要的是清除苍蝇的滋生地，这就需要把当时的大量的蹲坑厕所改为抽水马桶，把流污水的明沟改成暗沟，把大量的存放在街道上的垃圾运走……这一切当然是需要花费很多钱的，而且这些钱主要花在劳动人民居住的地方。这个方案送到了这位官老爷的面前，他一看，皱了皱眉头，就把它束之高阁了。于是旧北京的苍蝇还是照旧那样地飞，那样地多。

记者听了这个材料简直是如获至宝，因为用这个材料和已经有的材料一对比，社会主义好的主题立即明显地反映出来了。

这种提炼主题的方法给了我们一种搜集材料和研究材料的思路。俗话说，不怕不识货，就怕货比货。比较的方法，特别是对比的方法（正反对比的方法），对我们研究和了解事物的本质具有更加重要的意义。

这种提炼主题的方法甚至被人们发展成为一种新的报道形式，那就是对比报道的形式。例如为了说明质量的重要性，记者选择一个重视质量的工厂和一个不重视质量的工厂一起报道。这两个工厂其他条件都类似，只是一个重视质量而另一个不重视，这样放在一起，问题就很清楚了，报道的主题也就自然而然地突出出来了。对比也被发展成一种版面语言。

第四种途径：玩味再三意更殊

这个方法的基本意思是：提炼主题的工作不是一次就可以完成的，要反复地进行。

主题的形成和深化是要经过一个较为曲折复杂的过程的，特别是好的主题更往往是如此。

我们常说，真理只有一个。这当然是对的。但是对事物的认识，即使是对事物的正确认识，也并不只是一个，可以有数个同样正确的认识，它们的不同只是在于认识的深度。从哲学上说，事物的本质是多层次的。记者应力求对更深层次本质的把握。

我们说提炼主题应该是"再三"的，首先是强调提炼主题的工作要贯穿采访的全过程。采访有五个基本环节：明确报道思想，确定报道选题，做好采访准备，进行采集访问，反复提炼主题。这其中的第五个环节，既是一个独立的环节，又贯穿在前四个环节之中。明确报道思想的一个重要问题就是要搜寻和积累主题；确定报道选题也不是凭空的，它也同样是要考虑到是否更能表现主题；采访的准备当然是广泛的，但最中心的问题仍然是围绕主题的挖掘和表现来进行的；进行采集和访问的时候，搜集材料要围绕着主题来进行，也不断地检验自己的主题是否符合实际，如此等等。

我们说的"再三"还有另外的一层意思，那就是在最后的专门提炼主题的阶段，也不应该是一次性的，而是多次的、反复的。请看一例：

人民日报一位记者在1985年去大连采访。大连造船厂的一位宣传干部向他说："我们这里有一个人的事迹非常生动，他的父亲在香港，他的弟弟在台湾，他的出国的机会更多，但仍不愿意离开社会主义的祖国……"

记者对这位名叫张在勇的工程师进行了采访，并很快写成了一篇通讯。经过编辑审定以后，打出小样发到了夜班准备上版。可是记者觉得这篇报道的主题还没有提炼好。因为他虽然做了很大的努力，但是报道的主题仍然与已经发表的曲啸的报道的主题雷同。曲啸报道的主题可以用这样的一句话来概括："妈妈错打我，我不恨妈妈。"这个主题有很强的现实意义，但记者认为，一篇报道与已经有过的报道在主题上雷同毕竟不是最佳选择。于是又把这篇稿件的小样从夜班要了回来，并把它交给一些同志阅读，不出所料，批评的意见居多，肯定的意见居少。记者又把小样交给实习的研究生阅读，让他们提意见。这些人看了以后没有提什么意见，只是一位研究生说"这篇文章没有写出老师的水平"。但从大家的表情看，都是不满意的。这时记者的心情是相当的"痛苦"的。但是意想不到的一种效果发生了——记者已经有的思维定式被打破，可以向着更广阔的领域进展了。他走进图书馆，毫无目的地翻阅着书架上的图书和杂志，突然"灵感思维"发生作用了，像突然闪现的电火花一样，在他的头脑中突然闪现了这样的一串文字："面对生活不等式"！对，这就是我的报道的主题！

这个主题好在哪里呢？它不仅与已有的报道在主题上没有雷同的现象，而且在原来的基础更深入了一步。张在勇遇到的问题就是生活中的不等式，这本来是过去的问题了，似乎生活不等式的问题并没有现实的意义了。其实恰恰相反，由于改革的进展，在我们的生活中遇到了越来越多的"不等式"问题。机会的不等、收入的不等、权利的不等……如何看待和对待生活不等式的问题，已经成了改革中的人们的普遍的思想问题。

报道发表以后，《大连日报》围绕着生活的不等式问题，开展了将近半年的讨论，许多人发表了各种意见，争论也很激烈。这也说明，记者的主题是选得好的，因为它引起了社会的共鸣。讨论结束的时候，《大连日报》编辑部对记者说："解铃还须系铃人，这个总结只能由您做了。"记者特意为《大连日报》写了一篇总结性的文章《生活不等式试解》。

从主题看素材：表现主题的基础

怎样表现主题是一个多方面的问题，有观点提炼的问题，有素材的选择和使用的问题，有文章的结构问题，甚至还有语言、风格等问题。这里专门研究从主题的角度来看素材的问题。

从表现主题的角度，我们的记者所获得的素材，可以分为这样的几类：

第一类，骨干材料

这是最重要的材料。也就是那些对你的报道中的主题起着骨干性的支撑作用的材料。新闻作品的主题是必须有足够分量的事实来支撑的，没有这样的事实，主题无从谈起。例如大家熟悉的焦裕禄的报道，它那提倡干部全心全意为人民服务的主题不能离开这样的事实：到车站去继续进行的县委会、顶风冒雨查水情、树立三个引路典型、带病工作……没有这些就没有焦裕禄。

因此，记者在写作动笔之前，最重要的事情是把这类材料找出来，并看它们够不够。如果不够就要继续寻找；如果寻找以后仍然没有，那么就要相应改变报道的主题。

第二类，细节材料

这种材料往往不很多，但非常管用。只有骨干材料，虽然也可以把主题表现出来，但往往不够丰满，不够感人。而细节材料却像是一种催化剂那样，或者像做菜时的味精那样，只加入少许，立即就会味道大变。在焦裕禄的那篇报道中，我们不是永远会清楚地记得这样的细节吗：焦裕禄一进老农的家就大声地说："我是您的儿子来了！"他的藤椅有一个大窟窿，那是用东西顶肝部造成的……

正像我们看电影一样，我们不会满足于只是看远景和中景镜头，那些特写镜头，往往是更愿意看的。而报道中的细节材料就是特写镜头。

有经验的记者都知道，在一次采访中，获得细节材料是很不容易的，数量也是很少的。所以记者在写作的时候，一定要认真地检查，不要让好的细节材料白白丢掉了。

对于细节材料我们还可以分成两类：特定性细节和一般性细节。

所谓特定性细节是指那些特定人物、特定场合、特定动作、特定意义的细节，它的用处也主要是用来表现特定的细节事实的。

所谓一般性细节是指那些虽然发生在具体人和具体场合的细节，但是记者用它并不是为了表现行为者，而是为了表现更大范围内的事实情况，它不是个性的代表，而是一般的代表。

例如在报道运动会的电视或纪录片中，我们首先看到我国跳高运动员朱建华纵身一跳跃过 2.2 米横杆的动作和表情的细节。这个细节就是特定性细节。因为它是特指某人在某时某地做了某件事。这都是非常确定的，不容含糊的。然后我们又看到了反映场上气氛的一个又一个镜头：一个人大声叫好，一个人拼命拍手，一个人把自己的手拍在另一个人的肩上……如此一个一个地扫描过去。每一个镜头都可以说是一个细节，但记者选取这个细节，并不是为了表现做动作的这个人，而只是用它作为全场气氛的一个代表或一个侧面。材料取自个别，意义在于一般。这就是一般性细节了。

在一些新闻事件性的报道中，特定性的细节材料用得较多。有名的《墨索里尼之死》的新闻报道的细节描写，就是一例。

在一些非事件性的报道中，在一些调查报告中，为了使文章更可信、更生动，一般性的细节是不可少的。如毛泽东同志在《湖南农民运动考察报告》中就用了这样的细节：在农会最时兴的时候，富农也来要求入会。而贫农是不理他们的。当富农手捧大洋来要求入会时，农会干部则冷冷地说："嘻，谁喜欢你这几个臭钱！"这个绘声绘色的细节，就是一般性的细节。它不是特指哪一个地方的哪一个农民的事情，而是代表农民的情绪。

第三类，一般性材料

总还有一些材料，既不是骨干材料，也不是细节材料，但它们仍然是有用的材料。这就如农民盖房垒墙的时候，总还有一些填充材料，如碎砖头等等。骨干材料重要，但它们往往是一个典型事例；细节材料重要，但它们也往往是一个典型细节。如果只是几个或一些"点"的材料，就会给人一种单薄的感觉，有了一般性材料的补充，就会增加"厚度"，增加可信度。如一篇写一位农村基层干部的报道，写了他为群众做的几件好事之后，加上了这样的一段叙述："人们可以看见，每天最早到地头的是他，最晚回来的是他；冬天在最冷的地方准可以找到他，夏天在最热的地方总可以找到他；逢年过节的时候，在他自己的家里很难找到他，而在别人的家里却总可以看到他……"加了这样的一段，读者就会感到，这位干部为群众做好事不是一时一事，而是一贯的了。

第四类，画龙点睛的材料

所谓画龙点睛，就是它一旦被用到报道中去，通篇报道的主题立即就会异常地鲜明起来，就好像是龙画好了，一点上眼睛，就飞起来了。

这类材料更少了，往往是一次采访也发现不了这样的一个材料。但仍要花费极大的力气去寻找它。一旦发现了，千万不要把它糟蹋了！在前面我们讲到提炼主题的第三条途径的时候，北京卫生报道中那个清朝大官视察的例子，就是这类材料。

第四章 记者和编辑

第十二节 记者和编辑的关系

内容提要： 新闻写作是要动笔的。但它要解决的问题绝不只是"人和笔"的关系问题。一篇新闻作品既是人和笔关系的产物，又是人和人关系的产物。为什么有的新闻作品写成这个样子呢？往往只能从人的关系方面去寻求答案。

所以，正确处理这中间的人与人的关系，至关重要。在与新闻写作所联系的所有人际关系中，记者和编辑的关系是最经常发生的关系，也是最为重要的关系。

记者要从整个传播系统的高度来看待他和编辑的关系，要从新闻工作是"个体创造，整体完成"这样的一个特点来看待这一关系。尊重编辑应是记者的基本立脚点。

记者和编辑的关系是一个复杂的关系

"记者是耍笔杆的。"人们常这样说。

"记者是搞文字工作的。"这对报纸记者说更是货真价实。

但是如果仅仅这样去理解记者工作，去理解新闻写作，都是片面的。新闻记者的采访和写作都不只是简单地用笔在文字的圈子里打转转的事情。

记者采访很重要的是要正确处理记者与采访对象之间的关系。新闻写作也如此，记者不仅要在纸张上处理文字，而且还要正确处理在新闻写作中的人与人的关系。这中间，主要的是记者和编辑的关系。

记者和编辑的关系在新闻写作中居于重要的地位。

初看起来，报社的记者和编辑是彼此独立的工作岗位，记者采访，编辑编稿。其实，他们之间有着非常紧密的联系。

人民日报老记者林钢说："要知道：记者工作，永远要受到版面和时间的制约。越早认识这点，就越能获得自由。"这是深刻的经验谈。但版面在哪里？在编辑的"手"里。

有人说："我写报道的时候，谁的心都打不动没有关系，只求打动编辑的心。"

有人说："没有好的编辑，不会有好的记者，虽然有了好的编辑并不等于有了好的记者。"

有人说："记者的胆子是长在编辑身上的。"编辑不给记者发稿，记者再写什么也没有用。

有的话看来是不对的，记者写报道是给读者看的，应该追求打动读者的心，怎么只求打动编辑的心！但是且慢批评，因为这是他从自己的甘苦中得出的结论。虽然片面却也有一定的事实根据。后一句话似乎有些夸张，但也是有一定的事实根据的。为什么呢？

新闻工作的重要特点是"个人创造，整体完成"。

人们常说，新闻记者是"自由职业者"。其实从工作的角度看，任何一个记者都被组织在一定的报道系统之中，必须受到两方面的约束：一是新闻工作的程序和规则的约束，一是本新闻机关的纪律和政治倾向、宣传方针的约束。

从劳动的具体形式看，记者的劳动是个体劳动。记者一般是单独地进行采访和写作的。但是我们必须看到，新闻报道的真正完成，也要靠其他人的协作和配合。而在这个过程中，编辑和记者的关系是非常重要的一环。记者的稿件不经过编辑的手是不可能和读者见面的。也就是说，不经过编辑，记者的作品是不能够最后完成的。

新闻传播的系统大体上是这样的：

被传播的新闻事实—采访对象—记者—新闻作品—编辑—版面—发行工作—读者。

每一次新闻传播实际上都是必须走过这样一个完整的过程，哪一个环节发生问题，传播过程都不会顺利地进行的。

上面我们所列的系统中有八个要素，这八个要素实际上分成两类：一是物的要素，一是人的要素。

被传播的事实、新闻作品、版面、发行工作的手段是物的要素。（发行工作也是需要人去做的，但相对来讲，它更多地要用物质的手段，而且是相对的稳定的。故我们在研究新闻写作的时候可以把它当成物的要素来看待。如果研究报纸的发行工作，就不应这样简单化了。）

采访对象、记者、编辑、读者，这四者是人的要素。这四者之间的关系不是个人之间的关系，而是岗位之间的关系。

记者和编辑的关系，并不是一个简单的工艺流程的关系。在这个关系中，实际上是充满了矛盾的。为什么说"没有好的编辑不会有好的记者"呢？（一）没有好的编辑，记者不会得到好的指导。（二）记者写出好的新闻报道作品由于编辑不识货而被"枪毙"或不恰当地处理，不能真正发挥它应有的作用。（三）编辑的处理，包括他的意见、爱好，对记者来说都是一种导向，编辑的导向不准确、不高明，记者的报道工作是很难有很好成绩的；编辑中还有总编辑，总编辑同记者的关系更不是一般的同事之间的关系而是领导和被领导之间的关系了。那么领导的导向就显得更加重要了。记者最苦恼的事情，并不是他采访不到好东西，而是他采访到好的东西以后，在编辑那里通不过。常常听到记者发牢骚，说自己的头儿思想不解放，胆子太小，当记者没劲，发挥不出来。如果是个别记者发这样的牢骚，那更多的可能是记者本人的问题。如果许多记者都发这样的牢骚，那么当头的编辑特别是总编辑，就应该审视一下自己的指导思想有无问题了。

那么记者在他和编辑的关系中就只能处于完全被动的地位吗？不是这个意思。记者有他的主观能动性的余地。他可以影响编辑，他也可以通过一定的办法更好地更顺利地达到自己的目的。笔者在担任经济日报总编辑的时候，对各地记者说过这样的话："能够领导上级的下级是好下级。希望你们能够策划出好的报道方案，连我们都策划进去，我们愿意按照你们的策划为你们跑龙套，当道具。"目的就是让各地的记者充分发挥他们影响编辑以至总编辑的作用。这就是本书要研究的主要内容之一。至于编辑如何处理他和记者的关系，则是编辑学需要研究的重要内容了。

总括一下，编辑和记者的关系主要包括哪些内容呢？

（一）稿件和版面关系的人格化；

（二）编辑部指导和记者的被指导的人格化；

（三）新闻作品供求关系的人格化；

（四）个体创造和整体完成、个体和整体关系的人格化；

（五）个别事实和普遍事实关系（这是新闻工作的内在的主要矛盾）的人格化；

（六）客观事实和宣传方针的关系的人格化；

（七）采访对象和读者关系的人格化；

（八）实际工作和宣传工作关系的人格化；

（九）记者发展和编辑发展之间的对立统一关系，等等。

还可以列出一些，但主要就是这些内容了。需要说明的是，这些条条之间的关系并不是平列的，它们之间存在着交叉关系。从上面的列举中，我们可以看出记者和编辑的关系有多么丰富的内涵，他们之间的矛盾又是多么复杂啊！担任多年人民日报副总编辑和总编辑的李庄同志曾经幽默地说："编辑和记者之间的矛盾是敌我矛盾。"理由是编辑常常要枪毙掉记者的孩子（稿件）。这是一种带有很浓的感情色彩的语言，不是理论的阐述，但是也可以看出，正确处理编辑和记者之间的矛盾多么不容易。

尊重编辑：记者的基本态度

上面概述了记者和编辑之间的关系所包含的内容和矛盾。作为新闻写作主体的记者，在处理他与编辑之间矛盾的时候，当然要注意方法——这是下面几节要讲的，但首先是基本态度和基本立脚点的问题，那就是"尊重编辑"。

笔者在20世纪70年代末刚刚到人民日报的时候，发现一个有意思的现象：无论多么老资格的有名气的记者，他们对夜班的编辑——上夜班的大多是年轻的编辑——都是十分尊重、十分客气的。当时笔者很不理解，按水平、资历都应该是反过来的呀！后来才明白了，出现这种情况不是偶然的，有其实践的根据。

编辑工作是不可缺少的工作，是辛苦的工作，报纸的编辑常常要上夜班，不能像正常人那样生活，包括家庭生活都被打乱了。编辑工作是奉献性更突出的工作，正像陈毅同志说过的："我今天要替编辑诉苦。作者还有稿费，编辑就只有薪水……又没有名字。这方面要体谅一点。我过去当过编辑，编辑是个苦差事。"

陈毅同志这是就一般的编辑说的，新闻单位的编辑尤其如此。毫无疑问，编辑工作和记者工作一样，都是为报纸的宣传宗旨服务的，都是为读者服务的。但是，编辑的这种服务，在其直观内容上，相当多地表现为为记者服务上：为记者出题，为记者改稿，为记者的稿件设计好版面等。

有的时候，编辑对记者稿件的修改，几乎等于重写；有的时候，改的虽然不多，但一字千金，画龙点睛；有的时候，为新闻加了好标题，为通讯想了好题目，全篇顿然生辉。好多新闻作品，在相当程度上是编辑和记者的共同创造。但在"记功"的时候，却往往记在记者一方的名下了。

近几年，新闻单位在评专业职务时，有人提出了这样的要求：记者拿自己作品的时候，不要拿发表后的作品剪报，而应该拿原稿。因为原稿才是记者自己的水平，见报稿已经有若干编辑的劳动了。老实说，许多记者是经不起这样"看原稿"的。

编辑如此奉献式地为记者服务，记者有什么理由不尊重编辑呢？

这种尊重，还有一个思想基础，那就是相信编辑。要相信编辑的责任心，要相信编辑的水平，要相信编辑和记者的"利益一致性"。

一位外国报人说："编辑伏在桌上每天八小时，在脑力和体力上都是很疲乏的。因此，编辑除非从工作中找出兴趣和吸引力，否则，不会把工作做好。最好的编辑，当他改写一条新闻，把陈词滥调改成漂亮的短句，从整条新闻概括出一条吸引人的标题时，他感到骄傲。编辑在新闻工作中是不署名的，他唯一的满足就是把一件事情做好。"（转引自颜景政《报纸编辑讲义》）

编辑的责任和兴趣，都在于把一篇稿件改好，而不是改坏。这是常识。记者要确立这种思想观念，才会对编辑有一种由衷的尊重。

但记者和编辑实际上又常常发生矛盾。也不能绝对地说,编辑对记者的每一篇稿件都是改好了的,偶尔确有改错了的。这时,有的记者就不冷静。有的甚至把它扯到人际关系上来。

记者对"不如己意"的情况,要做客观的分析。版面本身的制约,首先制约着编辑,他不能不"狠心"砍掉你的作品的某些部分。编辑要满足的是众多的记者和作者,而不是你一个人;而要满足众多的记者,每个记者的愿望便不能充分满足,起码不能同时满足……当发生编辑上的错误的时候,记者也要以理解的态度同对方交换,而不应该有这样一种心理:过去总是你改我的,我不敢吭声,这回总算让我抓住你了!

本书是谈写作的,故从记者的角度来要求,至于编辑应注意什么,那是编辑学的事情。

记者把握住这样的基本态度,他就有可能运用正确的方法来处理和编辑之间的关系和矛盾了。

第十三节　供与需的矛盾
——记者和编辑之间的关系之一

内容提要: 记者和编辑的关系首先是供需之间的关系。记者是供方,编辑是需方。那么理想的供求关系究竟是怎样的,而实际上能做到的供求关系又是怎样的?

记者首先要树立版面意识,知道自己的任务是为版面服务,而版面本身是一个"市场"。**在这个市场上他靠什么去竞争?要靠:质量战略,优势战略,品种战略和"两极分化"法。**

供需矛盾是记者和编辑关系中的第一个矛盾

借用经济学概念来说,新闻传播中也有市场问题。这里有两个市场:一个是报纸的市场:发行;一个是稿件的市场:版面。

要解决报纸发行这个难题，对新闻传播的宏观管理部门来说，应该认真研究并调整报业结构，形成多样化基础上的有机统一，使各种媒体各有特色，各得其所。从报纸的负责人来说，则应该研究如何把自己的报纸办得更有特色，形成自己的"他人不可替代性"。

报纸之间是有竞争的。竞争有两种，一是"同一竞争"，即在同一的领域同一的报道题目中去竞争；一是"特色竞争"，即在不同领域中的竞争，例如你以经济信息见长，我则以经济问题的研讨见长；你以经济报道的指导性见长，我则以经济信息的实用性见长，等等。

报纸在宏观的读者市场上竞争，是要靠报纸的整体的工作的。最重要的就是提供好的报纸版面。因此，稿件在版面上的竞争，一般总是要服从报纸在读者市场上的竞争的。也就是说，这两个市场不是没有关系的，版面这个市场是必须服从读者这个市场的。

记者是供给的一方，编辑是需求的一方

在版面这个市场中，记者是供给的一方，编辑是需求的一方。记者写作出来的稿件，要拿到版面这个市场上来，如果版面需要他的这个产品，他就顺利地卖出去了——被刊登了；如果他的产品是版面不需要的，那么他就卖不出去，稿件就被"枪毙"了；如果他的产品不是急需的，或者是虽然可用，但是还有不少的毛病，他的产品就会被压下来，或者经过修改、压缩后才能发表。

版面的需求是客观的，但谁来掌握呢？谁"说了算"呢？自然是编辑，特别是夜班编辑、夜班主编、值班总编辑。由于报纸的工作是很紧张的，夜班更紧张，在这种场合下，一般来说是容不得反复讨论，只能由编辑掌握"集中权"。任何撰稿人都应该充分地认识这一点。

这就是说，在版面这个市场上，卖方和买方是不那么平等的，它是一个典型的买方市场，即买方握有极大的主动权，而卖方则是处于很"不利"的地位。如果我们的记者和通讯员不认识这一点，那么他就会陷于更加被动的地位。特别是报纸稿件供给大大超过需求的情况下更是如此。

理想的供求关系

理想的供求关系可以这样描述：

从编辑的角度看：

1. 所需要的稿件，记者都给写来了；

2. 不需要的稿件一条也没有；

3. 供给及时，正需要的时候，就送来了；

4. 供给均衡，不是时多时少，因为版面的容量是恒定的。

这中间的一、三、四条都是好理解的。为什么还要列第二条呢？它并不是第一条的同义反复。编辑最头疼的就是记者或通讯员送来的稿件本来不可用，但是他们非得想方设法让编辑用不可，或者不断地打催稿电话，或者登门拜访，或者用那些"能够影响感情"的手段等等。那种不达目的决不罢休的劲头，是最使编辑害怕的。记者或通讯员不懂得，用这样的办法，即使是取得了一次"胜利"，那么它也往往只是一次性的了。这样的作者谁还敢和你经常打交道呢！

从记者的角度看：

1. 写的都是版面需要的；

2. 版面不需要的不应该写，但是记者的工作是复杂的，有的时候不是记者要写，而是各种关系需要记者写，这种情况下希望编辑能够照顾一下；

3. 最好能够及时地刊登；

4. 登在好位置，多用一些篇幅；

5. 均衡上市的原则最好不要影响到我，我的报道需要集中的时候，最好能够集中突出地在版面刊登出来。

第二条和第五条，初看起来是没有什么道理的。但是细想一想，也不尽然。记者和编辑不同，他是直接和采访对象打交道的，在采访中也是常需要采访对象支持的。因此就会出现这样的情况：采访对象需要报道某些或某件事情，而这些事情并不是当前报纸报道最需要的。在这种情况下怎样办呢？在不影响大局的情况下，适当地给予一点照顾恐怕也应该是允许的。

从上面的分析中我们可以看出，编辑的理想的供求境界和记者心目中的理想境界虽有相同之处，但也有一些不同之处。因此，应该把理想的供求境界分成两种情况：

理论上的理想境界：

记者供给的正是编辑需要的；记者没有的、不供给的，也正是编辑不需要的；记者供给的时候，也正是编辑需要的时候；记者不供给的时候，也正是编辑不需要的时候；记者供给的量，正是编辑版面所需要的量。

——应该说，这样理想的供求境界是永远也不会有的，即使有也只是短短的一瞬间。

实际上的理想境界：

记者供给的基本上是编辑所需要的，编辑对记者需要刊登的稿件也在可能的范围内（不影响报纸的质量）给予适当的照顾；记者的报道应该是基本均衡地"上市"，而编辑要尽量帮助记者不埋没他的工作成绩，以至帮助他成才。

解决版面的供求关系不是为了别的，记者和编辑双方都应该有一个共同的信念：那就是把版面办好，并把眼前的利益和长远的利益结合起来。

只有编辑和记者共同努力，才能解决好版面上的供求关系。编辑的努力体现在他的编辑业务上，而记者的努力则要表现在新闻写作的业务上了。

记者要有全面的版面意识

记者是为读者写作的，而为了达到这个目的，他必须首先要为版面写作。

有些记者注意报道精神，有的记者关心采访对象的要求，有的记者很注意自己写作方法的改进，这当然都是对的。

但是，只有这些还不够，他必须时刻注意版面。这正像一个企业的厂长，他只研究自己的生产是不行的，他必须关心市场。市场是千变万化的，版面也是千变万化的。他必须努力使自己的新闻作品适应版面的需要。

所谓全面的版面观念、版面意识，应该包括以下几个方面：

（一）记者应该知道和懂得报纸的总的指导思想和近期的报道思想。

（二）记者应该知道和懂得报纸每个版面的编辑方针，即它的特殊的需求。

（三）报纸版面的需求实际包括四个方面：数量、质量、品种、时机。这中间，质量、品种、时机，尤其应该引起记者的高度注意。

（四）记者应该关注版面的新变化和新动向。

总之，不关心版面而埋头于自己的写作的记者是要吃亏的。

记者为了在版面的激烈竞争中取胜，他可以采取哪些战略战术呢？

战略之一：以质取胜

记者必须以自己最大的努力拿出自己可能达到的最高质量的作品供给版面。

有的记者写了报道以后，不管需要不需要，都是马上出手，抢时间发到编辑部。他们发到编辑手里的稿件往往只是半成品，却自我安慰说："给编辑以修改的余地。"他们不懂得一个很重要的道理：产品的后加工是非常重要的。我国的出口商品为什么吃亏呢？原因之一，就是后加工不好。所以，外商常常是买去我们的初级产品由他们来做后加工，结果，等于我们只是出口了资源，而他们利用我们的资源赚了很多的钱。新闻作品也是这样，后加工的潜力很大，后加工的效益也往往最高。中国有一句俗话：九十九拜都拜了，还差这一哆嗦？但是我们的许多记者就是没有耐心去做这一哆嗦。其实，后加工往往是用一分力产生几分效果，是投入产出比最高的时期。

许多有成就的记者都很注意自己作品的后加工。他们在时间允许的情况下，反复地修改，直到自己"山穷水尽"的时候，才会把它拿出来。有位同志曾经这样回忆我国著名的记者华山同志（华山在解放战争中、在建国初期，写了许多脍炙人口的新闻作品，如《英雄的十月》《神河断流》等）：华山的脑子并不快，他写东西很慢，常常是关在屋子里，一写就是多少天，有时一篇新闻通讯要写上一个月、两个月！——我们不是提倡写新闻作品应该慢，而是提倡他的精益求精的精神。

"我出手的必须是精品！"这样的工作态度，从远期来说，才有可能使自己的产品有竞争力。你送到编辑手中的都是"信得过产品",编辑再看见你的作品就会产生"喜欢""高兴""正等着你"的条件反射,因而"眉开眼笑"。还愁你的作品没有竞争力吗?

"精品战略"应该是有出息的记者的最基本的战略。

战略之二:优势战略

对记者曾有两种要求:一种,要求记者是通才,即新闻报道的十八般武艺样样精通;另一种,要求记者有自己的特长,"一招鲜,吃遍天"。

哪一种对呢?都对。一个记者如果只会写一种新闻体裁,显然不会适应新闻报道工作。他必须是"通才"。但是,一个人的精力总是有限的,一个人的素质也总是有局限的,既有所长,又有所短。如果记者都是"样样通——样样松",对新闻报道工作并不利。他必须有一样"精"。因此,对记者的要求应该是这两句话的结合:在样样通(不低于下限)的基础上,要有自己的一样精。像企业应该有自己的拳头产品一样,记者也应该有自己的拳头产品。

记者的"拳头产品"应该从两个方面来加以选择,一个是从内容方面来选择。例如有的记者可以着重研究经济报道,有的着重研究文教报道,有的着重研究军事报道,等等。一个是从体裁方面来选择,如有的可以专攻消息,有的可以专攻通讯,有的可以专攻述评,等等。当然也可以有更多的选择的方法。如有的记者侧重研究问题性报道,有的记者侧重研究结合部式的报道,探索把经济报道和社会新闻报道结合起来,等等。

就编辑部来讲,应该鼓励记者按照这样的方向去发展,对记者不要过分求全。

百花齐放的局面对报纸是有好处的,因为各个记者的长处的总和,就是高水平的多样化,只是"通才"的集合是低水平或中水平的多样化。

战略之三:品种战略

前面已经说过,新闻作品在其实现的时候是组合产品。也就是说,一个版面需要多种产品，而且这些产品应该配套。

有些人常常这样向编辑提出问题：最近稿件多吗？有经验的编辑总是这样回答：又多又少。这并不是一句搪塞的话，而是实情。几乎在任何的情况下都是这样的，有些品种的稿件多，有些品种的作品就是缺。品种问题始终是版面工作中的一个难题。在编辑的实际工作中，最使他头疼的就是新闻作品的品种不配套，使他不可能组成品种多样、琳琅满目的版面。如果记者在这时候解决了他的难题，那么他不仅会立即采用你的作品，而且会感激你的。

记者眼睛盯住版面的时候，必须注意研究版面上缺什么品种，并立即组织生产。

一般而论，报纸版面缺下列产品：

重头产品。编辑组版经常缺少的品种是头条新闻。

特色产品。现场短新闻，花边新闻，记者来信，一事一议式的署名文章，来自基层的生活气息浓厚的报道，等等。

新产品。在内容上，在写作方法上有所创新的作品。

在品种的问题上，我们的记者应该注意使用"冷门战术"。版面上缺什么品种，你就优先去生产什么，特别注意写那些人家不写的冷门品种。要善于转换品种。总是生产"老两样"，除了消息就是通讯，是很吃亏的。

当然，品种战略应该和优势战略结合起来。

战略之四：两极分化

新闻作品是机遇产品，新闻作品的质量首先取决于写的那个题材的质量。既然如此，一般内容的消息，是不是一条也不必写了？

解决这个问题的最好的办法是采取"两极分化"的方针。这里指的是精力使用上的两极分化。如果发现好的报道题目，那么就要全力以赴，要不惜自己的精力，一定要把它搞成精品。如果是一般的题材，可写可不写的题材，那么，就用较少的精力，写一篇很短的信息式的报道就可以了。这样的作品，送到编辑部，用了很好，不用损失也不大。而从供求关系上讲，以两极分化指导思想写出来的稿件，一般是便于编辑采用的。因为该短的短了，该长的也不会嫌长了。

第十四节　局部和全局的矛盾
——记者和编辑之间的关系之二

内容提要：记者和编辑的关系中，还有一层矛盾，那就是局部和全局的矛盾。从记者的工作环境来说，从他采访的具体"点"来说，他是站在局部的；从编辑的工作环境来说，从他处理版面的着眼点来说，他是站在全局上的。这不是谁是否高明的问题，这是岗位的特点所决定的。

局部和全局的矛盾必然在记者和编辑之间关系中体现出来。

记者处理好这个矛盾的方法主要是：扩展视野，多做沟通，巡回战术，影响编辑。

记者站在局部上，编辑站在全局上

在探讨记者和编辑的关系时，我们看到，他们的关系往往包含着局部和全局的矛盾。

不能说记者的工作只是研究局部问题，也不能说编辑的工作只是研究全局性问题。但是记者和编辑相对而言，记者主要是站在局部上，而编辑主要是站在全局上。

为什么这样说呢？

记者报道的新闻事实，往往只发生在一个具体的单位。虽然他也要研究全局性的问题，但是这种研究是为了用面上的精神来解剖点上的问题，或者提高自己的点的报道的针对性。所以说，记者的工作是以局部为基础的。地方记者，比如驻省的记者，他也要研究自己所在的省这个面，但即使是这个面，对于全国来说仍然是一个局部。

编辑虽然也要研究一些点上的事实和局部性的事实，但是他的着眼点毕竟不是事实本身，而是它在面上的指导性，即全局的指导性。也就是说，对编辑来说最重要的是全局，是全局的问题，全局的需要，他是从面上出发来研究点（主要是具体的一篇一篇稿件），然后又回到面上来。他所经营的版面，就是一个具体的"全局"的体现。

编辑和记者的矛盾，在实质上，常常是局部和全局的矛盾的人格化。

局部和全局的矛盾中，首先就遇到了普遍性和特殊性的关系。矛盾的普遍性寓于矛盾的特殊性之中，单独的矛盾的普遍性是不存在的。但是，矛盾的特殊性也并不就等于矛盾的普遍性，它又有许多的纯特殊的因素。因此，从局部出发的报道中，往往含有"特殊"的和"特殊"需要的东西，而这样的东西却又并不含有"普遍"和"普遍"需要的因素。局部和全局之间，有它们的统一的一面，又有它们的不统一的一面。

从新闻业务来说，这个矛盾的主要体现

（一）全局性的思想往往要靠来自局部的报道来体现；而来自局部的报道有时可以体现，有时则不能充分地体现或不能体现。也就是说，记者的报道有时可以体现编辑部的报道意图，有时则不能体现编辑部的报道意图。

（二）全局上存在的问题，当然是普遍存在的问题。新闻报道是为了解决普遍问题才写的。但正因为普遍都存在这个问题，所以能够解决这个问题的典型并不是很多的；如果这种典型已经很多了，那么面上存在的问题可以说就已经不存在了。所以对记者来说，发现这种典型是有很大的难度的。于是就常常发生全局报道的需要和局部报道的可能之间的矛盾。这也就是编辑部需要的东西记者迟迟写不出来的原因之一。在我们的新闻报道中常常发生的"强扭角度"的问题，也常常是在这种情况下出现的。记者找不到真正符合报道意图的东西，他就把旧东西改头换面来应付了。

（三）由于事物发展的不平衡，全局存在的问题，并不是在一切局部都同样地存在着。特别是在我们这样大的国家，地区之间的差异更大，有时甚至有相反的趋向存在着，甲地需要提倡的东西，可能正是乙地需要抑制的东西；乙地需要加强的东西，可能正是甲地需要削弱的东西。处于不同的地方的记者就很难处理这个问题了。比如，经济过热的问题，在沿海的一些地方已经很厉害了，但是慢半拍甚至慢几拍的边远地方，则是还没有热起来。乡镇企业，在沿海的省份已经是需要整顿了，但是在边远的地方，那里的乡镇企业则是刚刚起步，根本还谈不上整顿的问题。这种情况，造成面上的要求和点上的情况相矛盾的问题。多年来始终存在着边远地区的报道不够的问题，除了报道力量不足的原因外，这种全局和局部的差异也是一个重要原因。

（四）人们认识事物是从特殊到普遍、从个别到一般的。因此，在点和面的矛盾中，在局部和全局的矛盾中，新闻工作虽然主要是用全局性的思想指导局部，但是也不排斥，有的时候要从局部获得启发。由于记者深入实际，他对点、个别有深入的了解，因而发现了站在面上的同志还没有发现的问题。在这种情况下，记者的认识可能超出了编辑。一个好的编辑，不仅在于他能够把全局上的指导思想和局部的情况很好地结合起来，还在于他能够及时发现出现在各个局部的好东西，并用它来指导全局工作，起码提出新的问题来进行思考。

刘少奇同志曾经提出，记者的任务是两个方面的，一方面他要宣传党的政策，一方面他要检验党的政策。其实在实际的新闻工作中，这个宣传和检验的双重任务，是在编辑和记者的矛盾的正确处理中实现的。编辑主要是要求记者按照党的既定的政策进行宣传，记者有时可以从实际出发提出新的看法来检验政策的实际效果。这两者的正确的结合则是新闻工作者双重任务的结合。——当然这是一般而论，不是说记者不可能单独完成这个任务，或编辑不可能单独完成这个任务。只是说，在编辑和记者的关系中包含着这样的一个重要的内容。

因此，记者和编辑的局部和全局的关系包含着极其丰富的内容，至少包含：政策和实际的关系，理论和实践的关系，个别和一般的关系（从不平衡的角度讲更是如此），一般和朝前的关系，等等。

站在局部的记者应该怎么办

"站在局部"是说记者岗位的特点，但绝不是说，记者就应该局限于此。恰恰相反，他应该突破局限，明确他最根本的业务宗旨应该为版面服务。他适应版面的需要，是为版面服务，他影响版面，也是为办好版面，也是为版面服务。

记者如何从"站在局部"又不限于局部的角度出发，正确处理好记者和编辑之间的关系呢？

办法之一：不断开阔视野

在记者和编辑之间的局部全局矛盾中，一般的情况应该是记者的局部要服从编辑的全局的要求。如果想把这种服从由被动转化为主动，很重要的是记者要树立全局观点，不断扩大自己的视野，把自己看问题的角度和高度都提到全局的水平。这样记者就会同编辑有更多的共同语言。

搞国内报道的记者起码应该有全国的观点，特别是在全国性报纸工作的记者更是如此。人民日报对地方记者经常说的要求就是树立全国观点。所谓全国观点，并不是一个很玄乎的问题，它是很具体的。当你写一篇报道的时候，你要问一问自己：我写的是当地的事情（比如写新疆的事情），其他省的读者爱不爱看？为什么愿意看？我怎样把一个地方的事情写得各地的读者都愿意看？

当然，对在不同层次上工作的记者的要求是不同的。在省报工作的记者和在中央报纸工作的记者就应该有所不同。有一位在新疆报纸工作过的记者，后来调到人民日报驻当地记者站工作。虽然工作地点并没有变动，都在乌鲁木齐，但报道的要求变了。开始的时候，他就没有体会到全国观点是怎么一回事。他热情很高，在短短的一个月的时间里，就写回近20篇稿件。但这些稿件，大部分未被采用。一是角度的问题。例如他写了一篇新疆某地方包产到户的经验。这就很难用。为什么呢？因为新疆推开包产到户的时间已经比其他的地方晚了好长的时间了。你再介绍人家早已经做过的事情，还有什么指导性呢？另一是数量问题。在全国性的报纸上，怎么可能在那么短的时间内，一下子刊登那么多篇一个地方的报道呢？在这种情况下，数量的过分集中，实际上是自己在挤掉自己。工作一段以后他逐渐摸到了全国观点的"味道"，写了一篇反映新疆民族团结的报道。恰恰在不久前，当地曾发生过一些民族的纠纷，对新疆的民族状况大家都是关心的。这篇报道不仅被放在了人民日报的重要位置上发表，而且国外的通讯社也转发了这条消息。

我们常说"记者要眼观六路，耳听八方"。记者还应该心想六路，脑虑八方。他应该明确，他做的耳目是全国读者的耳目，不仅仅是他所在地区的读者的耳目。

为了树立全局观点、全面观点，记者应该研究党的政策，因为党的政策是从全局出发来制定的；记者还应该研究多方面的情况和材料，不应该只对自己所在地方的材料感兴趣；记者还应该多看看别的地方的记者写的报道，不要打开报纸就看自己的报道登了没有登，然后就把报纸往旁边一扔。记者也还应该有广阔的知识面。这对开阔记者的视野也是有好处的。

办法之二：多做沟通

应该认识到局部和全局是有区别的，但两者之间又是沟通的。它们这种内在的联系，决定了记者和编辑之间的沟通的必要性和可能性。

许多记者不注意沟通的问题，往往只是注意埋头写作和采访，而不花必要的时间和编辑部（主要的编辑）进行必要的交流。他们几个月甚至半年都不和编辑联系一次。不管他有什么理由，这都是不对的。

这种沟通起码有三个方面的意义：1. 记者自己可以更多更好地了解全局性精神，有利于和当地情况结合；2. 编辑可以了解你那个局部的情况，也有利于两者结合；3. 这种结合并不只是在理论的意义上，而且是具体的写作方法和报道方法上都可以省去许多不必要的劳动，大大提高记者采访和写作的效益。记者绝不能把和编辑的沟通看成可有可无的事情，而应该把它看成是我们采访和写作的必要的组成部分和不可少的程序。

这种沟通应该贯穿在采访和写作的全过程，尤其是采访和写作前的沟通。

这里有一个小小的操作的"技术问题"，就是给编辑部的电话什么时候打的问题。有的记者埋头写了稿件以后，为了催发稿件才给编辑接二连三地打电话。这样的电话常常使编辑很为难，甚至讨厌。因为你已经把生米做成了熟饭，不管合不合人家的胃口，你都让人家非吃不可。解决方法很简单，把电话打在前头。当你发现一个你认为重要的题目的时候，先不要急于忙着

"施工"——动手采访和写作,而是要先同编辑部联系一下,看他们对你这个题目感不感兴趣,感兴趣到什么程度,对你的报道的篇幅"容忍度"是多少,等等。这样把握就大多了。

笔者在担任人民日报编委、经济部主任和经济日报总编辑的时候,关于地方记者如何做好工作,我都送给他们"八字箴言"——"两极分化,早打电话"。

关于"两极分化",上一节已经讲了,就是把你采写的稿件大体分成两类,一类是一般性的报道,不必花费很多精力和时间。另一类则是重点报道,要舍得花费巨大的精力和更多的时间。

但在采写重点报道的时候,一定要"早打电话",不是在稿件写好之后打,而是在初步拟定选题之后还没有动手采访之前打。你要把你选定的题目,有关的情况,你的见解和打算都要和编辑部汇报,听取他们的意见。双方沟通并基本达成一致的看法之后再去动手采访和写作。因为有了编辑部的了解和支持,你再去采访的时候,心里也就更有底了,或者说底气更足了,有助于把采访写作搞好。事先不打电话,只是在稿件发回编辑部为了催发自己的稿件才打电话,那就是太迟了。

办法之三:巡回战术

人民日报有一位年轻的记者,在某省工作两三年之后,写了一些很有分量的报道,并且获得了全国好新闻奖。可是后来的几年,他对自己的工作状况并不满意。于是他进行了思索,得出的结论之一是:在这个地方待得太久了。

他进一步从三个方面来解释这个问题:1. 在一个地方待久了,眼界自然而然地受到了局限,只有点的观念而缺乏面的观念了;2. 因为太熟悉了,所以对周围的事情就失去了新鲜感,引不起自己的激动;3. 人头都很熟了,这种关系存在有利于记者活动的一面,但也有很不利于记者活动的一面。记者写的东西总不是当地每个同志都同意或者对他们总是有好处的。这种情况下,他们可能来说情,即使不说情,记者曾求过人家的帮助,也不好意思得罪人家。有许多好的有深度的报道就难以采访和写作了。于是他主动申请调另一个地方工作。

这位记者的看法是有道理的。记者应该注意采取巡回战术。可以像那位年轻的记者那样，要求在一个地方工作一段之后调到另一个地方工作，也可以争取临时到别的省采访的机会，来扩大自己的视野。就是在编辑部工作的记者，也应该注意对面上的了解，在采访的时候，如果有条件，也可以多跑几个地方，扩大自己的面的视野，增强面的意识。

办法之四：要善于用局部去影响全局

及时向编辑和编辑部反映自己了解到的基层的情况，特别是那些带有趋向性的情况，并注意提出自己的看法，也即用点去影响面。实际上，一个好的编辑，不应该是主观的，也不应该是先验的，他必然很注意听取来自实际生活的各种情况和动向。我们的记者就在这方面为编辑服务，并用这种方法去影响编辑。

许多记者只注意埋头写稿，不注意向编辑部反映情况，这是一个很大的失误。

第十五节　工作对象和服务对象矛盾的内化
——记者和编辑之间的关系之三

内容提要：记者工作的一个重要特点是他的服务对象（读者受众）和工作对象（采访对象）是分离的，即服务对象和工作对象并不是同一的。而且在工作过程中，他更多接触的是工作对象，而同自己的服务对象并不见面。

这样，就会出现记者往往对自己的工作对象负责而对自己的服务对象不那么负责的情况。

记者更靠近采访对象，编辑更靠近受众。采访对象和读者受众之间的矛盾关系，在新闻单位内部，往往是记者站在采访对象一边，编辑站在受众一边。记者和编辑的扯皮,往往是这种外部矛盾内化的结果。因此新闻写作的改进,离不开正确处理这一对矛盾。

工作对象和服务对象的矛盾

记者工作的一个重要特点是他的工作对象(采访对象)和他的服务对象(读者受众)是分离的。

医生的工作对象和服务对象是合一的。他的工作对象是病人,他的服务对象也是病人。他在病人的身上工作做到家了,服务也就到家了。

记者则不同。他的工作对象是采访对象,他要向采访对象提问题,询问情况,研究采访对象提供的材料。但是他的主要服务对象是读者。如果记者只对自己的采访对象负责而不对读者负责,那么可想而知,这张报纸的可读性一定是很差的。

这种特点在编辑的身上也是存在的。编辑是为读者服务的,但编辑的工作并不总是做在读者的身上的。就人的对象来说,他的工作主要是做在记者身上的。

这种工作对象和服务对象的分离,在记者和编辑之间的关系中,也必然反映出来。

记者和编辑的关系往往是采访对象和读者关系的内化。

在传播的系统中,我们已经看到这样的环节的衔接:

提供事实的采访对象—了解情况的记者—处理记者稿件的编辑—广大的读者。

从这个环节的衔接过程来看,有一个很明显的情况,那就是记者靠近采访对象,而编辑靠近读者。

记者很容易成为采访对象的"代表"

这不是由他的主观意愿所决定的,而是由于他的工作的特点所决定的。他深入到他采访的单位,他接触到了那个单位的许多的人,他深入而全面地了解和研究了那个单位的情况；那个单位的先进事迹和那个单位的热情接待，都会作用于记者的情感。不仅如此，记者的利益和采访对象的利益，在其业务走向上往往是一致的。记者把被采访的单位写得越好，记者的报道越长，被采访的单位一般会感到越高兴，记者也会越高兴，因为记者一般认为报道越长越容易出名。

在这种情况下，往往出现两种倾向：

记者往往成为被采访部门或被采访地方的代表。编辑部的人往往把常跑某部门的记者称为这个部门驻报社的"大使"或"代言人"。

记者往往用被采访对象的态度来影响编辑，甚至对编辑施加压力。如果这个被采访的单位是一个具有某种权威的部门，那就更加如此了。

还有少数记者研究了这个"规律"之后，"发明"了一种更为巧妙的办法。他们写好了稿子以后，并不直接交给编辑部，而先给自己熟悉的某领导人看。等这位领导人有了某个批示以后，他再拿这个批示当作"尚方宝剑"，"挟领导以令编辑"。

有的通讯员不远千里跑到编辑部，见到编辑的第一句话，往往是这样的："我们厂长说了……""我们县长说了……""我们市长说了……"很少见到这样的通讯员，他一见编辑的面就说，"我这个稿子可能是读者最喜欢读的……"

记者代表采访对象有时是自觉，有时是被迫的，起码是不自愿的。

与记者相比，编辑更容易成为读者的代表

这也是他的岗位所决定的。因为编辑，特别是直接负责版面的编辑，他知道自己的主要责任或者主要的工作成绩就是表现在版面上。但什么样的版面才算是一个好的版面呢？只有受到读者欢迎的版面才是好的版面。正是这种工作的性质，使编辑时刻注意读者的需要、兴趣、意见、反应等等。他们对付记者的上述压力的办法也主要就是这样的一条。他们会对记者说："你说的我不反对，但是你要想一想，这篇稿子这么长谁看呢？倒是短一些恐怕效果更好一些吧！"

当然限制编辑的还有具体的技术问题。因为不管你有多大的本事，版面的容量都是有限的。就四开大报来说，一块版，一般的文字容量也就在一万字左右。神仙也没有办法使它的字数增多。版面的"死容量"使得编辑无法随意做人情来赠送版面。

被传播和接受传播的矛盾

我们从新闻传播的角度来研究一下被传播的对象（采访对象）和接受传播对象（读者受众）之间的关系问题。

从传播系统的运行规律来看，被传播对象应该是为接受传播对象服务的。这是以社会广大人群为受众的大众传播系统之所以有理由存在的主要的原因。从基本面来说，传播什么，不传播什么，主要应该以接受传播者的需求为标准。受众不需要的东西，你传播它，就不可能收到预期的效果。但是，在实际传播中，又不会完全是这种情况。被传播的信息和符合受众需求的信息并不是重合的。这是因为接受传播的人（读者受众）所需要的信息，不见得是被传播的人（采访对象）愿意提供的信息；而被传播者愿意提供甚至愿意大肆宣扬的信息，又未见得完全是接受传播者愿意接受的信息。

从另一个角度说，传播和宣传是分不开的。不管你愿意不愿意，只要是把某件事情传播了，实际上那就是把某件事情宣传了。因此，被传播对象在被"投入"传播的时候，总是要贯彻自己的宣传意图的。他要影响接受传播的对象，希望在读者中形成对他自己有利，起码是他所希望的那样的舆论环境。

这就是说，被传播者有自己的目的和需要；接受传播者也有自己的目的和需要。两者有统一的一面，也有不统一的一面。具体说有以下的几种情况：

（一）被传播者的意愿与接受传播者的意愿是基本一样的，两者是统一的，一致的，甚至是重叠的。

（二）被传播者的意愿与接受传播者的意愿大部分相合，小部分不相合。

（三）被传播者的意愿与接受传播者的意愿大部分不相合，小部分相合。

（四）被传播者的意愿与接受传播者的意愿基本不一致、不统一、不相合，乃至对立。

这四种情况应该怎样处理呢？是否就以接受传播者的意愿为标准来处理这个问题呢？恐怕不能这样简单化。

这是因为：

（一）接受传播者的意愿不见得都是应该满足的。就接受传播者来讲，他们总是希望知道得越多越深越好。但实际上，并不是所有的问题都可以按照接受传播者（读者）的意图办事的，况且传播又往往是很难控制界限的。

（二）接受传播者就名词来说是一个，但在实际生活中，他们是一个群体，并不是一个完全统一的群体。他们的意见也不完全一样。如果按他们的标准，那么按他们之中的谁的标准呢？

（三）接受传播者既是我们的服务对象，也是我们的引导对象，我们不能因为要为他们服务，就认为"尾巴主义"也是对的。

那么是否以被传播者的意愿为标准呢？也不应该这样。一般来说，被传播者更多考虑自己单位的利益，至少很容易从自己的眼界出发。如果我们的报道是这样的话，恐怕就要失去很多读者。而且被传播者也是多种多样的。有我们应该肯定的、表扬的对象，也有我们应该否定的、批评的对象。即使是表扬的对象，我们也不应该把他们的意见不加分析地全部照搬；至于那些否定的对象、批评的对象，就更不要说了。

记者和编辑处理关系的准则

这就引出了"第三者"——传播者

这也引出了传播者手中的两把"尺子"的问题。

传播者是谁？是编辑、记者，也可以说是全体新闻工作者。

他们既不是被传播者，因为并不是他们的事迹被报道；他们也不是接受传播者，他们办报、办电视、办广播并不是为了自己，而是为了受众。可以说他们在传播系统中，是介于被传播者和接受传播者之间的"第三者"。这个第三者是传播系统中拥有实际权力的人们。不管是被传播者还是接受传播者的意愿不通过他们都是不能实现的。因此他们的工作对协调被传播者和接受传播者的关系具有决定性的意义。

说到这里，我们实际上已经找到了解决记者和编辑之间矛盾的准则了，他们虽然分工有不同，但他们首先都是传播者，因此，他们最根本的职责和最根本的任务就是完成传播者的任务和职责。他们必须也只能在这里找到他们的统一点，也只有用这个统一点才能解决他们之间的矛盾。

作为传播者，他们的手中有两把尺子：一把是从传播本身的角度提出来的尺子；一把是从传播对实际生活的作用角度提出来的。

所谓"传播尺子"，即是要求通过传播者的工作使整个的传播系统畅通和有效，核心的问题是要很好地协调被传播者和接受传播者之间的关系。由于上述原因，我们绝不可能完全做到这一点，但是通过我们的努力我们总可以达到可能达到的最佳点。这里的核心问题是我们常说的新闻价值问题。也就是说，我们应该以新闻价值作为协调记者和编辑之间关系的衡量尺度。记者稿件的新闻价值高，要求编辑在版面上处理得好一些是应该满足的；相反，记者稿件的新闻价值不高，非要版面处理得好一些，编辑就很难满足了。大家都服从新闻价值。

所谓"生活尺子"，即是我们传播的社会效果问题。我们的新闻报道必须顾及社会效果，以社会效果为最基本的标准。我们的报道目的是推动社会进步。这里面的核心问题是宣传报道政策问题。也就是说，还应该以"政策价值"或称"导向价值"作为协调记者和编辑关系的衡量尺度。记者稿件的导向价值高，要求编辑版面处理得好一些是应该得到满足的；相反，记者稿件的导向价值不高，非要版面处理得好一些，编辑也很难满足了。大家都服从导向价值或报道价值。

新闻价值和导向价值这两者是不完全重合的。

有一类事实，新闻价值高，导向价值也高，如突发事件中舍己救人的事迹，这类事件比较好处理，突出就是了。

有一类事实，新闻价值高，但导向价值是负的，如犯罪分子爆炸某一个地方，这类事件就要综合考虑两种价值恰当处理。

有一类事实，新闻价值不高，但导向价值高，如某一个地方的一般工作经验，这类事件也要综合考虑两种价值恰当处理。

有一类事实，新闻价值高，谈不上有明确的导向价值，如发生了重大的自然灾害，那就要按照新闻价值来处理。

有一类事实，新闻价值不高，导向价值也不高，如更多的是照顾关系的稿件，至多也就是在可能的范围内予以照顾性处理。

从新闻媒体的整体工作方针来看，它无疑应该把导向价值放在第一位，世界上的所有媒体都不可能做到完全按照"新闻价值"有闻必录，总是会按照其导向价值有所取舍，或有所突出、有所弱化，甚至有所"不闻"。但在具体报道工作上，具体稿件的处理上，则不是这样机械，往往有一些事实并不符合该媒体的导向价值，如犯罪事件，事故事件，自然灾害事件等等，也要考虑到它的新闻价值予以报道。因为让人们了解实情，也是一种价值。

作为传播者的编辑和记者应该共同寻求这两把尺子的辩证统一。做到这点并不容易，但必须提出这个要求，并不断努力。两者关系的处理才会有一个客观的标准。

1989年初，曾经有一位研究生向人民日报的一位主管经济报道的同志提出了这样的问题：在去年夏天和秋天全国发生抢购的时候，你们人民日报没有报道，你是否认为是个大的失误，或者起码是个很大的遗憾？这位主管经济报道的同志回答道：我不认为这是一个失误，也不认为这是一个遗憾。我们是故意这样做的。原因在哪里呢？一、抢购的主体就是群众自己，因此没有所谓的向群众封锁消息的问题。二、如果报纸大量报道群众抢购的消息，其社会效果是什么呢？毫无疑问是更大的抢购风潮。其结果对国家对个人都是没有好处的。我们为什么要花那么大的气力去干有损于社会有损于群众的事情呢？三、或许有人会说，你难道不可以报道不应该抢购的消息吗？应该说这是一种思考的路子。但是在当时的情况下，能说群众抢购是不对的吗？从经济学的角度看，在物价飞涨的时候抢购是合理的自卫行动，很难说是不对的。这就是把社会效果的尺子放在第一位的问题。

明白了这些道理，实际上就找到了解决被传播者和接受传播者之间矛盾的途径，也就找到了解决编辑和记者之间矛盾的途径。

我们应该强调的是编辑和记者作为传播者的统一性，用这个统一性去解决他们之间的差异性的问题。

第一个统一：传播者社会责任的统一。两者都对社会效果负责而不是编辑或记者单独地对社会负责。他们应该结合起来，对被传播者或接受传播者不符合社会利益的意愿进行共同的抵制。而不应该被采访对象和读者的不合理的要求把编辑和记者"分化"。

第二个统一：两者岗位需要的统一。记者要做好工作离不开编辑的支持；编辑要做好工作也离不开记者的支持——没有好的稿件，再有本事的编辑也是无所作为的。

第三个统一：通过记者和编辑的统一解决采访对象和受众的统一。或者说由于记者和编辑的统一带来了采访对象、记者、编辑、受众这四者之间的统一。

一个记者的本事并不在于他能够把违背四者统一的稿件硬塞给编辑和读者，而表现在他能够发现四者统一的地方，并把它体现在自己的报道中。这应该是我们的社会的传播系统的基本点。我们提出要善于处理编辑和记者的矛盾，实际上就是为了把两者或四者的统一点找出来，并体现在自己的工作中。认识矛盾是为了解决矛盾，是为了四者的统一。我们一定牢牢记住这一点。

第五章　新闻作品的结构和分类

第十六节　新闻作品的结构原则和类型

内容提要：新闻作品也是讲求结构的。新闻作品结构的主要要求是：简要、多样、灵活。

新闻作品的结构可以大体按照下列几层分类：一、信息报道和深度报道；二、事件性报道和非事件性报道；三、以虚带实和就实论虚。

新闻作品结构的特点

新闻作品也是讲求结构的。那么，新闻作品结构的基本特点是什么？怎样结构新闻作品？

新闻作品结构的第一个特点和要求：简要

新闻报道是新闻事实的报道，或者是事实中有新闻价值的方面或部分的报道；新闻报道一般是急就章，拖了时间就没有新闻的生命了；读者读新闻作品是比较匆忙的；新闻作品一般的篇幅是比较短的……这些特点的综合，就要求新闻作品在结构上必须是简要的。如果说结构一篇文学作品（如一部小说），要求它的结构跌宕起伏，错综复杂，充满了伏笔和悬念的话，那么用这样的办法去结构新闻作品多半是要失败的。

有的同志主张在新闻作品中，特别是通讯这类作品中，也可以采用诸如小说中的悬念等手法。这自然是可以的，但是这也必须在新闻作品能够允许的范围内来做，它绝不能像小说那样——既做不到，也不应该做到。

一般地说，如果能够把问题或事情说明白，新闻作品的结构是越简单越好。"精简机构"是新闻作品写作在结构上的第一要义。

新闻作品在结构上的特点和要求之二：多样化

新闻作品的体裁是五花八门的，它们之间的差别是很大的；新闻作品的内容也是千变万化的，它们之间的差别也是相去十万八千里的。在这样的情况下，新闻作品的结构也就必然应该有很大的差别。在它们之间去求一律，显然是可笑的。

新闻作品结构的特点和要求之三：灵活

第一要拆装灵活。新闻作品的结构最好要像积木一样，这样摆可以，那样摆也可以。拆掉其中的某一部分也不会形成很大的问题。这主要是为了方便编辑的工作。不仅消息如此，通讯也应该争取如此。

灵活也是为了创新。新闻作品的结构最好不要墨守成规。

新闻作品的灵活也是说它可以借鉴许多的文字的甚至是其他样式的文化形式的作品的结构方法。例如电影的结构方法（通称"蒙太奇"），就是我们在写通讯的时候应该很好学习的方法。

新闻作品结构的分类

在具体的新闻写作中，应该怎样来结构自己的作品呢？这里面有什么技巧呢？

要回答这个问题，首要的是要对已经有的新闻作品的结构有一个全面和恰当的分类。有了这样的分类，每个记者头脑里装着这样的分类，并懂得分类的根据，那么，遇到了不同的内容和不同的体裁，他就可以寻找相应的模式来作为自己的参考了。这样他写作起来，就会感到很方便。如果说写新闻有什么模式的话,那么在结构方面,模式是能解决问题的。

第一层分类:信息类稿件和深度报道类稿件

所谓信息类稿件是指以报道某一个很具体的消息为内容的新闻报道。这种新闻报道在体裁上大都选择消息或简讯等。这类新闻作品的结构比较好处理。

简讯基本上可以说是"无"结构可言的,是新闻作品家族的"单细胞生物"。

消息的情况比较复杂一些。但是它也有一个基本的原则,那就是一般应该用"倒金字塔"来组织它的结构,导语尤为重要。

关于新闻导语,洪天国在《现代新闻写作技巧》(中国新闻出版社1986年出版)一书中,有这样的较为详细的分类:

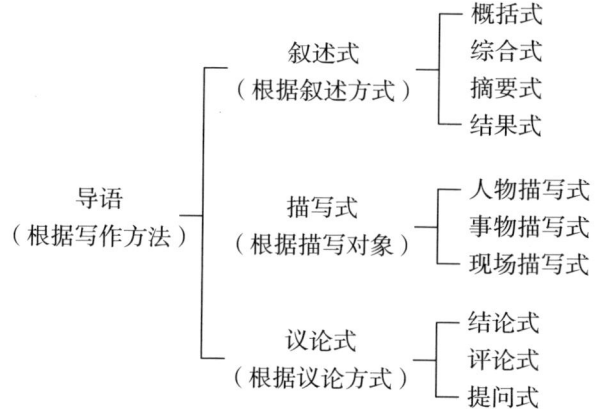

此书还介绍了其他的分类方法,如按要素的分类,可分为:

何事导语;

何人导语;

何时导语;

何地导语;

如何导语;

为何导语。

如按写作方法分类:

摘要式;

直接式（称读者为"你"）；

注重背景式；

对话式；

描述式；

引人入胜式；

列表式；

令人吃惊式。

刘文怡1943年在《解放日报》上做的分类：

指导性导语；

综合性导语；

鼓动性导语；

提示性导语；

教育性导语；

描绘性导语。

（以上引自该书第76页）

关于导语的分类还有许多种，甚至可以说是不胜枚举。最重要的并不是记住这些分类，而是懂得其中的"真谛"或"诀窍"。

写导语的真谛或诀窍可以一言以蔽之曰："一眼功效。"

何谓"一眼功效"？就是一眼就让读者看上，一眼就看懂，一眼就被吸引，一见钟情。至于怎样才能做到这一点，那就要根据具体的新闻内容来决定，或选取摘要式，让人家一看就明白主要内容；或选取提问式，引出你要说的"答案"；或选取描写式，一下子把人引到现场，如此等等。

所谓"深度报道"是近年来传入我国的外来的词汇。在国外，一切非纯新闻的报道都通称为深度报道，也有的用"专稿"这个词儿。就是说，专稿和深度报道这两个名词是大同小异的。它的大体的范畴应该是包括我们常说的通讯、特写、述评、调查报告等体裁。

在国外，这类体裁中也还有一些分类的概念，如"解释性报道""调查性报道""揭丑报道""内幕新闻"等。

总之，记者在结构新闻作品的时候，首先要划清这个界限。是信息类的报道，那就照上述的原则办理；如果是属于深度报道的范畴的体裁（准备写这样的体裁），那么就要思考第二个层次了。

第二层分类：事件性报道和非事件性报道

一个记者在处理自己作品的结构时，必须清楚自己的报道属于哪一种报道，是事件性报道，还是非事件性报道。如果是事件性报道，就应该明确，事件性的报道最重要的就是把新闻事件真实地清楚地报道给广大的读者。因此，他在结构自己的作品时，就必须以使读者更便于了解事件的面貌为最主要的考虑。

在事件性的报道中，也可以分为信息性报道和深度报道。大兴安岭火灾的消息，是事件性的消息，但它终归是消息；在结构上，应该服从写信息性报道的结构上的要求。但是，事件性报道有许多是深度报道，一些重要的事件的消息，甚至也带有深度报道的色彩，不能按照一般的消息的写法。

事件性的深度报道，其结构大体有这样几种选择：

第一种，"单线条过程"的结构法。这种新闻作品的结构是按照事件的主要发展线索，顺其自然的发展过程写下来。采取这样写法的作品，大都是所报道的事实线条比较单纯而且有一定的故事性。

人民日报记者纪希晨写的《一场捍卫党的原则的伟大斗争——揭穿林彪、"四人帮"一伙制造"二月逆流"的重大政治事件的真相》，就是这样的结构方法。（这篇作品收入工人出版社出版的《当代名记者与代表作》一书，见第一卷221页）这个事件是"文化大革命"中的一个很重要的事件，许多人并不了解事件的真相。记者原原本本地把当时的真实情况写下来，就会起到重大的拨乱反正作用。所以记者组织安排结构时就严格按照事件的进行情况，一步一步写下来。这种单线条的写法在这里就起了独特的作用。

新华社记者郭超人的名篇《红旗插上珠穆朗玛峰》也是这样的结构方法。因为读者在读这样的报道时，他们的第一个要求是要原原本本地了解我国登山队登上世界最高峰的具体情况。如果记者把这一过程弄得支离破碎，好像技巧很高，也是读者所不欢迎的。

这种单线条过程的结构法还有一种特殊的情况，那就是事件本身并不是单线条的，但记者用一定的特殊的方法，把它"纺"成单线条的了。例如去南极考察活动，本身是一个多线条的活动，很难用一个主线索把它贯穿起来。记者可以用"日记"的形式把它都穿起来。这里的单线条不是事实的单线条，而是观察主体的单线条。这样的单线条有它的不可替代的优越性。它既可以把复杂的问题"简单化"，又使读者读了以后有身临其境的感觉，从而增加了感染力。

第二种："多线条过程组接"的结构法。现代的电影大都采用这种结构的方法。这种方法的要点是，它把一个事件的发展过程分解成两个以上的进展线索，这两个线索同时行进，在时间上是平行的两条线，而这两条线有时又交叉在一起。

例如，警察抓刑事犯罪分子的电影，常常是这样切分镜头的：

镜头一：警察开会布置抓犯罪分子，领导分析案情，交代任务。

镜头二：犯罪分子在一起密谋，他们也在研究对策。

镜头三：警察出发行动。

镜头四：犯罪分子也出发准备从某地取走赃物。

镜头五：警察和犯罪分子在隐藏赃物的现场相遇。（这是两个线索的交叉。）

镜头六：甲警察和一个犯罪分子搏斗。

镜头七：另一个犯罪分子携带赃物逃跑，乙警察拼命追赶。（这时一个线头又分成了两个线头。）

……

这种结构法与第一种"单线条过程"结构法的不同，并不仅仅在于"写"上，而是在于它们反映事件的基本方法和角度的不同。

"单线条过程"的方法基本上是一种事后的叙述法，即使是描写正在进行的事情时，它多半也是类似英语动词中的"过去进行时"的时态。

"多线条过程组接"的方法基本是一种现场描述法，它用文字提供给读者的场面是正在进行的，它多半类似英语动词中的"现在进行时"的时态。

两种方法是各有优劣的。"单线条"的方法比较超脱，容易简练，事件一目了然。"多线条"的方法现场感强，气氛的感染力更大一些，等等。一般地说，后一种方法是更"现代化"一点的方法，用起来也要困难一些。

中国青年报记者采写的名篇《为了六十一个阶级弟兄》就是"多线条过程组接"的方法。请看它的结构方法：

线头一（北京）：1960年2月3日，农历正月初七，繁华的王府井，八面槽药店，职工准备开联欢会。突然接到一个长途电话：山西平陆61个农民中毒，急需送药！

线头二（现场）：山西平陆，事件发生地。风南公路段民工中毒经过。

线头三（平陆县城）：就在同一时间内，平陆县委开会研究……

又回到了北京，如何准备药物、运送药物。

又回到了平陆县，如何接收空投的药物。

又回到了现场的医院，如何及时地给中毒者治病。

……

这样的结构法，就把紧张的救人情况较真实地反映出来了。现场感强，扣人心弦。

这是一篇结构成功的作品。（此篇通讯载1960年2月29日《人民日报》）

还有另一种"多线条过程的组接法"，可以说它也是从电影中借鉴来的。那就是过去式和现在式的时间上的组接。电影里常常插入回忆过去的镜头。

笔者在报道我国第一个搞"包产到户"的县委书记李云河和他的助手戴洁天的时候，写了一篇通讯《已是山花烂漫时》（发表在1984年10月22日《人民日报》，收入记者本人的作品集时，改名为《最早搞包产到户的人》），用的就是这种结构的方法。

这篇作品的结构梗概是这样的：

引子：提出谁是最早搞包产到户的人

第一段：信念。1978年，李云河给中央写关于给包产到户翻案的"上书"的镜头；爱人阻拦他。为什么？——下面紧紧组接上1958年李云河因为搞包产到户被打成右派在大会上被批斗的镜头。——然后又回到1978年，他对自己冤枉的态度，他上书的主要内容。

（这里是20年后的今天和20年前的过去的组接。）

第二段：标准。1979年春天，有人批包产到户的波折，李云河写文章反驳。他依据的是一个发了黄的小册子《燎原社包产到户经验总结》。紧接的是1956年如何同戴洁天依靠群众的实践写出这本小册子的过程。——又回到他近年来对这一经验的发展。

（这里是23年跨度的组接。）

第三段：土地。80年代初直到记者写作的时候止，李云河对包产到户继续不遗余力地呼吁。——从新中国成立初到"文革"后期，李云河和群众关系的回顾，他一直牢牢地和群众站在一起。——李云河的呼吁终于受到了中央有关部门的重视。

（这是30多年跨度的组接。）

第四段：思考。也是利用李云河写的新旧材料的组接来说明他的几个重要的思想观点和它们对我们的启发。

从上面的梗概介绍可以看出，每一段开头的事情，都是以现在的时间为主要线索的，而将过去的事情分别插入，这也就形成了多线条的组接。作者没有按照1949—1983年这样的一条时间线索来写，而是把时间的线索砍成了两条，一条是1978—1983年的现实线索，一条是1949—1977年的历史线索，然后把这两条线索有机地交织在一起。

顺便说一句，作者为了避免把读者搞糊涂了，发表的时候，在编辑的协助下，做了一点技术上的处理：凡是按现实时间线索写的内容，都用正常的字体来排字，凡是按过去的时间线索来写的内容都用小一号的字体。这也是从电影借鉴来的。在电影中，凡是现实的镜头都是用彩色的，而凡是过去的镜头，都是黑白的。

或许要说，这样的组来接去有什么必要呢？是不是故弄玄虚？不是的。应该说这是由于题材的特点所决定的。李云河的事件是一个时间跨度很大的事件，如果按照一般的时间顺序来写，不仅会显得很拖沓，而且也会使人感到缺乏新闻性——要从几十年前说起么。而现在的结构方法，就比较好地解决了这个问题。

第三种：“多侧面组合”的结构方法。一个事件有许多侧面，新闻报道不是把它们笼统地一下子都写出来，而是分侧面来写，这些侧面的组合才是事件的全貌。这就是"多侧面组合法"。

例如，报道引滦入津重点工程的《背水之战》（刊载于1983年9月10日《人民日报》2版），就是采取多侧面的结构方法。记者没有完全按照工程进展的时间表来一步一步地写工程的具体进展，而是把这个工程的情况分成几个侧面来反映：

第一段，进医院还是进法院？说的是领导层侧面。

第二段，热汗、热血、热泪。说的是广大施工人员拼命苦干的英雄事迹的侧面。

第三段，引来的不只是水。说的是在这一工程中人们表现出来的高尚精神面貌和思想上的收获这一侧面。

这样分面的写法，也把这个工程的全貌报道出来了。为什么要采取这样的写法呢？这是因为引滦入津工程虽然是一个事件，但是它的最引人之处并不在它的情节，而在于它的"面貌"——决策的面貌，干劲的面貌，精神的面貌。而多侧面组合的结构方法，最便于把这几个方面的面貌较全面地反映出来。

不仅这种结构方法可以在单篇的报道中运用，有时系列报道中用得更多。中国青年报记者雷收麦、李伟中、叶研等采写的关于大兴安岭火灾的一组报道就是这种结构的方法。这组报道一共三篇，题目分别是：

《红色的警告》，发表于1987年6月24日；

《黑色的咏叹》，发表于 1987 年 6 月 27 日；

《绿色的悲哀》，发表于 1987 年 7 月 4 日。

这三篇大部头的通讯，分别从火灾的起因、灾难、反思几个方面进行了这样的组合报道，在社会上引起了很大的反响。

第三层分类：以虚带实和就实论虚

在着重论述了事件性报道的几种结构方法之后，我们再来研究非事件性报道的结构方法。这是新闻作品中把握结构最困难的部分了。

当确定要写一篇非事件性的深度报道，考虑如何具体结构它的时候，记者可以在两种方向性的模式中选择。一种是"以虚带实"式的，一种是"就实论虚"式的。

采用比较多的是"以虚带实"的方法。所谓"以虚带实"式，是指新闻作品的结构首要的考虑是理论上的、思维逻辑上的要求，而不是事实上的、时间或空间上的要求。通篇的框架是建立在理论和思想上的，是"虚"的。而具体材料的安排和运用，则是打破时空，服从这个"虚"的逻辑。

这种结构方法是经验性的新闻报道或问题性的新闻报道最常用的结构方法。

新华社记者周原在 1988 年写的《第二个高度》（收入《当代名记者与代表作》一书，见该书第一卷 557 页），就是属于这类结构的新闻作品。

作者跑了中国的许多地方，更多地关注中国农民的变化，特别是农民企业家的兴起，在这方面搜集了不少材料。这里面，有东北沈阳的，有山东的，有苏南的，有广东的，还有一些是综合的——哪里都有。这样的一些材料如果按照事实的发展或事实提供的逻辑来写是十分困难的，很难用一个"实"的线索把它们穿起来。

于是记者便从"虚"的方面下功夫了。他从中提炼出一些观点来，然后再用这些观点来统率这些看来杂乱的材料。

"第二个高度"这个标题，为作者结构全篇奠定了思想的基础。作者在报道的开头就把全篇的思想点出来了：

谁都得承认，农村的情况发生了根本性的变化。如果说联产承包是我国农民在经济改革中达到的第一个高度，那么，农村商品生产的大发展，就意味着农民从第一个高度，走上了第二个高度。

文中的两个小标题又从记者观察的角度把两个高度具体化了。第一个标题是："社会主义商品生产首先改造了人。尽管在农民身上带着割资本主义尾巴留下的伤痕，他们一投入商品生产就立即变得认不出来了。"第二个小标题是："全世界都是城市领导农村，而中国却建成了一座崭新的城镇。我不知道理论家们对这点将做何种解释。"——这样的两个小标题实际上就把记者所说的第二个高度的内容说清楚了。

从上面简要的介绍，即使我们不读这篇作品，也可以感到它内在思维逻辑的严密了。

采用这种结构的方法，功夫是用在提炼观点上。这类新闻作品实际上也是主要靠观点取胜。正像周原在谈到这篇报道的写作体会时说的："要做个有见解的记者。这篇稿子……至少说是我长期在农村采访、观察、体验和研究的结果。"

这种以虚带实的结构方法，除了作品中的观点要形成一定的逻辑关系甚至要有一定的体系之外，还要注意报道中观点的针对性。这种针对性，可以是并列的，也可以是递进的。

让我们分析一下1982年8月17日发表在《人民日报》上的一篇作品：《现代化的觉悟》。

这篇新闻作品是讲正确认识知识分子问题，宣传认真落实知识分子政策的。

整篇通讯的结构分四个段落，每个段落实际上说明一个观点。

第一段，"生活展示的逻辑"。说明：正确认识知识分子和落实知识分子政策，必须有一个正确的出发点。这就是报道中总结出来的襄樊市领导者简明的逻辑：为人民服务就要发展工业，发展工业就要技术，要技术就要人才——知识分子。不重视知识分子首先不是理论的论证问题，而是领导者的出发点的问题。这是有针对性的。

第二段，"历史赋予的责任"。作为一个领导者落实不落实知识分子政策，不是个人的问题，而是是否担负起历史给予自己的责任问题。说明落实政策的主导面在领导者。这也是有针对性的。

第三段，"对'一部分'的认识"。落实知识分子政策中一个重要问题是对知识分子要有正确的认识。文中分析了几个问题，如脑力劳动和体力劳动的区别问题、知识分子和缺点问题、脑力劳动的特点问题等等。这些也是很有针对性的。

第四段，"'原子'释放的能量"。突出地说明了中年知识分子问题的重要性。这也是很有针对性的。

这四个段落中的观点可以看成是平行的，也可以看成是递进的。每一个段落是独立成章的，但从全篇来看又是彼此联系的，从层次上来说又是递进的。

这种写法是比较典型的报道工作经验的结构方法。

与此相对照的是"就实论虚"的方法。所谓"就实论虚"，就是结构全篇的主纲，不是理论的，而是生活的、事实的。在写作的过程中，这样的报道往往是先把记者要报道的事实写出来，然后再在这个基础上生发一些议论。这种就实论虚的方法，在使用时，也还是有区别的。大体又分为两种。

一种是就实论虚，而各个"实"所提炼出来的"虚"向着一个方向集中。最有代表性的新闻作品，可以说是新华社记者李峰、余辉音合写的通讯《一厘钱精神》。这篇报道里面写的诸如墨水瓶盖儿的几件小事，都说明增产节约要从一点一滴做起，这种精神可以称为"一厘钱精神"。

另一种就实论虚，所得出来的"虚"是分散的，并不集中在一个观点上。许多以"采访札记"形式写作的新闻作品，大都是这种结构方法。有一种采访札记写成数个单元，但每一个单元的观点是独立的，彼此之间虽有一些联系，但是联系并不紧密；如果版面不够，从中删去一段或几段，也并不影响它的整体结构。有的采访札记本身就是写成了连载发表的系列篇，那么它们之间的关系就更加松散了。

这是一种非常自由非常灵活的结构方法，许多的记者很喜欢使用它。

新华社记者闵凡路写的《社会情态录》（载于《当代名记者与代表作》一书，见第一卷395页），就是这样结构的一篇作品。这是一个"系列片"，用连载的方式刊出。

第一篇是《后门到底有没有》；

第二篇是《礼，一个难堪的负担》；

第三篇是《令人不安的贬值外延》。

三篇各自讲一个问题（前两篇看题目就知道内容了，第三篇是讲学历、职称、职务以及若干形容词贬值的问题），彼此之间并没有分不开的联系，单讲一个问题也是可以的。但是记者从社会风气的角度把它们联系起来了，并冠以上面的那个题目，就给人加深了印象，并对人有了新的启发。

除了上面说的"以虚带实"和"就实论虚"这样两种结构方法之外，还有第三种方法，即把这两种方法结合起来的方法。有的新闻作品，既注意以事实的线索为纲来结构全篇，又注意以观点为纲来结构全篇，而且由于题材的可能，记者把这两种角度的结构方法，很巧妙地有机结合，以致很难判断它是"以虚带实"还是"就实论虚"。这是很理想的结构方法。但它要受题材的限制，不是记者想这样就可以这样的。

总之，新闻作品的结构问题是一个很复杂的问题，但我们仍可以找到选择结构方式的思路：如果你写的是信息性的报道则较为简单，在第一步的分析中就解决了；你写的如果是深度报道，那么你要分清它是事件性报道还是非事件性报道。如果是事件性报道，那么在第二步的分析中就解决了；如果你写的是非事件性报道，那么你要对你面对的题材进行分析，它究竟适合以虚带实呢，还是适合就实论虚？

第十七节　题材分类和经济报道

内容提要：新闻写作也可以按照题材分类。记者按照题材和战线分工是一个趋势。这是因为社会生活越来越复杂，为了便于记者把自己的报道领域吃透，所以记者的分工也越来越细。记者按题材分工的好处是：一、可以钻得透一些。二、可以建立自己的关系网络。三、有利于记者成才。

在以经济建设为中心的新时期，经济新闻报道占据着重要地位。本书侧重论述如何搞好经济新闻报道。

记者按照题材和战线分工是一个趋势

为了应对越来越复杂的社会内容，几乎所有媒体的编辑部都是按照题材、战线或行业的分工来组织自己的部门。例如《人民日报》就有经济部、政法部、科教部、理论部、评论部、国际部、文艺部、群工部，综合性的有总编室和记者部。《经济日报》编辑部分为：工交部、财贸部、科教部、农村部、信息部、副刊部、国际部，综合性的有总编室和记者部，等等。

在部的下面，往往又设有不同的组。例如人民日报经济部就设有工交组、财贸组、农村组等等。

在一个组中有若干编辑和记者（许多单位编辑记者是合一的，叫作"编采合一"），这些记者又有不同的分工。例如同是搞工交报道的，有的侧重搞钢铁战线的报道，有的侧重搞能源方面的报道，有的侧重搞汽车方面的报道，有的侧重搞轻工方面的报道……

总之，按照部门—组—个人的顺序，分工越来越细，而且越来越稳定。有的记者搞某一个方面的报道，一搞就是多少年。

这样分工的好处是：

（一）按照题材的大方面分类，有助于记者更深入地把握某一领域新闻报道的特殊规律和特殊要求。

记者搞好采访写作，类似于"庖丁解牛"。庖丁要能够解好牛，有两个方面的条件，一个方面的条件是熟悉刀子的结构和性能。一个方面的条件是熟悉牛的结构和特点。刀子是新闻手段，牛是新闻报道题材。按照题材分类，就可以使记者能够熟悉同样类型的牛，解剖起来就熟悉得多和容易得多。

例如搞经济报道的，就要熟悉经济形势、经济理论、企业情况、经济人物等。如果平时不接触这些，连一些经济术语都不懂，上来就写这方面的报道，常常会吃力不讨好。例如搞政法报道的，就要懂得法律。懂得法律知识不是件很容易的事，甚至是很困难的事，所以人们打官司都要请律师。法律的条文是很多的，不懂得法律，连刑法和民法的区别都不懂，记者怎样进行报道？例如搞文化报道的，更要了解许多文化知识，不然连和采访对象谈话都会遇到困难，人家说的你不懂，更不用说提出一些内行的问题，采访不仅不能深入，甚至连正常进行都是困难的。其他如军事报道，艺术报道，国际和外交报道，都是如此。总之，一个人的时间和精力都是有限的，有了分工，记者就可以集中精力于自己要"解"的"牛"，就容易把握自己常"解"的那种"牛"的规律，就容易把报道搞好。

（二）记者有一个行业和题材的分工，有助于记者和采访对象建立稳定的熟悉的关系。

记者有一个稳定的熟悉的关系很重要。记者的社会关系是重要的资源。由于人际关系熟悉，有事你找人家，人家会见你。人家有事要找记者，他会首先想到你。稳定的消息来源，对于记者来说，就是有了稳定的资源。有人说，判断一个记者的活动能力和社交能力，可以看看他的电话本。如果他的电话本空空如也，他就是一个"穷记者"。如果他的电话本挤满了各种人的电话号码，特别是他分工负责的那个领域人员的电话号码，那么，他就是一个"富记者"。

（三）记者有一个行业和题材的分工，有利于记者成才。

我们提出要当专家型记者。没有专门培养专家型记者的学校。如果说有，那么，这个学校就是记者的岗位。记者跑一个产业、一个行业、一个领域许多年，积累了这个行业、产业、领域的许多材料，包括其历史发展过程中的许多经验和教训，就为记者成为这方面的专家创造了很好的条件和基础。笔者在担任《经济日报》总编辑的时候，常常这样向别人"吹牛"："本报拥有好几位可以直接平等与部长对话的记者。"其实，这并不是"吹牛"，所谓可以与部长直接平等对话，就是说，记者采访部长的时候，他可以做到不是一个完全的听者，不是人家说什么，他就记什么，回来就写什么。而是可以提出一些对方事先没有想到的问题，或者提出一些与对方不完全相同的看法。记者写的报道，甚至可以对当时某部的工作提出一些自己的新见解。

记得有一位跑某部的记者，因为报道中提出了与该部部长不同的见解，被宣布为"不受欢迎的人"，希望报社不要再派他去联系这个部了。后来换了新部长，却点名要这位记者去跑他们的部。因为实践证明当时记者的观点是对的，他们现在要按照这位记者当时的观点调整自己的工作。

笔者当经济日报总编辑的时候，还遇到一件事，某部部长邀请笔者去座谈他们部门的改革方案。笔者对这方面的情况并不熟悉，于是去之前便和本报一直跑这个部门的老记者打了个电话，这位老记者在电话中谈了 40 分钟，使笔者很受启发，第二天在座谈会上的发言受到了对方的重视。

出现这些情况并不奇怪。一位部长任职五年，最多任职十年，而我们的记者联系一个部口有的达到十几年，甚至二十几年，他经历过几任部长，而且比较超脱，有一些独立的可贵的见解是完全可以理解的。

在笔者担任人民日报经济部主任和经济日报总编辑期间，中国新闻界有"三大汽车记者"的说法，他们是人民日报的林钢、新华社的李安定、经济日报的程远，不仅新闻界知道，中国汽车界知道，甚至外国的汽车界也知道。其原因就是他们一直持续地搞汽车的报道。

至于笔者本人在离开新闻第一线岗位以后被人冠以"著名经济学家"的头衔，其实也是因为多年在经济报道的岗位上，曾经下力钻研过经济，在一些领域提出过自己的独立见解，有一些观点得到社会的重视，有一些建议得到中央的采纳。

怎样搞好经济报道

在经济建设为中心的新时期，在改革开放的新时期，经济报道不仅成为数量最大的报道，而且成为人们最关心的最重要的报道。因此，媒体如何搞好经济报道，记者如何写好经济报道，就成了媒体和记者最关心的问题，最注意研究的问题。

经济报道的难点在哪里

这个难点就在平时大家说到经济报道时说的那句话："内行不愿看，外行看不懂。"

这句话其实也包含经济报道写作中所有的矛盾。

为什么"内行不愿看"呢？一般是这样三种情况：

1. 记者的报道说的尽是些外行话，连基本的经济理论常识、经济学基本概念也没有掌握。

2. 记者的报道虽然没有多少外行话，但也没有多少真正能够解决问题的话，没有真知灼见，也就是说，过于肤浅。

3. 记者也确实反映了一些实质性的问题，但对于内行的人来说，已经是很熟悉的东西了，对他们来说，已经没有什么新闻性了。

为什么"外行人看不懂"呢？一般也是三种情况：

1. 记者自己就没有弄懂，自己没懂当然就不可能通俗化，也不敢通俗化，不通俗的报道，外行人自然就看不懂了。

2. 经济新闻有些领域的内容本身就是很专的，很难通俗化的，如金融领域。这些领域的报道，就是经济界其他领域的人往往也看不太懂。硬要通俗化，往往会失去准确性。

3. 记者的报道完全陷于专业概念，没有找到恰当的新闻角度，没有做好新闻处理。

请看这样一条经济新闻：

铁矿石谈判将持续

本报讯 铁矿石谈判的传统"终点"6月30日已过，双方仍未达成一致。昨日，谈判双方均表示谈判仍在继续，这意味着今年铁矿石谈判的最终期限成为未知数。

昨日有外媒体报道，力拓威胁称，如果6月30日不能达成协议，一些长协矿合同就将到期，届时力拓将在现货市场销售铁矿石。

昨日记者联系力拓，该集团驻澳洲发言人表示："我们与中国的谈判仍在进行中，我们不会对谈判的进展以及结果做任何预测。"

力拓表态表明，虽已到最后一天，但力拓并无决裂的意思，谈判不会因最后期限到来而破裂。

据媒体报道，中钢协昨日表态说，铁矿石谈判还在继续，但中钢协依然坚持此前公开表明的立场，也就是长协价应该在去年价格的基础上下降40%以上。

力拓集团CEO艾博年6月29日表示，如果中国钢协"倾向于在没有长期供应合同进行安全保障"的现货市场交易，力拓也可以在此基础上进行销售。

淡水河谷首席执行官Roget·Agneli今日表示，公司不急于完成与中国的铁矿石谈判，但他预计中国厂商从现货市场购买矿石的可能性微乎其微。

"淡水河谷不可能放弃长协矿，全走现货市场。"一位接近淡水河谷的人士透露。运输距离太远，风险太大是淡水河谷一大软肋，"如果全走现货，海上运输要走一个半月，要是赶上现货大跌价卖不出去，那海上漂的将全是淡水河谷的船"。

（载2009年7月1日某报）

这篇报道就属于"外行看不懂"那一类。人们从中只知道一点，就是铁矿石谈判虽然到了最后期限，但还会继续。除此之外，外行人一头雾水。什么叫"长协矿"？什么叫"现货市场"？没有说明。文旁又附上一个小资料《现货价逼近长协》，更让人看不懂，为什么长协价会高于现货价？为什么谈判会谈不下去？为什么谈不下去又不破裂？为什么中钢协非要坚持价格要下降40%以上？如此等等，一概没有说明。

记者可能认为铁矿石谈判是每年都会报道的老问题，不必再过多地介绍了。这就犯了"过高估计读者"的毛病。其实，就是连续性报道也要注意把相关背景做一简要介绍，对一些术语做通俗解释，总之要做好新闻处理。

把上面说的"不愿看"和"看不懂"六个方面的原因综合起来，对于记者来说，就是两个方面的问题：一方面，记者自己没有弄懂经济；另一方面，没有搞好经济和新闻的结合。于是，搞好经济报道的途径就清晰了，就是如何解决这两个方面的问题。

记者要努力学习经济知识，研究经济问题

记者的学习研究和学者的学习研究不同，其特点是：

1. "下围棋，不要下象棋。"下象棋是32个子儿摆好了才能进行，不拱小卒，马永远不能过河。这是按部就班的学习。下围棋，是子儿拿在手里，看哪儿有机会，就把子儿放在哪儿。这是根据当前需要的学习。记者的学习就是下围棋，不是在系统知识中找实用，而是在实用中求体系。简言之，记者是报道什么学什么。实用的目的很强。

2. "框架式学习。"记者学习一方面的知识，不是求得把这方面的知识不分巨细全部掌握，而是主要把握它的框架。

笔者在1987年4月写的《理一理思路》就是框架式学习的成果。1986年底笔者担任人民日报经济部主任在就职演说时说，当人民日报经济部主任有三个条件：第一个条件，对我国经济全局有一个宏观的把握。第二个条件，在某一经济领域有自己的独到的见解。第三个条件，善于把经济转化为新闻。现在本人第一个条件和第二个条件都不具备，第三个条件只具备半条。但我要努力，尽快具备起来。首先要把我国经济改革的框架搞清楚。

这篇述评用了一个比喻，经济改革就像开好运动会一样，包括一个方向、三个环节。一个方向——运动会是提高运动水平，经济改革是走向市场经济模式。三个环节——第一个环节是运动员，经济改革是搞活企业。第二个环节是运动场，经济改革是搞好市场建设。第三个环节是规则和裁判，经济改革是搞好宏观调控。这篇述评只用了两千多字就把中国经济改革的框架清楚、形象、通俗地描述出来了。

新闻报道有时犯错误，也是对框架式学习重视得不够造成的。1993年首都一些大报都把"砸三铁"（铁饭碗、铁工资、铁交椅）作为企业转换经营机制的关键。其实这是不准确的。企业转换经营机制的关键是实现"自主经营，自负盈亏，自我约束，自我发展"的"四自"机制。而实现"四自"机制的关键是政企分开。"砸三铁"是对的，但位置摆错了，这就是框架不清楚造成的。

3."上下结合，以下为主。"记者的学习，当然要学习有关文件、文章和书籍，但更重要的是善于眼睛向下的学习。在中国，以市场经济搞社会主义，以社会主义搞市场经济，这在全世界都是没有先例的。因此，从现成的书本上寻找理论的答案是没有的。中国的许多改革措施，凡是成功的，大都是自己独创。例如农民的"包产到户"是独创，例如乡镇企业是独创，例如一定时期实行的企业承包制是独创。所以，记者更应该多眼睛向下，发现实践中的问题和经验，这样写出来的报道才会更有现实价值。

1993年中央召开农村工作会议，希望《人民日报》配发一篇社论。这个任务落实到经济部头上。笔者当时担任经济部主任。当时想，这篇社论应该写一些新话，不应该重复已有的老话。新话从哪里来呢？于是组织了五六个人到农村去调查。一周以后调查的人回来向笔者汇报。开始汇报的都是已经知道的情况。到最后，副主任吴长生说："我们到了山东桓台一个农村去，在村口碰见几位老大娘在纳鞋底。就问，'老大娘，咱们农村缺什么呀？'"这位老大娘连想都没有想，一拍衣裳兜，说："就缺钱！"听了吴长生的这段话，笔者的脑子突然一道闪亮！马上说："最高明的经济学家就是这位老太太！这三个字就把农村最要害的问题说出来。我们就按照老太太这三个字写这篇社论。"于是题为《为增加农民收入而努力》的社论就出来了。后来中央就把"增加农民收入"作为农村工作的主题了。

记者学习研究经济问题要破除迷信

许多人认为新闻工作的特点使记者很难学习研究经济问题。记者工作的特点可以用这样一句话来概括：高频率、浅层次、多次重复。所谓"高频率"是指记者每次报道能够付出的时间很短。所谓"浅层次"是指每次了解事物都是在肤浅的层面。所谓"多次重复"是指经年累月记者就是这样工作的。确实，这样的工作方式对记者学习特别是研究经济问题很不利。

但是，我们还必须看到记者工作对学习和研究经济问题有利的一面。主要有三大优势：第一个优势是综合优势。记者可以接触领导，可以接触企业，接触基层，可以接触专家，可以从各个方面、各个层次获得综合性的信息。这种优势是其他工作岗位所没有的。第二个优势是超脱优势。研究问题忌讳岗位或部门的局限。这就是人们平常说的"屁股指挥脑袋"。人们往往因岗位和部门的局限，而不能客观地全面地认识问题。记者的"屁股"是"猴屁股"，他不是坐在某一个固定的位置，他是超脱的，因此常常可以发现别人发现不了的问题。第三个优势是主动的优势。研究经济问题不是记者必须做的工作，也不会硬分给他这方面的任务，这样，他就可以选择自己感兴趣的，有专长的或有准备的问题来进行主动的、从容的深入研究，于是容易取得成果。笔者1997年在河南采访的时候，写出了"两个难题一起解""两篇文章连起做"的报道，提出了把农村工作和企业发展联系起来的理论视角，就是利用记者综合优势的结果。后来又在这个基础上提出了"城市的问题在农村，农村的问题在城市"的综合视角，并在此基础上提出了加快农村城镇化的建议，并被中央采纳。

找到经济问题的新闻视角

要想把经济转化为新闻，很重要的是找到经济问题的新闻视角。这不是一般学者的工作，而是记者独特的工作。具体的方法很多，这里只想介绍一下"在点上下功夫"的方法：

发现突破点

植物的生长首先是从嫩芽开始。嫩芽就是生长的突破点。事物的发展也是如此，总是先从一点突破。记者就要善于发现事物发展的突破点，这样的报道既是报道了经济工作，又是新闻，或曰经济新闻。包产到户最早是浙江温州永嘉县干部和农民的创造，但后来被压下去了。改革开放以后，包产到户最早是从安徽小岗村突破的，那里18户农民按手印，决心生死与共搞包产到户，这就成了大新闻。福建的厂长联合写信呼吁给企业松绑，是企业放权改革的突破点，于是也成了《人民日报》一版头条的大新闻。

找到显现点

经济问题很复杂，记者的新闻报道不可能把如此复杂的问题原原本本地都说出来，最简要的办法是找到经济问题或经济现象的显现点。例如，改革开放30年中国经济改革和经济发展取得了巨大的成就，把这个成就全面地说出来，不是新闻报道能够完成的任务，那么就要找到最好的显现点。例如，可以用30年中国GDP增长速度平均达到9.8%，这个数字来表明。这个9.8就是显现点。又如可以用中国的经济总量从第七名上升到第三名（超过德国）这个显现点来说明。经济中的一些具有代表性的指标和数字，其实都可以作为显现点。有些显现点是概括的，有的显现点是具体的。例如反映人民生活提高的报道常常用旧的"三大件"（手表、缝纫机、自行车）和新的"三大件"（电视、冰箱、空调）对比，后来又和更新的"两大件"（住房、汽车）做对比。所谓几大件其实就是人们生活提高的显现点。

对准焦点

几乎任何时期，经济生活都有一个或几个众人集中关注之点，这就是焦点。经济报道就要注意对准焦点。例如2008年下半年，世界经济生活的焦点是美国次贷危机引发了世界金融危机。金融危机就是焦点。凡是与金融危机有关的报道，都会有比较高的新闻价值。

为了应对世界金融危机，中国提出了"保增长，扩内需，调结构"的对策，"增长""内需""结构"就是中国经济生活的焦点。哪里在这方面做得好，就有传播的价值。

抓住热点

经济生活中总有一些问题大家的看法不一致，不仅议论纷纷，而且莫衷一是，于是形成了热议之点，这就是热点。20世纪80年代《经济日报》开展的《关广梅现象大讨论》就是抓热点的报道。东北的关广梅对自己所在的商场进行了承包，商业搞活了，自己也获得了比较高的收入。这样的人能不能当全国党代会的代表？现在看这应该是一个不成问题的问题，但由于当时处于刚刚改革开放的时候，人们的观念还比较保守，许多人不赞成关广梅当党代表。于是报纸上展开了讨论，赞成的不赞成的各种意见都可以发表。通过几个月的讨论，大大促进了人们的思想解放。

笔者在1988年7月发表的《社会公平的辩论》（上下两篇）也属于热点报道。因为当时社会公平的问题成为全社会的热门话题，而且看法很不一致，乃至成为影响社会稳定的大问题。这样的报道就有更高的新闻价值。

破解难点

经济的发展过程，改革的深化过程，都有一个一个难点需要破解。破解难点的过程，就是事物发展的过程，或者说是促进事物发展的过程。记者必须在破解难点上下更大的功夫。中国记者常常要总结一些单位特别是一些企业的经验。总结什么经验最受欢迎？就是那些破解难点的经验最受欢迎。

请看我国农村的改革和发展进程：第一个难点是怎样打破大锅饭，调动农民的生产积极性？包产到户的经验破解了这个难点。第二个难点是农民的收入怎样提高？"无工不富"的认识和乡镇企业的做法，破解了这个难点。第三个难点是农业如何与市场衔接？农业产业化的经验破解了这个难点……

我国企业改革也是在不断破解难点的过程中前进的。怎样使企业能够自主经营？放权。怎样让企业能够自负盈亏？"拨改贷"——拨款改成贷款。怎样调动经营者的积极性？实行承包制。怎样克服承包制的一户一议和税收失灵的局限？企业的产权改革，资本运营。可以说，破解一个难点，改革前进一步，经济发展一步。记者就是要善于从改革和发展的每个阶段找出当时的难点，并用新闻手段加以破解。

突出亮点

事物在发展中呈现着复杂的情况。有顺境，有逆境，有优势，有劣势，有成绩，有失误，有困难，有办法等等。记者要善于发现这中间的代表着事物发展方向的，或者能够促进事物发展的亮点。

在20世纪90年代中期，笔者在参与中国最具价值品牌的评价过程中发现，品牌价值最高的竟然是国有企业，而且是我国西部的国有企业。这对于如何全面认识国有企业和如何全面认识西部地区来说，就是一个很大的亮点。它就有新闻价值。

受2008年发生的金融危机影响，中国出口大幅度下降，而有的地区，有的企业，出口不仅没有下降，反而有所增长，这就是亮点。这样的经验就有很高的新闻价值。这样的报道并不是粉饰太平，而是给人们以希望之路。

经济报道的分类

经济报道大体可以分为以下几类：

第一类：信息性经济报道

直接地简明地向受众报告某一个有用的经济信息。这类报道数量很大。办报纸，办媒体，都要重视"信息量"，因为媒体首先是信息传播载体。

第二类：分析性经济报道

它侧重的不是提供信息，而是提供对信息的分析。这种分析可以有宏观的，例如经济形势、市场形势的全局性的分析；可以有中观的分析，例如对某个产业，某个地区的分析；也可以有微观的，对某一事件或现象进行分析。例如2008年下半年传出的可口可乐将要收购汇源果汁的案例分析，就属于微观分析。

第三类：政策性经济报道

主要是报道党和国家最近发布了什么经济政策。例如为应对世界金融危机，国务院决定拿出四万亿资金，加强对我国经济的投资拉动。这样的报道就属于政策性经济新闻。

第四类：经验性经济报道

报道某一个地区，某一个政府，某一个企业在经济工作中的经验，都属于这类新闻。这种经验性经济新闻，在我国媒体上数量是很大的。从历史上看，党和政府的工作方法中有一条，那就是"典型引路"，"以典型带动全般"。所以，作为机关报的报纸，常常把报道典型经验作为自己的重点任务。在历史上曾经有的"工业学大庆，农业学大寨，全国学解放军"的口号下，是多年持续的大庆、大寨、解放军的连篇累牍的典型经验的报道。改革开放以后，这种硬推行式的经验性报道少了，但是经验性的报道的比重仍然不小。

经验性报道的要诀是"面上找问题，点上找答案"。报道选取的经验必须是在面上有普遍指导性的经验，这样的经验才有新闻价值。

写经验性经济新闻要注意的是不要写得过分，不要写得十全十美。如果在报道中能够同时提出其不足的地方，或者需要探讨的地方，既坚持了新闻的真实性，增加了说服力，也会从另外一些方面对别人有启发。

第五类：问题性经济报道

这类新闻不是讲政策，也不是讲形势，而是突出地提出经济生活中的一个或两个值得注意的问题。提出的问题，可以是宏观的概括的，也可以是微观的具体的。这些报道，有的是只提出问题，不表明记者的态度；有的则是表明记者对这些问题的态度。这后一种报道一般就是所谓的批评性报道。

2007年以来，关于我国住房价格过高的报道，就属于宏观概括性的问题性经济新闻。住房产业，既是经济领域中的支柱产业，又直接涉及老百姓生活。所以房价问题一提出，就受到方方面面的关注。它引发了政府如何掌握地价、开发商的成本和利润等方面的讨论，引发了政府经济适用房政策的出台，也引发了廉租房政策出台等等，产生了连锁性的效果。

1992年"中国质量万里行"一炮打响的关于"三瓶酒"质量问题的报道（一瓶啤酒里有24个田螺壳，一瓶威士忌里有玻璃渣，一瓶葡萄酒里有苍蝇），就属于具体事件、具体事实的问题性新闻或批评性报道。2008年10月关于"三鹿"奶粉含有三聚氰胺并造成若干婴儿患病的报道，也属于这类批评性报道。这类报道，由于事实具体，后果严重，往往引起社会巨大的反响，对经济生活乃至人们的心理都产生深远的作用。

在采写问题性经济新闻的时候，需要正确理解"以正面宣传为主"的方针。"正面宣传为主"，这里说的是"为主"，不是"唯一"，所以，负面问题的宣传也是可以占一定的比重的。而且也不能把所有的批评报道都当成负面宣传。群众对"中国质量万里行"的评价是"大快人心事，质量万里行"，"党和政府又为人民做了一件好事"。效果完全是正面的。更不消说它推动了中国产品质量提高和全民质量意识提高这个更大的正面作用了。

更重要的是，问题性经济新闻可以起到舆论监督作用。舆论监督不仅是新闻工作中一个重要问题，而且是政治生活、社会生活、法制建设中的一个极其重要的问题。关于舆论监督这个极其重要的问题，不是本书论述的范围，需要有专门的文章和著作加以深入探讨。

第六类：调查性经济报道

一些调查性机构把自己的调查结果进行发布，就成了调查性新闻。这类报道的新闻价值在于它的客观性。它能够为各方面的受众提供客观的情况和信息，至于怎么看和怎么用这些信息，是受众自己的事。

例如，国家统计局定期发布的关于国民经济运行的经济数据的报道，就是调查性经济新闻。

例如，有的社会咨询和调查机构发布的市场调查的报道，也是调查性经济新闻。

有的调查性报道是记者自己搞的调查报告的发布。中央电视台搞的《新闻调查》专栏，就是专门发表调查性报道的。

第七类：社会性经济报道

有经济新闻，有社会新闻，社会经济新闻就是具有这两种新闻的特点。

经济是在社会条件下运行的。因此影响经济的除了经济要素之外，还有社会要素。记者要善于透过经济看社会，也要善于透过社会看经济。社会性经济新闻就是这种透视的结果。

《科技日报》曾发表过一篇《顾惠东效应》的报道，说的是：一个工厂原来亏损，后来这个厂的工程师顾惠东承包了这个厂，一年之后，扭亏为盈。于是，上级按照承包合同给了顾一万元奖金。奖金还没有拿到手，工人就不干活了。工人说："闹了半天，我们是给他干的。"记者抓住这个事件，连续发表了几篇报道，透过经济问题，分析了改革中的社会心理问题，把报道写深了，也写活了。

21世纪初，我国TCL集团收购了法国汤姆逊公司，但收购以后，企业改组过程中很不顺利。因为企业改组涉及工人的解雇等问题。但势力强大的法国工会不支持企业改组，人员无法流动。经济问题的实质是社会问题。这样的报道实际上也是社会性经济新闻，它告诉中国企业，在国际收购当中，不仅要注意经济因素，还要注意社会因素。TCL 的经验教训，应该说具有较高的新闻价值。

其实，凡是涉及民生的经济问题，往往都有社会因素，需要记者特别加以注意。

第八类：热点性经济报道

这个问题前面已经讲述过，这里不再重复。

第九类：理论性经济报道

一种是专门报道经济理论内容的新闻，包括介绍新的经济理论的观点，或新的经济理论著作，或某人的新的理论见解等等。
还有一种是新闻事实都是为了说明一个理论观点的报道。

1994 年春天，笔者和首都新闻界的一批记者到了江苏春兰集团，在那里召开了一个"春兰之谜研讨会"。研讨会开始的时候，作为会议主持人，笔者问春兰的董事长陶建幸："我们知道，1990 年，春兰的产值是一个亿，但到了 1994 年，春兰的产值达到了 50 个亿。我们知道，你们的空调卖得不错。但光靠卖空调产值增加得这样快，我们怀疑你们的空调是暴利。是不是暴利？如果不是暴利，那究竟是怎样搞的？"

陶建幸做了两小时的回答。基本上把问题说清楚了。后来大家又提出了一些问题，讨论得很热烈。下午会议即将结束，由笔者做一个小结。怎样总结春兰的经验呢？突然脑子里闪现出四个字："资本运营"！春兰的经验实际就是把企业管理提升到运营资本水平的经验，并且根据春兰的做法，提出了资本运营的四条主要途径。

后来笔者撰写的春兰的报道就是用春兰的事实和经验注解资本运营的理论观点。这篇报道也是在报纸上最早提出"资本运营"这个概念的报道。很快,"资本运营"这个概念就被大家接受并使用和研究了。后来又写进了中央文件。

笔者还写过一些类似的报道,如山东潍坊农业产业化的系列报道,也是用潍坊的事实和经验注解了"农业产业化"的理论。为了把这个理论阐述清楚,笔者还同时写了题为《论农业产业化》的《人民日报》社论。后来"农业产业化"的提法进入了党的十五大报告。这篇文章至今还是论述"农业产业化"方面的重要文章。

第十类:人物性经济报道

所谓人物性经济报道,实际上就是经济界人物的报道。

经济界人物事迹的报道居多。包括政府官员的经济工作事迹,企业家的经营管理事迹,经济学人的学术研究事迹,当然也包括他们的精神面貌和优秀品质等等方面的报道。

人物性经济报道主要是三个角度:

一个角度主要是写人,写事迹,写品德,写精神面貌,就是平常说的"典型人物宣传""先进人物宣传"。例如,当初的大庆铁人王进喜的报道,大寨陈永贵、郭凤莲的报道,许多劳动模范的报道;改革开放以来,一些优秀的企业家的报道,如海尔张瑞敏、联想柳传志、双星王海等人的报道,都属于这一类。

一个角度是写问题、写事件、写工作,抓住这些问题、事件、工作的代表人物来写。改革开放以来,这种角度的人物性报道也不少。例如,"傻子瓜子"的年广久的人物报道,并不是一般意义上的表扬这个人物,而是通过这个人物的报道,宣传党的个体户政策。允许傻子瓜子发展,就代表着允许个体户发展。

当然也有第三种角度,那就是把前两个角度合起来,既是写经济问题,又是写先进人物。改革开放以来,关于最早搞活企业的浙江海盐衬衫厂厂长步鑫生的报道,最早搞承包制的河北石家庄造纸厂厂长马胜利——"马承包"

的报道,后来的满负荷工作法发明者石家庄塑料厂厂长张兴让的报道,等等,都属于这一类。

  知道了经济报道的这些分类,记者就可以根据题材、版面或栏目的需求,决定采取哪一类型来写。

第六章　新闻笔法

第十八节　新闻笔法（一）

内容提要：写新闻作品，自然要用一些一般文字作品所用的笔法。但是，更应该学会运用新闻写作特有的笔法，我们称其为新闻笔法。

新闻笔法主要有八种。这一节主要讲两种：简笔、粗笔。

简笔，简要的笔触也；粗笔，概括粗大的笔触也。

新闻写作所使用的笔法应该说是多种多样的。一般文字作品、文学作品中的许多笔法都是可以使用的，至少是可以借鉴的。比如，叙述、描写、抒情、议论，这些基本的笔法都是不可少的，在新闻作品中，也是基本的笔法。

还有一些笔法，如倒叙、插叙、悬念、伏笔、穿插、比喻、夸张、反复、排比、对照、夹叙夹议等等，也是新闻作品可以利用和参考的。

但是，对于新闻写作来说，更应该研究新闻写作的特殊笔法或特有笔法。

根据新闻写作的实践经验，我们总结出新闻写作的八种笔法。这些笔法虽然不能说都是只有新闻作品才能采用的，但可以说它们主要用于新闻写作之中。

新闻笔法之一：简笔

在绘画技法中有"工笔"，是指用工整的、细腻的线条和色彩来描绘景物人禽的绘画方法。简笔则是与工笔相对而言的，这种技法所用的线条、色彩都比较简单明了，类似写意画使用的技法，写意重于状物。

在新闻作品中，叙述和描写事物的时候，不必要用很细腻的笔法，而是用最简要的线条、最简练的语言来勾勒事物。这样的写作方法和技巧，我们称之为简笔。

新闻作品强调用简笔，是因为读者读报主要不是欣赏文字之美，而是想用最短的时间获得最大量的信息。过于细腻的描写和叙述会使读者感到浪费时间，嫌作者太啰唆。少数的精彩细节，读者有时也愿意你描写得细腻一些，但是这种细腻仍然是简笔的细腻，而不是工笔的细腻。

为了说明这个问题，让我们做一个对比。先看看散文家朱自清是怎样写春天的：

> 盼望着，盼望着，东风来了，春天的脚步近了。
>
> 一切都像刚睡醒的样子，欣欣然张开了眼。山朗润起来了，水涨起来了，太阳的脸红起来了。
>
> 小草偷偷从地上钻出来，嫩嫩的，绿绿的。园子里，田野里，瞧去，一大片一大片满是的。坐着，躺着，打两个滚，踢几脚球，赛几趟跑，捉几回迷藏。风轻悄悄的，草软绵绵的。
>
> 桃树、杏树、梨树，你不让我，我不让你，都开满了花赶趟儿。红的像火，粉的像霞，白的像雪。花里带着香味，闭了眼，树上仿佛已经满是桃儿、杏儿、梨儿。花下成千成百的蜜蜂嗡嗡地闹着，大小的蝴蝶飞来飞去。野花遍地是，杂样儿，有名字的，没名字的，散在花丛里像眼睛，像星星，还眨呀眨的。
>
> "吹面不寒杨柳风"，不错的。像母亲用手抚摩着你。风里带来一些新的泥土气息，混着青草味儿，还有各种花香，都在微微湿润的空气里酝酿……
>
> 春天像刚落地的娃娃，从头到脚都是新的，它生长着。
>
> 春天像小姑娘，花枝招展的，笑着，走着。
>
> 春天像健壮的青年，有铁一般的胳膊和腰脚，领着我们上前去。

我们不引述这位散文大师所写的名篇《春》的全文了。从这些片段中，已经可以看出他所使用的是多么细腻的笔法了。

但是，如果把这样的文字放在新闻作品中，显然是不行的。硬放进去，读者读到这里，也是一带而过。

"难道新闻作品就不需要美吗？"

"要，但是你这样的美法，我的版面美不起！"

现在再看看新闻作品是怎样用简笔来写春天的。下面引述的是1959年平息西藏叛乱以后，新华社记者写的通讯《拉萨的春天》开头的一段文字，恰巧它也是描写"春天"的：

> 拉萨响过了第一次春雷，覆盖四周山上的积雪消融了，大昭寺前的唐柳吐出了新芽，成群的大雁和灰鹤在拉萨平原的上空翩翩飞翔。春天来到了拉萨。

感谢这位只是署名"新华社记者"的作者，他挥动"简笔"，只用了60个字，写了雷，写了雪，写了柳，写了鸟，勾勒了一幅多么美妙的春天景象！

用简笔描绘出来的这幅图画，不仅使人感到了春天的美，而且感到了简练的美！

问题不仅仅在于这段文字的美，还在于它和一般的对春天的描述不同，这些文字同新闻的内容是紧紧地连在一起的。每一句话，除了景色的描写之外都有其深刻的含义。第一句"春雷"的描写，实际上象征着在中央正确决策下解放军的平叛战斗取得了胜利；第二句"积雪消融"说的是西藏农奴制度和反叛势力的土崩瓦解；第三句"大昭寺唐柳"象征着汉藏人民友谊的新的发展；第四句"大雁和灰鹤"表明西藏广大农奴的翻身和解放。最后一句是总括。可以说，这一段景致的描写已经把全文的内容都象征地说出来了。

这就是新闻作品中简笔之妙！这样的简笔，在许多的新闻作品中都可以见到。请看这样的几个例子：

> 烈日当空，热风炙人，脚下的沙粒都被晒得发烫。周恩来同志领先打着一面鲜艳的红旗……

这是袁木同志写的《他们是普通的劳动者》这篇通讯中的夏日景色的描写，一共只用了 19 个字。这自然是简笔。

> 在首都王府井大街，车水马龙，热闹繁忙，商店穿戴着节日的时装，人们满面春风地东来西往……

这是中国青年报记者采写的《为了六十一个阶级弟兄》的开头，它用了 37 个字描写了王府井的节日气氛，用来衬托农民中毒事件的紧张气氛。在文学作品中，这样的描写是太"寒酸"了，而在新闻作品中，却感到有一点"铺张"了。

请看文汇报记者采写的抢救邱财康的报道《钢铁战士》，它的开头则更为简洁：

> 5 月 26 日深夜，一辆急救车在上海的马路上疾驰而过。

一共用了 23 个字。令人感到简练得没有一个多余的字。但是气氛也写出来了。

怎样才能使自己的笔"简"起来呢？

简笔首先来自记者对自己描述的事物的表象的恰当的挑选。要抓住那些最主要的、最有特征的东西来写，而把次要的、非特征的东西放过不管。拉萨的春天有多少景色可写呀，但作者只选择了最有代表性的、最有特征性的、含义最深的几样来写，这样就自然会简要了。

简笔还来自记者的深刻感受。我们不是把简笔比喻成写意画吗？记者有了感受才会有"意"，才能把意写出来。

这里看一下一位外国记者的新闻作品的例子。波兰的布热金卡是第二次世界大战德国法西斯建立集中营的地方。这篇报道是写今日人们参观布热金卡的情况。它的开头是这样写的：

> 从某种意义上说，在布热金卡，最可怕的事情是今天居然阳光明媚

温暖,一行行白杨树婆娑起舞,在大门附近的草地上,儿童们追逐游戏。

记者直接描写的这些景色和状况不是很好的吗?为什么记者说它是最可怕的呢?这是因为记者感到这样的一种景象很可能使人们把过去的那可怕的一页忘得干干净净了。"最可怕的事情"这句话实际上是记者的感受。正是从这种感受出发,他没有描写别的,却写了"阳光""白杨""草地""儿童"。而布热金卡集中营大门的面目竟然没有写!连这一点都省略了。真是大胆的省略。再往下:

还有一些参观者注视着毒气室和焚尸炉,开头他们表情茫然,因为他们不晓得这是干什么使的。然而一看到玻璃窗内成堆的头发和婴儿的鞋子……他们不由自主地停下脚步,浑身发抖。

记者写的这些意,实际上也集中了参观者的"意"。先是茫然,后是发抖。为什么会是这样的呢?因为他们看到了头发和鞋子。只写了头发和鞋子,但是它的感染力有多么的大!这不能不说是非常精彩的简笔!

简笔当然也要选择相应的语言。简笔必然是"简言"。作家鲁迅和老舍都说过类似的原则,写文章尽量把那些可有可无的字句去掉,而且尽量不用形容词。写新闻作品,用简笔尤其要这样做。读者读报是"站着读"的,所以,记者出身的美国作家海明威说,记者写新闻也应该是"站着写"。站着写不是太累了吗?因为累了就不会说长话了。

"删繁就简三秋树"——这句话应该是新闻写作的秘诀。

用简笔写作是很不容易的。它是一个高超的技巧的所在。正如我国的大画家郑板桥说的:

四十年来画竹枝,昼间挥洒夜间思。
繁冗删尽留清瘦,写到生时是熟时。

这首诗是很值得琢磨的。它告诉我们,学习和掌握一种技法是很不容易的，像郑板桥这样的大画家还要经过几十年的日夜苦思苦想。而最基本的要领是"繁冗删尽"，而且是越熟练越感到新鲜，越写越感到要不断地创新。这才是"生"的意思。

新闻笔法之二：粗笔

粗笔是简笔的必然引申。要"简"常常要"粗"。虽然粗和简不是一个含义。

著名速写家叶浅予的画，常引人赞不绝口。绝在哪里呢？绝在只是寥寥几笔，就把活动着的人物栩栩如生地勾画表现出来了。细看一看这些速写画就会明白，原来他的简笔大多是粗笔——线条粗犷有力，一条顶一条，甚至是一条顶几条。很少像铅笔素描画那样，用很多的细细的、碎碎的"毛线条"。你看那东方舞蹈的速写画，只是一根粗长的从头到脚的线条，就把舞蹈家的肩、背、臀、腿直到脚的姿势都描绘出来了，而且是那样的惟妙惟肖。如果把这样的粗线条换成断断续续的细线条显然是不行的。

新闻作品中的粗笔，是指记者用的概括力强的笔触，是指记者用的粗犷的笔触，是指记者用的"取其大而略其小"的笔触。

苏联著名记者兼作家爱伦堡是一位善于用粗笔写作的人。他在1943年11月发表的通讯《要自动步枪，不要笔》中，有这样的句子：

> 在一个伸手不见五指的夜晚，我们来到了法国人刚刚放弃的戈穆尔附近的几个村庄，在那里，劫后的余烬未熄，仍在暗夜中闪闪发光。瓦西里耶夫卡、高尔诺斯塔耶夫卡、特列霍夫斯卡，这些白俄罗斯村庄，在烟火和眼泪中毁灭了。在一个清明澄碧的秋日，我看到了切尔尼果夫村：蓝色的晴空下，它那被烧焦的残垣断壁，看起来像是幽灵。一个女人用耳语般的声音说："他们把人们带到这里，把他们剥光后就活埋了。"

记者描述的是一幅活动着的全景画。但他用的完全是粗大的笔触。

第一个全景镜头是几个村庄的"劫后余烬未熄，在黑夜中闪闪发光"。

这是用一个粗笔描绘出来的。

第二个全景镜头是"被烧焦的残垣断壁，看起来像是幽灵"。这也是用一个粗笔描绘出来的。

第三个是女人的话，是一个细节，但这又是一个很"粗"的细节。

现在来研究一下，粗的效果是怎样产生的。

粗，首先产生于概括性的描述或叙述

新闻作品主要是写事实的。在前面的章节中已经说过，事实可以分为具体的事实和概括性的事实。当然，这个分类是相对的。所谓粗笔，就是把具体的事实作为概括性的事实来加以描述。爱伦堡的那一段描写，从战争的角度看是具体的事实；但从战场的场景来说，它又是概括性的事实，他没有描写一个一个具体的村庄，而是把几个村庄的情景概括起来一起说。第二句把残垣断壁比作幽灵的句子，实际上也是一种概括的角度。因为用一个幽灵就把它们全描写完了。

记者在这里的粗笔技巧就是把具体的事实作为概括性的事实来加以描写的。为了说明这个问题，不妨再举一个例子：

> 公园的栅栏被冲倒了，惊恐的人群像是决了堤的洪水，从这里一涌而出，呼喊声、哭叫声和呼吁冷静的动员声交织在一起，响成了一片，妇女、儿童、老人、病残人……一切弱者在这时确实真正成了弱者，他们只能把自己的命运完全交给了这股盲动的失去了理智的人的浪潮……这可怕的浪潮终于过去了。在这里留下的是数不清的鞋子、被踩烂了的各种手提的用具，还有几处地方的斑斑血迹……

这就是粗笔的描写。

一个在一定的情况下失去了理智的人群，包括两个方面的，即宏观方面和微观方面。（从电影的拍摄说，就是全景镜头和特写镜头。）宏观方面就是把人群当成一个东西来看、来写。微观方面则是要把人群分解成一个一个具体的人来看、来写。如果着眼于一个一个人地具体去写，那就是细笔了；而把整个人群当成一个东西去写，那就会有粗笔的效果。上面的例子，就是这样写的。

还可以介绍电影拍摄中的一个有趣事例。

苏联电影《列宁在1918年》中有一个这样的镜头。列宁到某工厂去发表演说，许多工人前来听自己亲爱的领袖的话语。广场上集中了成千上万的、情绪热烈激动的群众。也就是在这样的场合，暗杀列宁的女凶手混杂其间。然后她乘人不备的时候，突然向列宁连发几枪。列宁倒下了。人群愤怒了、骚动了，他们开始冲向凶手，要把凶手撕碎……

开始拍摄的时候，导演把意图原原本本地告诉了参加演出的所有的演员，特别是群众演员。让人们根据这个场面的要求各自选取自己的行动方式。导演以为这样不加摆布的方法，拍摄出来的镜头肯定是更真实的。他们这样做了。但拍下来的镜头使他们大失所望。每个人的动作虽然是无可挑剔的，但是总的宏观的镜头，除了乱糟糟的感觉之外，看不清任何具体的内容和场面的变化。镜头语言太空虚了。后来导演改变了拍摄的方法。他要求在场的演员包括群众演员，都要按照他制订的步骤去进行表演。大体上是这样的几步：列宁演说群众热烈倾听的场面——凶手偷偷混到列宁身边——枪响，列宁倒下——一瞬间，群众的木然，场面上很静——群众开始明白已经发生了最可怕的事情，开始骚动，但是是杂乱无章的——突然群众像是恍然大悟一样，一齐扑向凶手，争先恐后地涌上去……这样拍摄了以后，效果就完全不同了，给人的印象很深，很清晰，场面的气魄也很大。

从这个电影拍摄的事例中，我们可以在新闻写作上得到启发。借用本节讲的内容来说，那就是这种场面用粗笔比用细笔要成功得多。第一次拍摄，虽然也用的是全镜头，但是并没有全镜头的内容，演员们实际上还是按照个体来行动的，没有形成一个全场的动作。因而只是看不清的细笔而已。后来全场按照统一部署动作，粗笔才有可能在镜头上表现出来了。

新闻作品的写作，自然不是拍电影，无须去惊动活动现场的人们，在新闻事件中，人们也绝不会按照我们的意图去行动。但是记者的目光和记者的笔触却应该是有选择、有概括的。把其中最主导的倾向和动向"抽象"或概括出来，然后加以描写。这样就可以形成粗笔的效果。

粗笔的另一种方法是选取有概括性的一般性的细节

我们引用的爱伦堡的那一段文字，最后的一段就是一个具体的细节，是写一个女人耳语般地说的一句话。这个细节为什么也产生了粗笔的效果呢？因为它发挥了一般性细节的概括力。

不能简单地说，粗笔就是一个粗，它是粗中有细，细中有粗。

著名记者华山在《英雄的十月》这篇作品里，就巧妙地运用了这种粗细结合的笔法。请读：

> 当时，蒙古草原已经枯衰了，燕山余脉还是层层翠色。沿途斑驳的草丛，茂密的梨园，攀绕墙头的葛藤，沿着村道拾粪的老汉，莫不给人以久别重逢的亲切感觉和异常的鼓舞。战士们在行进中遥望南方，忍不住敞开胸膛唱道："走一山，又一山，眼看就到山海关！"

这是一个新闻作品中的比较典型的粗笔段落。开头的蒙古草原和燕山山脉的描写是一个大宏观的描写；后面的草丛、梨园、葛藤、老汉等则是概括性的粗笔描写；最后的战士的唱歌，则是细中有粗的一般性细节的粗笔描写。作者把这样三个层次的粗笔都巧妙地运用在一起，使人读起来有一种美的享受。

新闻作品多用叙述。叙述也是应该注意多用粗笔的。粗笔叙述给人以宏大气魄的感觉。新闻报道也是讲气势的。用粗笔的叙述，是使作品获得气势的一个重要的方法。

请读朱穆之同志在《刘伯承将军纵谈战局》中的这一段文字：

为中国人民誉为天才战略家的晋冀鲁豫司令员刘伯承将军，最近又创造了郓城大捷的杰作。自八月以来，刘将军亲率数十万健儿驰骋于广阔的冀鲁豫平原，纵横进退，所向披靡。总计蒋军在边区被歼灭者凡十三个半旅，二十一个保安团，被俘者有师长（原军长）赵锡田以下官兵四万余名。

这段叙述的字数不多，但是把刘伯承将军的战绩和作战的过程说得很清楚了，而且叙述得是那样的有气魄。"自八月以来……"的那一句尤其显得精彩有力。

写人物也可以用这种白描式的粗笔。这种手法介于叙述和描写之间，叙中有描，描中有叙。

请看著名记者李普同志在他的《漫话孙殿英》一文中是怎样用这种笔法的：

　　孙殿英今年六十多岁了。小时候家贫，因赌博输了钱，投到大军阀张宗昌部下当了马夫，以巴结贿赂当到迫击炮连长。接着拉出那一连人当土匪，以后由土匪而总司令而大汉奸。几十年来，纵横华北，真是妇孺皆知。稍稍研究一下孙殿英的一生，我们便将发现，这是现代中国社会的大怪物之一，是代表着现代中国社会中没落势力的一个典型。

作者抓住了孙殿英生活的主干线，没有用几句话就勾勒了他的一生。这里的粗，也产生于概括。

当然，这种粗，有时也需要加进作者的一些议论。李普在用粗笔叙述了孙殿英的一生以后，又勾勒了这样一幅漫画：

　　他正患着感冒，缩在床上呻吟，还悻悻然发了蒋介石几句牢骚，埋怨没有积极营救他，然后就躺在炕上大声号叫起来。看看这种可笑的样子，我脑子里突然涌出一幅漫画来：这个鸦片鬼头上戴着美式帽，手中拿着可笑的龙泉剑，再以那"告徒红吉"和"保守党宣言"为背景，点缀着冈村宁次的委任状和嘉奖令,那么半封建的特点有了,半殖民地的特点也有了。

从"看看这种可笑的样子"以后,实际上都是作者的议论。这种议论实际上也是一种勾勒——但它是另一种方法。

在新闻作品中,为了增加气势和深度,这种粗笔式的议论常常是需要的。笔者在《重视城市的中心地位和作用》这篇消息中,在叙述了我国城市建设中的若干问题以后,加进了这样的一段话:

> 古今中外的经验教训证明,城市建设上的成就可以成为历史发展的里程碑,而城市建设上的失误是人类社会最难改正的错误之一。

这是一个相当粗大的笔触。只是一句话,就总结了一两千年城市建设上的主要经验和概括了城市建设的重要性。这样的粗笔议论,往往给人以咀嚼的味道。

第十九节　新闻笔法(二)

内容提要:这一节讲两种新闻笔法:变笔、跨笔。
变笔,善于变化和变换之笔也;
跨笔,在时间和空间等都做大跨度推拉之笔也。

新闻笔法之三:变笔

"变笔"的含义从字面上已经看得清楚,主要是说这种笔法是多变的,是善于变化和善于变换的。

一般文字作品也是"文如看山不喜平"。这里也含有多变的意思。但是,它们都不如新闻作品这样的喜变和变得频繁,变得这样大跨度。

请看这段文字，其中粗写和细写之间的变换是相当频繁的。为了阅读方便，细写的部分用楷体字排出：

> 他的名字叫钱学森，今年六十八岁。在这个名字的背后，有着一段科学幻想小说或侦探小说的作者都无法想象出来的不同寻常的经历。
> "我宁可把这个家伙枪毙了，也不让他离开美国。"五十年代的美国海军部长丹·金波尔说，"那些对我们至为宝贵的情况，他知道得太多了。无论在哪里，他都值五个师。"
> 金波尔对钱学森博士才能的高度评价，已被1955年钱获准离开美国回国以来的事实所证实。

以上是摘自合众社记者罗伯特·克来伯写的《中国导弹之父——钱学森》中的一段文字，这三小段，形成了粗—细—粗的快速变换。

下面看一篇更典型的文字。这是美国的《读者文摘》刊登的一篇特写《难忘的英格丽·褒曼》的文字，它可以说通篇用的都是粗细变换的变笔（细笔部分用楷体字排出）：

> 她不施脂粉出现在银幕上，美国化妆品马上滞销。她在影片中扮演修女，进入修道院的女子顿然增加。一个影迷从瑞典把一头羊一路赶到罗马作为礼物送给她。多少信上只写上"伦敦英格丽·褒曼"，便送到她的手中。
> 英格丽·褒曼是当时最有魅力的女性，但是她始终保持了自己的本色，热衷于舞台，热衷于生活，爱吃冰激凌和爱在雨中散步，在演员生活中喜欢扮演每一种角色，在人生的舞台上也尽量领受生活的情趣。
> 英格丽曾在斯德哥尔摩、好莱坞、罗马、巴黎和伦敦用五种语言登上舞台、银幕和电视屏幕，无往不胜。她拍摄了四十七部影片，三次获得奥斯卡奖，一次获德埃米奖。她有子女四人，是位慈爱的母亲。她以狂热的精神献身于工作。"如果不让我演，我一定活不下去。"她这么说过。当海明威对她说演《战地钟声》里的玛丽亚这个角色得要把头发剃

掉的时候，她大声回答说："为了演这个角色，把我的头割掉都行！"她可以通宵达旦地排练，甚至导演早已经满意了，她还要重来一次。话剧《忠贞之妻》在伦敦上演八个月期满的头天的晚上，她还在同导演讨论她的表演有哪些可以改进之处。

这是一篇写得多么精美的新闻作品！

读过它，我们感到了英格丽·褒曼的魅力，也同时感到了这篇新闻报道的魅力。作者用粗笔、细笔不断地变换，使你感到像一个画家的笔触在不断地变换，那线条的丰韵正好和这位著名女演员的丰韵合拍。

为什么要这样的变来变去呢？这是新闻作品的特殊要求所决定的。

新闻作品要求新、要求短、要求突出最有普遍兴趣的内容，如果是平铺直叙地写，按照事实的原始过程去写，都不可能满足这样的要求。读者还要求快速地阅读，如果按部就班地写，读者就会感到不耐烦。因此，作者对那些读者只想知道一下就可以了的东西，就要采取一带而过的办法。如褒曼得过几次奖，点一下次数就可以了，不必再一个一个地把影片和角色的名字以及奖的名称重复一遍。她的家庭的详细情况，也不必多费笔墨，只点一下她有四个子女、她是一位慈祥的母亲也就够了。但是作为如此著名的女演员，人们对她的演出和生活的细节很感兴趣，在这些方面就要写得细腻。如她爱吃冰激凌、爱在雨中散步、演出如何认真等等，作者是很懂得读者需求的，把它们认真地写出来了。

这种写法还有一个好处，就是粗细各得其所，连接起来更是妙笔生花。都是细笔写细节，就会使人感到零碎；都用粗笔概括她的经历，就会使人感到过于空泛。

变笔当然不只是粗细的变化，而是讲的一个变字，叙述、描写、抒情、议论之间的迅速转换和变化。别的样式的文字作品，虽然也有变换和交叉，但是它们都不可能像新闻作品这样变换得如此频繁和衔接得如此紧密。

为了说明这个问题，再看一两个例子：

五月十日零点整，北京最大的食品商场——西单菜市场，一个二十余岁的青年人将六张新价目牌挂在猪肉柜台上。北京市酝酿已久的肉、禽、蛋、鱼等食品的调价今天正式开始。

虽然这家菜市场在昨天直到午夜的营业中创造了销售金额二十一万元的纪录,但今天一早,依然顾客盈门。

调价幅度最大的大黄鱼,五分钟里就有四个人问津。六十多岁的退休工人杨维新买了两条单价为二元的鲳鱼。他说,平时喜欢吃海鱼,就是不常见到。他和老伴现在依靠退休金生活,在北京市民中属中等偏下水平。

在北京最大的自选市场——京华自选市场,女售货员为顾客之多感到吃惊。她坦率地说,我原以为,前两天大家已经买了那么多吃的东西,今天不会有什么顾客了。

……

这是中国新闻社 1986 年 5 月 10 日播发的记者秦朗写的《北京加价后市场一瞥》中的头一段。在这段不长的文字中,作者不断地变换着写作手法。

开头的第一句是描写:青年人挂牌子。第二句就转成叙述了:点出调价一事。

第二自然段是叙述,交代背景。

第三段前半段是描写,一老汉买鱼。后半段则又是背景介绍的叙述。

第四段利用售货员的话,实际上是一段议论。

在不长的一段文字中,作者做了多少次的变换!

再看一例:

中国驻美联络处升起五星红旗

合众国际社华盛顿 1979 年 1 月 11 日电 (记者斯图尔特·凯勒曼)中华人民共和国红地、金星国旗今天清晨在一次规模不大的仪式中在北京驻美国的联络处升起,这标志着美国已同台湾断交,并同中国正式建交。

(导语的前半句是描写,而后半句是议论和评价。)

前一天黄昏,"中华民国"的红白蓝三色国旗在数百名面色阴沉的观众面前从台湾使馆屋顶上最后一次降落。

(这小段是带有一定描写色彩的叙述。)

穿着灰色和蓝色毛式上装的几十名中华人民共和国外交官在雨中肃立。在北京国歌的伴奏声中,共产党中国的五星红旗在联络处前冉冉升起。

官员们在国旗升到顶端时鼓了掌,然后排成单行走回联络处,简单的仪式就此结束。

中国外交官对聚集在楼前的文字记者和摄影记者握手、微笑,其中一个中国人大笑说:"这是我们的大喜日子。"

(这三小段完全是描写。)

在太阳升起后举行的这个仪式,是中华人民共和国的代表在元旦到来的时候在华盛顿庆祝美国对华政策来了个一百八十度大转弯。

(这一段是议论。)

两位中国官员指出,3月1日以前,北京驻美联络处还不是正式使馆。在此以前,台湾人员接电话时仍可以用"中国使馆"这个名称。

(这段是叙述。)

以上引用的是这篇消息的全文。消息不长,但是作者频繁地交替使用描写、叙述、议论等等方法,就使得这篇消息相当地简练和生动。

如何使我们记者的笔法多变,这是很难说清楚的。变有几种方式,也是很难说全的。但是可以记住最重要的一条,那就是变!多变!快变!

新闻笔法之四:跨笔

新闻写作中还有另一种常用的笔法,那就是跨笔。

什么是跨笔?跨者,跨度之跨,跨越之跨也。也就是说,无论是描写、议论、叙述等等,都采取大跨度和大跨越的方法。

在电影的拍摄中,有推拉镜头的方法。把镜头拉起来,就是一个全景的大场面;把镜头推出去,就是一个特写的画面。迅速地推拉,就会形成一个大跨度或是大跨越的组接。例如，开始是一个群山环绕的全景镜头，然后把镜头推近，就是一个人在路上走的特写镜头；再把镜头进一步推近，于是就出现了一个人的脚的特写镜头。用电影剧本的语言是这样的：

> 群山环绕，云雾缭绕。
> 一个人在山中行走。
> 一双砍山鞋，踩着乱石滚滚的小道。

从群山迅速地转到一双鞋，这就形成了一个大跨度。

跨笔就是类似的表现方法，不过它是用文字组接而成的。

这种跨笔，有的是时间上的跨度，有的是空间上的跨度，有的是意义上的跨度，等等。

跨，不是跳，跨本身还包括有连接的意思。正像大桥一样，说它跨度大，是因为它把相距较远的两岸连接起来了。

现在具体分析几个例子：

> 一位记者写了一篇"老龄问题"的报道。他为了把老龄问题引出来，报道的开头，先是用了很长的一大段写了我国周口店猿人生活的情况，并把那时的老年人的活动做了一些想象性的描写。这一段大约用了几百字。第二段，他才把笔锋转到了近代，说从二十世纪初，人类才把老龄问题作为一个社会问题提出来。

这样的写法，看起来很细、很新颖，但是报纸的读者是没有耐心读这样的文章的——他不理解你上来为什么要用这样一大段文字来写周口店猿人的生活。他等不及下文，就有可能把你的报道丢到一边了。

在别人的建议下，他把这两段文字合并成这样的一句话：

> "自从有了人类，就有了老年人，那么为什么只是到了21世纪初老龄问题才作为社会问题提出来呢？"

很明显，这样一改，不仅精练了许多，文章也显得更有气势了。这种写法实际上就是跨笔。这是一个时间跨度很大的跨笔。在这一句话中，时间的跨度足足有五十万年！原来的写法，人们读了几百字后还不知所云，而现在在第一句话中，人们就接触到了主要的问题。

跨笔可以分为：

时间跨笔

虽然许多报道，不可能都有上面说的那样大的时间跨度，但巧妙运用时间跨越的笔法还是较多的。再看几个例子：

新华社 1979 年 10 月 23 日播发的消息《"飞蝗蔽日"时代已经一去不返》的导语是这样的：

>　　危害我国数千年的东亚飞蝗之灾，如今已被我国人民和科学工作者控制住了。我国已经连续十多年没有发生过蝗害。

这里的时间跨度是几千年。有了几千年作为前提的铺垫，我国控制蝗灾的成绩也就显得更加突出了。

一位西方记者在《暗夜笼罩着心灵的囚犯们》这篇报道中，开头有这样的词句：

>　　人们很难相信，在 20 世纪——在伊丽沙白·佛雷埃访问了新门监狱和英国苦役船一百年以后的今天——竟然出现了特伦顿监狱这种人不以人道对待自己的同类的地方。

这里的时间是倒叙的，先说了今天，然后解释今天是什么时候——用时间的对比来说明问题的严重。

胡达、李海燕写的《扬眉干四化》的通讯中有这样的话：

>　　王立山？难道是他？那个在气贯长虹的"四五"运动中，写下"欲

悲闻鬼叫，我哭豺狼笑，洒泪祭英杰，扬眉剑出鞘"的二十四岁的共青团员，今天为实现社会主义现代化，又做出了新的成绩？

这里用一个时间上的跨笔，写出了一个人物的主要的事迹。又有悬念，又很精练。

空间跨笔

空间包括两个方面：一是大空间和小空间之间的跳跃和连接；一是空间距离较大的两点或几点之间的连接。

笔者写的《请把目光投向卫星》这篇报道中，有这样一段话：

> 北京的人口实在是太多了。市区人口密度每平方公里一万二千人，在世界各国的首都中，仅次于东京的一万三千人，居第二位。来到北京的人都痛感"挤"字之苦。记者亲见一位陷于大栅栏人流之中而不能自主的农民无可奈何地喊道："这哪是买东西，简直是受罪！"

这是两个相距很大的空间概念的连接，形成了很大的空间跨度。第一个空间是全球性的。记者仿佛是在宇宙飞船上看地球似的，看到了各国的首都，然后加以比较；第二个空间则要小得多了，那个镜头不过是一个特写而已，特写的是一位汗流满面的老农民。这两者在空间上的距离有多么大！但是在这里它们可以有机地连接在一起。于是形成了新闻作品中的特有的跨笔。

再看看作家黄钢写的名篇《亚洲大陆的新崛起》中的一段文字：

> 一九四九年底的一个夜晚，英吉利海峡的朴次茅次港口，有一个身材高大的中国人，快步踏上了一艘开往法国的渡海轮船。当他穿过英伦海峡的迷雾，迎着海风走上甲板的时候，可以看见他的脚步稳重、矫健；他的每一步的跨度，总是零点八五米——这是他多年从事地质工作、长期在野外考察养成的习惯；他平时迈开的每一步，实际就成了测量大地、

计算岩层距离的尺子。

这也是一段运用跨笔的文字。先是一幅英吉利海峡的全景画，然后是一个人的特写，尤其是特写他的步伐。这种写法确实使人有看电影的感觉。文章的气势也就由此而出了。

意义跨笔

这不是从时间上说的跨笔，也不是从空间上说的跨笔，而是从文字的意义上说的跨笔。请读一篇有代表性的作品：

合众国际社西班牙马德里 1975 年 11 月 20 日电 （记者皮特·魏伯赛克斯）欧洲最后一名右翼独裁者佛朗哥今天逝世，从而结束了他长达三十六年的铁腕统治。（从逝世的报道跨到对事实的评价。）

八十二岁的佛朗哥今晨 4 点 40 分在马德里的拉·帕兹医院死于心脏病。为了生存，他进行了长达 34 天的顽强的斗争，在此期间他的家人一直在病床守护。（小的时间的跨笔。）

佛朗哥亲手挑选的接班人胡安·卡洛斯王子将于本星期六开始登基，成为四十四年来西班牙的第一个国王。在此以前，这个国家将暂时由一个三人摄政委员会治理。（从王子登基的报道跨到对此事的评论和背景的介绍。）

佛朗哥是 30、40 年代欧洲强人中的最后的一个，他比同时代的温斯顿·丘吉尔、富兰克林·罗斯福、约瑟夫·斯大林和德怀特·艾森豪威尔都活得长。（由一个人跨到其他人。）

……

这位颇负众望的将军是在 1936 年至 1939 年血腥内战期间登台执政的。他的死意味着欧洲最痛苦的一章结束了。（历史事实的回顾跨到对他逝世一事的评价。）

……

从这些小的段落中可以看出跨笔的特点。它跨来跨去。有的是从实跨到虚，有的是从过去跨到现在，有的是从现在跨到过去，有的是从新闻跨到背景，如此等等。反正每一句话和每一个段落，都不是单纯的一个层次，而是跨越了两个层次。它的好处是显而易见的。

第二十节　新闻笔法（三）

内容提要：这一节讲两种新闻笔法：跳笔、合笔。

跳笔，跳跃之笔也，不像其他文章那样讲求连贯和衔接，新闻写作的艺术是舞蹈的艺术。

合笔，多种表现方法合成的笔法，在同一段文字中，含有叙述、描写、抒情、评论等各种成分。

新闻笔法之五：跳笔

连贯、通顺、讲求起承转合，注意上下文的衔接等等，这些都是对一般的文字作品的基本要求。

但对新闻作品，对于它的连贯性，应该有特殊要求：

新闻作品可以不像一般文字作品那样连贯，仅仅从文字上看，它甚至可以很不连贯。

但是它的内在含义和内在的逻辑又应该是很连贯的。

我们说的内在含义和内在逻辑是在新闻传播的特定要求下说的。

正是在上述的三句话的原则下，在新闻写作中，才有"跳笔"这种笔法存在的价值。

所谓"跳笔"，作为新闻写作的一种笔法，是指记者在写稿时不必过分注意文字上的连贯和上下文的衔接，在句子和句子之间，在段落和段落之间可以有甚至必须有较大的跳跃。

"倒金字塔"的写法，从文字上看其实就是一种跳跃。

请读这样的一条消息：

格拉西莫夫说戈尔巴乔夫向邓小平提出了学生问题

合众国际社北京（1989年）5月16日电 （记者查尔斯·米切尔）
苏联领导人戈尔巴乔夫用握手结束了30年来中苏的敌对关系，他今天提议，两个共产主义大国加强军事合作，目的是使两国间长达4000英里长的共同边界非军事化。

苏联外交部发言人格拉西莫夫说，在30年来首次的中苏首脑的会晤中，戈尔巴乔夫还向邓小平提到了学生在北京中心举行的前所未有的抗议活动，戈尔巴乔夫坦率地说："我们那里也有头脑发热的人。"

格拉西莫夫是在半夜举行的记者招待会上说，是戈尔巴乔夫向邓小平提出学生问题的，戈尔巴乔夫表示，他深信中国领导能够"为了整个国家利益"解决这个问题。

格拉西莫夫说："我们也有头脑发热的人，这是戈尔巴乔夫说的。他说两国都有头脑发热的人，他们想一夜之间革新整个制度。戈尔巴乔夫说，这当然是不可能的。"

格拉西莫夫对戈尔巴乔夫的话做解释时说："他说这不可能一夜之间完成。那只能发生在神话之中。"

（消息的后半部分不再引述了。）

如果用一般文字作品的写作要求来考察，甚至可以说这是一篇文字功夫相当糟糕的作品。上段和下段之间不仅不连贯而且简直是车轱辘话来回说。第一段说的是中苏的军事合作问题，然后一下子就跳到了第二段的"学生问题"。而在提到中国学生问题时，突然一下子又跳到了苏联也有头脑发热的人的问题上了。第三段前面是重复解释，后面又把戈尔巴乔夫对学生问题的态度说了一句。第四段又是重复"头脑发热的人"的问题，但是这次做了进一步的解释。如此等等。如果改成标准化和规范化的文字应该是怎样的呢？恐怕应该是这样：

苏联外交部发言人格拉西莫夫在今天晚上举行的记者招待会上说，苏联领导人戈尔巴乔夫用和中国领导人邓小平的握手结束了30年来的中苏的敌对关系。戈还向对方建议加强两国的军事合作。在这次会晤中，戈尔巴乔夫还首先向邓小平提出了中国学生在北京举行的前所未有的抗议活动。同时他表示深信中国的领导是可以"为了整个国家利益"解决这个问题的。他还联系苏联的情况说，"我们那里也有头脑发热的人"。戈尔巴乔夫所说的头脑发热的人是指那些想在一夜之间革新整个制度的人……

如果一个中学生在语文课堂上，把作文写成了记者写的那个样子，老师一定很恼火，并责令他改成后面这段文字的样子。但是作为新闻作品，究竟是哪一种写法好呢？当然是第一种！

上述两段文字在写法上的主要的区别，就是一个是用"倒金字塔"的写法，而另一个则是用"通用"的写法。

既然要用"倒金字塔"的写法，那么与之配套的笔法之一就是跳笔。

这里我们可以打这样的一个比喻：我们在副食店里可以看到两种卖肉的方法，一种是整扇的猪肉摆着，肥瘦一起卖，你要买多少，售货员一刀切下来，有肥肉也有瘦肉；另一种办法是，售货员事先把肉做了加工，肥肉瘦肉分开单放。这两种方法哪一种更适合顾客的要求呢？毫无疑问是后者而不是前者。道理就在于售货员已经按照肉的成色——主要是按照肥瘦的不同因而价格的不同——把它们分开了，便于顾客选购。

消息的写作也是同样的道理。"倒金字塔"的优越性就在于它按照重要性把事情和对事情的叙述给分开了，而不是"不分肥瘦"地放在一起。上面的那一条消息，就是用跳笔这把刀把"肉"按肥瘦分割成一条一条：

第一条：中苏结束30年的敌对关系，戈提议加强军事合作；

第二条：戈提到了中国的学生问题，并说苏联也有类似的人；

第三条：戈相信中国能够解决学生问题；

第四条：解释什么是头脑发热的人……

从上面的论述我们可以看出，跳笔这种笔法是新闻作品"倒金字塔"逻辑的必然结果。

从读者读报的角度看，跳笔也是一种必然使用的笔法。

前面已经说过，读者在略读阶段本身就是"跳着读"的。可以想象，在这种情况下，即使新闻作品的文字写得非常连贯，由于这种读报的方法，也变成不连贯的东西了。既然如此，何不顺水推舟，干脆和读者一起跳呢？你跳着读，我跳着写，这样不就更加合拍了吗！

从记者写作的角度看，运用跳笔的手法，可以较为容易做到"写得快"和"写得短"。

凡是有一定实践经验的人都知道，在写作中，最费脑筋的问题之一是如何把上下文和上下段联结起来。许多人为此费了不知多少心血。有了跳笔这种手法就要好得多了。不管连不连得起来，反正一跳了之。跳得省事，跳得心安理得。这不就可以较快地进行写作了吗？用跳笔还能写得短，许多过渡的语句甚至过渡的段落都可以省略。

请看1982年12月24日《人民日报》一版头条消息《重视城市的中心地位和作用》中的一段。凡是跳的地方，都用破折号隔开：

> 但是，由于种种原因，过去一个很长的时期，城市问题没有得到应有的重视。三中全会以后，中央在这方面给予了很大的关注。——现在农村工作打开了局面，城市问题就显得更加突出了。——参加这次会议的180人中，不仅有大专院校的教授、专家、城建部门的实际工作者，而且还有中央有关部门、一些省、市、自治区、大中小城市的领导同志。——会上收到80多篇论文。

短短的一个段落，跳了四跳。如果是不跳，不知又要增加多少篇幅。

跳笔还是一种新闻写作的技巧和艺术。

跳笔运用得好，可以大大增加新闻作品的文采。

请读作家徐迟在他的报告文学作品《哥德巴赫猜想》中写的这一段文字吧（跳的地方，也是加了破折号记号）：

> 理解一个人是很难的。理解一个数学家也不容易。至于理解一个诽

谤者却很容易，并不困难。——只是陈景润发病了，他病重了。——钢铁工厂也光顾了。——陈景润听着那些厌恶和侮辱条件的，唾沫横飞的，听不清楚的语言。——他茫然直视。他两眼发黑，看不见什么了。他像发伤寒一样颤抖。一阵阵刺痛的怀疑在他的脑中旋转。——血痕印上他惨白的面颊。一块青一块黑，一种猝发的疾病临到他的身上，他昏旋、他休克，一个倒栽葱从空中摔到地上。——"资产阶级认为最革命的事件，实际上却是最反革命的事件。果实落到了资产阶级的脚下，但它不是从生命树上落下来，而是从知善恶树上落下来的。"

（最后一句引文引自马克思的《雾月十八日》一书）

这段文字读起来有多么美，多么有气势，多么简练，多么丰富，多么深刻，给人以多少的想象！如果不用跳笔，可以做到这一点吗？特别是最后的那一跳，竟然把马克思的话给自然而然地"跳"出来了，又是多么的妙啊！

跳笔有时还可以有另一种妙用，那就是用朦胧的写法来表达一些不便于直说的事情，表达那些可意会而不可言传的事情。下面的这段文字也是从《哥德巴赫猜想》中摘出来的：

只见一个一个场景，闪来闪去，风驰电掣，惊天动地。一台一台的戏剧，排演出来，喜怒哀乐，淋漓尽致；悲欢离合，动人心肺；一个一个人物，登上场了，有的折戟沉沙，死有余辜；四大家族，红楼一梦；有的昙花一现，萎谢得好快啊。乃有青松翠柏，虽死犹生，浩气长存！有的是国杰豪英，人杰地灵；干将莫邪，千锤百炼；拂钟无声，削铁如泥。一页一页的历史写出来了，大是大非，终于有了无私的公论。肯定—否定—否定之否定……

这一段文字我们没有用破折号把跳的地方画出来，因为它处处是跳的。读者读的时候会自然而然地感到这一点的。

这一段作者实际上是在写"文化大革命"。它可以说是写了"文化大革命"的全过程，又写出了作者自己对这场所谓的"革命"的评价。为什么要采取这样的写法呢？《哥德巴赫猜想》一文发表在 1978 年，那个时候，对于"文化大革命"还没有公开地采取彻底否定的态度。作者用这样的写法，不仅可以有政治上的可行性，还产生了一种很巧妙的穿透作用。许多读者当时看到这里都会会意地笑起来的。作者相信读者，读者明白了作者。

写到这里，关于跳笔我们可以总括地说这样的一句话：跳笔是新闻写作的重要笔法，新闻写作的艺术在某种意义上说是"舞蹈的艺术"。它是讲求跳的，跳得好，就成了高超的写作技巧。

新闻笔法之六：合笔

新闻写作用得最多的是叙述的方法。但描写、抒情、议论等等的方法也是要用的。因为体裁和作者风格的不同，后几种方法在不同的作品或不同人的作品中运用得多少也是不同的。例如写通讯的时候，描写和抒情就要用得多一些；写述评或工作通讯的时候，议论的方法就要用得多一些。

我们所说的合笔是什么意思呢？这里是指这样的一种笔法，它不单是叙述，也不单是描写、抒情或议论，而是把这几种方法或写法巧妙地结合在一起。这种笔法是多种成分的组合体，故把这种笔法称为"合笔"。

穆青、陆拂为、廖由滨合写的《为了周总理的嘱托……》这篇通讯，写植棉能手吴吉昌在"文革"中遭到迫害，就用了合笔的写法：

> 从此，树影斑驳的村道上，人们每天都看见吴吉昌弯着残废的手，拖着打伤的腿，艰难地跪在地上打扫。人们记得这街道两旁的白杨树，还是吴吉昌几年前领回的奖品。那时县里要奖给他一辆自行车，吴吉昌拒绝了。他说："成绩是大家！"他要求改奖一千棵白杨树苗让全村栽种。如今这些白杨树已经有碗口粗了。可是为全村赢得这些荣誉的人，却受到这样的折磨。白杨树在迎风呼号，那是为老汉在呜咽，还是为这不平在愤怒！？

这一段文字中，哪些句子是叙述，哪些句子是描写，哪些句子是抒情，哪些句子是议论？恐怕说不清。因为这里用的是合笔，把这一切的方法或写法糅合在一起了。

读了上面的这段文字你可能已经感受到合笔的好处了。合笔的好处具体说可以有以下几条：

（一）合笔可以防止把叙述变成干巴巴的记录，描写、抒情、议论等多种成分的加入，使得即使是以叙述为主的方法，也会变得活跃起来，这就会使报道更加感人。

（二）合笔可以把新闻作品的文字变得更加简练，因而使报道的篇幅缩短。完全可以想象，如果叙述写一段，抒情写一段，描写写一段，议论写一段，那就不仅使得文字变得冗长，而且会使报道变得机械难读。

（三）合笔可以把新闻作品中本来难以加入的东西较为方便地加进去。比如，议论这种方法，在新闻写作中是不可滥用的。大段大段的议论，不仅会使新闻报道变得干巴巴，而且会给人一种强加于人的感觉。抒情是主观色彩较浓的手法，单纯的抒发，在新闻报道中一般是很难容纳的。描写虽然在通讯这类的新闻作品中是不可缺少的，但是大段大段的描写也是新闻作品难以容纳的。如果采取合笔的方法，那么这一切的难题似乎都变得容易解决了。主观色彩浓厚的议论和抒情都可以藏在客观的叙述里面；而容易费笔墨的描写也可以借助叙述的文字。

（四）合笔还可以形成一种合力，出现1加1大于2的结果。这种合力所形成的强大的感染力，是它分开使用的时候所不可能出现的。在这种意义上它不仅是艺术而且是"魔术"。

笔者在《现代化觉悟》这篇通讯中，有一段文字，使用的就是合笔：

> 细心考察一下他们（指中年知识分子）的情况，你会动心的：这些中年人，宝贝呀！他们的相貌大都超过他们的年龄，青春的乌发过早地离开了他们的头顶，衰老的皱纹提前爬上了他们的面庞。他们有思想觉悟，有业务能力，有家庭负担。思想觉悟使他们不知偷懒，业务能力使他们承受重担，而家庭负担又使他们不得安闲。他们在追求着，拼搏着。十年动乱的代价现在还在付……

这段文字是叙述、抒情、议论、描写多种手法的结合。你很难说哪一句是叙述，哪一句是抒情，哪一句是议论，哪一句是描写。

通讯发表以后，笔者接到不少中年知识分子的来信。有的来信特别抄录了这段话，并且写道："这些话我读了一遍又一遍，每遍都热泪盈眶。"当然这主要是点到了人们的痛处，但没有合笔这种笔法，效果也会大大减退。

（五）合笔还有一个好处，那就是它可以"调色"，通过改变不同的方法所占的比重，就可以调出各种"色调"来。

请看这一段：

> 有人说太阳是圆的，可在我的感觉中她是方的。每天午后，只要是晴天，她便从保密室西墙上的一方小窗射进来，形成了一个很规矩的方光环，渐渐地从地板走上乳白色的东墙，由下向上不紧不慢地移动着……保密室只有我一个人。从某种意义上说，我就是主宰这三十平方米天地的上帝，属于我统治的是几大柜保密文件……"
>
> （摘自中央人民广播电台"我爱这一行"征文比赛获奖作品、唐山市人民政府李恺所写的《方太阳》）

这是描写的比重占得较大的合笔，因而它给人一个"散文诗"的感觉。

再看这一段：

> **法新社北京（1982年）9月11日电** 中国共产党第十二次代表大会今天在这里结束，显然产生了一种复杂的妥协的结局，这不仅为邓小平的务实派接班人开辟了道路，而且在最高层保留了一个已故毛泽东的支持者，就是杰出的叶剑英元帅。

这是议论和评论占较大比重的合笔。其中的"复杂的妥协的结局""开辟了道路""一个毛泽东的支持者"等都是评论性的语言，代表了西方记者的观点。这种写法必然给人一种记者主观色彩很浓的感觉。

笔者在《不完整的答案》一篇批评性报道中，写了这样一段文字：

记者了解到的情况是：他在"文革"前的确是一个科级干部，"文革"以来，曾担任过地区革委会文教组长、地委宣传部副部长、部长……由副科级到副厅级，"直上"是确实的。当然是"青云"还是什么"云"尚待研究。

这是一段议论的色彩较浓的文字，但是与上一段文字又有不同，在叙述中加了更多的杂文式的议论和写法（如把"青云直上"的成语拆开来用了）。这样就使得报道中的批评更加含蓄有力。

运用合笔的写法，有人可能觉得这种方法是否加入了过多的主观的东西，而破坏了新闻报道的客观性。这种方法如果使用不当，是会出现这种情况的。但是这是运用的问题，而不是这种方法能否存在和能否使用的问题。新闻报道的客观性并不是绝对地排斥记者的主观见解和对新闻事件的评论的，有的时候也不应该排斥记者直接抒发自己对新闻事实和新闻人物的感情的。记者在写到老模范吴吉昌受迫害的时候，如果无动于衷，感情是冷冰冰的，读者反倒接受不了。

西方新闻界确实风行过"纯新闻"的理论，可是到了后来他们自己也不墨守这样的成规了。

请看：

法新社 11 月 13 日电 （记者吉尔·康皮翁）中国今天发出了愿意与莫斯科改善关系的新信号，它宣布它将派遣黄华外长出席星期一举行的苏联主席勃列日涅夫的葬礼。

在这个消息的导语中，第一句话即"新信号"的说法，实际上是记者对新闻事实的评价，因而使整个导语带有合笔的色彩。实际上是记者直接站出来说话。

再看一条消息导语：

路透社北京（1982 年）12 月 3 日电 体现邓小平领导班子各项温和政策的中国新宪法明天即将由全国人民代表大会通过。

记者在报道中加上了"温和政策"之类的话,也是对新闻事实的评论。

第二十一节　新闻笔法(四)

内容提要: 这一节讲两种新闻笔法:衬笔、短笔。

衬笔,不直写报道对象,而是用反衬的方法写。

短笔,句子短、段落短、篇幅短。

新闻笔法之七:衬笔

所谓衬笔,是指记者在写某一事物或某一人物的时候,不正面直写,而是从另一个角度,从陪衬的角度去写。画家罗工柳画过一篇名为《井冈红旗》的油画。按理说,既然是画红旗,就应该把红旗画得大大的,画得很醒目,起码要占据主要的画面。但他的画法恰恰相反,整个的画布全都涂满了翠绿的颜色,只有中间的一个部位,有一抹鲜红——代表着万山中飘扬的一面红旗。这样的画法,反而使得那面红旗显得更加突出,整个画面也充满了生机。这个画法就可以称之为衬笔。

在新闻作品中,用衬笔也是不少的。一般说主要有以下三种"衬法":

一种是用记者(作者)主观的感觉来衬托他所报道的对象。这种方法用得最多的是高鹗,在他的《老残游记》中有这样的一段描写,是写白妞说书的:

> 声音初不甚大,只觉得入耳有说不出的妙境,五脏六腑像熨斗熨过,无一处不伏贴,三万六千个毛孔,像吃了人参果,无一毛孔不畅快,唱了数十句后,渐渐地越唱越高,忽然拔了个尖,像一线钢丝抛入天际,不禁暗暗叫绝。

这是一段相当精彩的文字。《老残游记》也可以作为新闻报道作品来看。因为它是纪实的。这种写法如果说妙那么它妙在哪里呢?其实就妙在用了衬

笔。他没有直接描写白妞的嗓音如何之亮,如何之甜,如何之委婉,而是从听者(作者)的感受来写。这样写的好处起码有三个:

一是读者容易接受,因为人的感觉是相通的。

二是给作者以充分运用自己才能的机会。如果直写演唱者的妙处,由于自己对演唱并不内行,可能说不到点子上。而且能够说的也就是那样的几句话,被人们用过多次了。但是写作者自己的感受,那就可以由着自己的"性儿"发挥了。

三是这样写给读者以更多的想象余地。

斯诺在《西行漫记》这本新闻名著中,也常用衬笔来写他所见到的人物。见到邓发以后,他是这样描写的:

> 他的一头黑油油的浓发下面,一双闪闪发光的眼睛紧紧地盯着我,他的青铜色的脸上,露出了恶作剧的笑容……

上面的这一段可以看作是正面的直接描写。接下去他用了衬笔:

> 他中等身材,看上去力气不大,所以当他走过来,突然一把抓住我的胳膊时,我没有想到他的手像铁爪子那样的有力,不禁痛得退缩了一步。我后来注意到,这个人的行动有一种黑豹的优美的风度,在那硬邦邦的制服底下,一点也不失矫健。

这一段并不是直接描写对方,而是写对方给记者的感觉。正是通过斯诺的感觉把邓发写得栩栩如生。

也许正是因为衬笔有这样的好处,所以许多同志主张写新闻报道,不仅是写通讯,就是写消息,也应该提倡用第一人称的写法,因为第一人称的写法便于写进自己的感受,也就是便于运用衬笔。

如果运用得好,在作者的感受之中,也包含着作者对某一个问题和某一个人物的解释和判断。这对读者也是需要的。

曾担任过人民日报总编辑的邓拓同志,在他的《访"葡萄常"》这篇新闻作品里，是把衬笔用得比较好的。他这样写：

  这五个姑侄姐妹把手工技巧看得比什么都重要，做成一串串的葡萄比那园子里新摘下来的也差不多，深绿色的薄皮上覆着一层轻霜，柔软的枝干衬着几片绿叶，叫人望见它嘴里就有甜酸的感觉。

这最后的一句"感觉"，把前面的几句话都"衬"起来了。最后的这一句添加进去了，就成了衬笔的手法。

再看这篇文章的另一段：

  常桂福年轻的时候，没有出嫁，到了三十六岁那一年，索性当了尼姑。常桂禄、常桂寿看见姐姐不出嫁，当然也就做同样的打算，还有两个侄女受了姑姑的影响，也都下了不出嫁的决心。当尼姑的既然不便主持家计，于是常桂禄就不能不做一家之主了。
  这使我不禁联想起历代手工业者用一切办法保守技术秘密的许多悲剧，我疑心这个悲剧在常家一直演到如今还没有终场。

这两段话，前一段是叙述客观的事实；后一段则是作者自己的感受和分析。这种作者的联想在这里起了很重要的作用。常家姐妹的经历的深刻的内涵，她们本人也不见得就认识得清楚，而作者的这样的一段议论性的文字，就很自然地把它们揭示出来了。这时，衬笔几乎是不可替代的了。

人民日报记者白夜，在《同路易·艾黎对话》人物专访中这样写道：

  我见到了路易·艾黎，一个八十四岁的老人，仿佛一座小山似的移了过来。他五短四粗，鼻高耳大，双颊绯红，白发如雪。在金色的眉毛下，闪烁着浅蓝色的温存的眼光。笑容爽朗而亲切，给人一种精力充沛的感觉，真是松柏之姿，经霜犹茂。他那双大手仿佛钳子一般，把我的手紧紧地钳住。

这一段用的也是衬笔。"给人以……的感觉",就是用记者感觉来衬托出路易的气质和风度。

从这段文字中我们还可以得到一点启发。夸张是文学艺术中常用的手法,在新闻作品中一般是不用的。但是白夜的这段文字中确实有夸张的地方,比如写路易"仿佛一座小山似的移了过来",这就是夸张。人怎么会像山那样的高大呢?但是你感觉白夜这样写不仅没有失真反而很好。这是什么道理呢?就是因为他这里写的是自己的感觉——他感觉对方像一座小山一样地移过来,并不是真的就是一座小山。

由此可以看出,衬笔这种手法,为我们在新闻写作中借用文学的手法打开了方便之门。

衬笔还可以用写周围的环境来写主体,用反面东西来衬托正面东西。

新闻笔法之八: 短笔

短笔是新闻写作中最常用的最基本的笔法。

什么是短笔?短笔应该包括三层意思:

新闻作品的篇幅要短;段落要短;句子要短。

所谓短笔,是这样"三短"的结合体。

首先是篇幅短

论述新闻作品应该短的文章已经多不胜数,主要强调新闻作品的篇幅要短。这是完全正确的。因为:

1. 短才能写得快,才能做到新闻报道的及时性;

2. 报纸的版面、广播和电视的节目时间,都是有限的,新闻作品的篇幅短才有可能容纳更多的信息量;

3. 版面和节目都是组合产品,篇幅短的东西一般是较为容易组合的;

4. 篇幅短的东西容易被读者接受和消化,大部头的东西是比较吓人的,人们一看黑压压的一片,或在广播电视里说个没完,就会望而却"目"了。

在短笔的研究中，对段落短、句子短的研究和重视不足。有的人甚至忽略了。这两方面也是短笔的重要内容。

人们在形容大部头作品难读的时候，往往用"难啃"的说法。

"啃"这个字用得很好、很准确。那么大、那么硬的东西，难以下嘴，就只有"啃"了！

要把"啃"变成"咬"，变成"吃"，变成容易"嚼"，就有一个前提，新闻作品篇幅必须是短的，必须是比较"碎"的。新闻作品必须用短笔来写，很短的篇幅，不吓人；很短的段落，一口可以吞下去；很短的句子，容易嚼碎它，容易消化。这就大大方便读者了！

短笔要重视短段落

请读一下美国《基督教科学箴言报》记者奥卡写的报道：

逛北京集市

"活螃蟹，活螃蟹！"一个身材魁梧、身穿蓝色上衣的农民吆喝着招徕顾客。他旁边是一个身穿灰色衣服的农民，蹲在一个大口袋的后面叫卖新鲜玉米。紧挨卖玉米的是卖栗子的，卖白梨的……

这就是在北京蓬勃兴起的自由市场中的一个——这个自由市场，设在离北京动物园不远的一条大街的肮脏的便道上。

在国营商店里，蔬菜和水果都显得很干巴，售货员漫不经心，对顾客爱理不理。

而在自由市场，西红柿、青椒、玉米和圆白菜都很新鲜，顾客还可以自由挑选。

在自由市场逛了一天的一位来访的日本农民说："你看这些小贩的眼睛，有一种不寻常的眼神。它告诉人们，我必须尽量赚钱，这样才能买收音机、手表或者再给家里添一辆自行车。"

所有的小贩都是社员，他们不只来自北京郊区，还有来自邻省的。

按近年来实施的规定，社员可以出售自留地里的东西，收入归己。我碰到一个从山东来的卖鲜姜的农民，他的生姜比国营商店干瘪的样品要像样得多。

　　我的一位日本朋友——他率领了一个农民代表团访问了中国——也访问过许多公社。

　　他说："中国农民确实要比我们穷得多，他们没有冰箱，没有洗衣机，只有少量的电视机——当然没有汽车。我们日本人在战后才闪出那种眼神，战前我们都很穷。但是当这样眼神在我们的眼中出现的时候，我们拼命地工作——种更多的谷物，买更多的肥料，设法弄得良种和农药。只有这样努力，我们才能添得起洗衣机、电视机，还买了汽车。

　　我们是否比过去富裕了呢？那当然。我们是否满意了呢？我不敢肯定。我认为，当我们还很穷的时候，我们那种有难同当的精神更多一些。

　　要是中国既能实现现代化，又不像我们日本人那样烦恼就好了。在日本，每人都注视着他的邻居买了什么东西——一辆大轿车，一台高级电视机或送儿子上大学等等。

　　但是，我不敢肯定情况都会那样。你想如果八亿农民眼里都是那种眼神，这个国家将会发生多大的变化！"

　　这篇报道译成中文以后，不足一千字。但是它竟然分成了12个段落，平均每一个段落还不足一百字。这是用短笔写作，特别是用短段落写作的一个很有代表性的作品。后面的那五个段落实际上都是一位日本农民的话，按说是可以放在一个段落里面的，但记者还是把它"切"成了五块来处理。

　　这位记者在自由市场上抓住了最主要的活动主体——农民，又抓住了农民身上最主要的东西——眼神，又用日本农民的话来注解眼神代表什么。于是整个的报道就变得相当深刻了。这种巧妙构思，值得借鉴。

　　他为什么可以把段落写得这样短呢？除了记者有短笔的意识以外，很重要的方法是他善于把比较复杂的思想和情况，化成一个一个层次的东西——观点或材料，然后在写作的时候，让每一个段落只说明一个小点。顺着作品我们向下捋：

1. 一个自由市场上农民叫卖的镜头。
2. 镜头扩展到那个农民所在的市场。
3. 背景：国营商店商品不行。
4. 自由市场的商品好。
5. 用日本农民的话点出农民的眼神。
6. 市场上的农民来自哪里。
7. 农民是按新的政策活动的。
8. 介绍一位日本的农民。
9. 日本农民话里的第一个观点：日本农民也曾有过这样的眼神。
10. 第二个观点：日本农民富裕了，但是并不满意。
11. 中国如果又现代化又不像日本农民有那样的烦恼就好了。
12. 中国在这样的政策下一定会发生很大的变化。

使用短笔，就要善于把复杂的问题和内容化解开。

我国的一些著名的记者，也很注意用短段落来写作新闻作品。请看华山同志写的《解放四平》这篇报道的开头部分：

  1948年3月12日，四平街北郊。
  黎明，解冻的日子，我跟上攻城指挥所的将领们，向三道林子策马驰去。总攻击的时刻到了。
  泥泞的雪道，晚上冻结了，冰凌酥脆，遍野残雪。半个月来，四郊留下了多少脚印，多少车辙！
  三道林子，是个土漫岗，接连市区，俯瞰全城，和敌人的防御重点油化工厂只隔一条小河。八日以前，这里还是控制全城的重点，现在却成了我们的炮兵阵地。攻城指挥所就安在这里。
  一到高处，整个战场就立即展现出来。多少部队正在从四面八方涌向四平啊！
  ……
  好大的场面啊！

看，段落多么短，读起来又是多么酣畅！

对于短段落的必要性，我们还可以从另一个角度来加以理解：发表在报纸上的新闻作品，不仅是读的作品，而且是"视"的作品。从视觉的角度看，也要求段落一定要短。

"读"和"视"是有区别的。所谓"读"，是指读者按照文字的排列一字一句地读下去，同时就领会了文章的内容。"视"是指读者在进行阅读以前对新闻作品的整体的观瞻，这时他只是看到了这篇作品排版的大体面貌，并不见得对内容有什么了解。一般地说，读者对新闻作品，都是先"视"后"读"的。他总是先对新闻作品有一个总体的印象，然后再决定读不读或者怎样读。

就这点来说，书籍、杂志上的作品与报纸上的作品是不同的。书籍的视觉形象主要是它的封面，至于书中的版式是没有很大的区别的。杂志稍有不同。但报纸则是很不相同了。一篇新闻报道放在哪一版，放在什么位置，它首先给人的总体形象是怎样的，都是很有讲究的。视觉在这里所起的作用往往是很大的。

编辑在处理版面的时候，所要遵循和利用的不仅是读的规律，而且是"视读规律"，甚至首先是"视"的规律。

作为一个记者，他在写报道的时候，不可能决定版面的具体安排，但是他可以做到也应该做到：1. 必须考虑到自己的作品怎样适合版面的安排；2. 在自己可以做到的范围内，努力改进自己作品的视觉形象。这中间，用短段落写作就是一个很重要的问题。

用短笔写的报道，也是比较好删改的，编辑可以一段一段地去掉。

短笔也要重视短句子

写文章要多用短句，许多作家都谈过。新闻作品的短句，更有它的特殊的要求。这涉及新闻语言问题。

对于如何写得短，以写短新闻著称的老记者李普同志谈了以下几条经验：

1. 一篇稿子，只谈一件事。如果一次采访涉及两方面的内容，就写成两篇稿子，不要墨守"一次采访，一篇报道"的程式。

2. 如果是有关系的几个问题，可以化整为零，写成系列报道。这样，每篇的篇幅就短了。

3. 忍痛割爱，无关紧要的，单独看再好，也要删掉。

4. 用新闻语言写新闻。新闻语言是简练的。

5. 不要企图一次把话都说完。有些话以后还可以再说。

6. 该繁则繁，该简则简。简的地方，惜墨如金。

7. 写得短也是政治水平、业务水平的综合表现，不只是文字功夫。理解得深，才能一语破的。

（转引自彭正普《李普同志谈短新闻》，载《安徽日报通讯》1982年第2期）

这里介绍一个马克·吐温写七行字小说的故事：

某报社向马克·吐温约稿，请他写一篇短篇小说。他当即应允。但有一条件：小说很短，但稿酬按长篇给。因为它浓缩了一部长篇小说的内容。

报社答应了他的条件。

马克·吐温很快交来了自己的小说，只有七行字。

小说题目：《丈夫支出账本中的一页》

正文是：

招聘女打字员的广告费（支出金额）

提前一星期预付给女打字员的薪水（支出金额）

购买送给女打字员的花束（支出金额）

同她共进一顿晚餐（支出金额）

给夫人买衣服（一大笔开支）

给岳母买大衣（一大笔开支）

招聘中年女打字员的广告费（支出金额）

这七行字，道出这样一个故事：一位已有妻室的男人，又倾向一个女打字员，送给她花束，和她共进晚餐。此事引起妻子、岳母的愤怒。为了平息风波，他破费一大笔钱给她们买了贵重礼物。后来，他不得不再重新招打字员，这次是招中年以上的了。

　　马克·吐温为什么用七行字就写出了这样一个故事呢？从"短笔"的角度看，他选取了一个最能说明问题而又最能简短的角度：支出账目。抓住这点以后，其他一概省略。他相信聪明的读者，会自己填上"空白"的。

第七章 新闻语言

第二十二节 新闻语言是一种独立的语言

内容提要:"新闻语言"这个词人们往往在贬义上用它,但这是片面的。好的新闻语言是一种独立的语言。创造和推广实用的优美的新闻语言,是我们的历史责任。

新闻语言是在下述的矛盾中成长的:广博和专深的矛盾,纪实性和文学性的矛盾,主观性和客观性的矛盾,速度和深度的矛盾。正是从解决这些矛盾中,生长出新闻语言的特色来。

"新闻语言"能否成为一个独立的概念?有无相对独立的新闻语言?

如果说有新闻语言可谈,那么它的特点和规律又是什么?

怎样认识新闻语言和其他品种语言的关系?

怎样把握和提高新闻语言?

一位外国文学评论家说:"语言是我们的朋友,也是我们的敌人。"新闻语言,好像也如此,有时它是我们的朋友,有时它又好像是我们的敌人。

"新闻语言"一词所含的褒贬

在相当一些作家的眼里和口中,新闻语言是一个贬义词。像老舍这样的大作家,也把新闻语言当作糟糕的语言的代名词。这种情况,应该说是公平的,又是不公平的。

说它公平,是因为确实有相当的一些新闻作品的语言非常之糟糕。最常见的毛病大约有这样几种：

语法不通

著名的语法专家吕叔湘就经常能够从像《人民日报》这样的较高水平的报纸上找出不少语法方面的错误。其他报纸更是可想而知了。

语言啰唆

经常出现不少"车轱辘话"。新闻作品与一般散文不同，它是写新闻事实的，那些政治性强的报道，常常要引用文件。因此，记者使用的语言，在很大程度上，要受所报道的内容的影响，有些重要的词汇，即使较长、较啰唆，也是不能随便简化的。

用词不准

比较常见的是用词不当，也有生造词汇的问题。例如有的报道写了这样的一段话："南郊边远的居民，建国30多年来没有吃上自来水，今年他们自己动手接通了管道，310户居民吃上了幸福水。"这里的"幸福水"一词就用得不准确。把写刚新中国成立时的事情用的词用到了今天。再说，新中国成立30多年才吃上自来水，还叫"幸福水"，不是让人啼笑皆非吗！

生造词汇的情况也是不少的。

语言干瘪

许多新闻作品所用的语言是极其干巴和贫乏的，缺乏文采。不仅如此，甚至像有人说的，读这种干瘪的文字，简直有一种受罪的感觉。

语言干瘪的情况又有不同。主要表现有：

1. 多用一些公式化、概念化的语言；

2. 过多地使用专业名词、术语，不够通俗易懂；

3. 滥用数字；

4. 只会单一的叙述，不会巧妙地运用描写、抒情、议论等多种方法；

5. 词汇太少，翻来覆去就是那几个词儿。

除去这些毛病外，新闻作品写作上的粗糙，包括语言上的粗糙，是普遍的现象，这也是不可否认的。

根据上述种种情况，把新闻语言作为一个贬义的词汇，似乎也是应该的。

但是，还有另一个方面甚至是更重要的方面，也不可忽视。那就是：

1. 有许多优秀的新闻作品，不仅内容精彩，影响巨大，而且语言也相当精彩。在语文教科书选入的作品中，有许多就是新闻作品。这就证明，新闻作品的语言不一定是不好的语言。

2. 某些新闻作品中在语言方面存在的毛病，只是该作者新闻语言中的毛病而已，不应该看成是新闻语言的全部和新闻语言的必然。这不是新闻语言注定不能改变的问题。新闻语言可以通过不断地改进完善，成为与其他文学作品的语言相比毫不逊色的语言。——当然是就各有特色而言。

综合上述两个方面，可以说，新闻语言既不是贬义词，也不是褒义词，它应该是社会需要的、具有相对独立品格的一种广泛运用的语言。我们应该下大力气改进它。这不仅是新闻工作者的责任，也是全社会的责任。

新闻语言是相对独立性的语言

在讲过了上面这个问题以后，我们再来探讨新闻语言是否可以作为一个单独的概念或一个相对独立的范畴存在？

回答应该是肯定的。

为什么？

要回答"为什么"，先要问几个"为什么"。

为什么政治有政治的语言，军事有军事的语言，文学有文学的语言，法律有法律的语言，哲学有哲学的语言，直至电影、戏剧、舞蹈等都有自己特殊的语言？除了内容的区别之外，无非有这样的几个原因：（一）它们有自己的特殊的概念和词汇；（二）它们有特殊的语言表现方法；（三）它们有自己的特殊的语言结构方式。

而在这三个方面，新闻语言都是够资格的，它一点都不缺少什么。

不错，新闻作品报道的内容是整个社会的内容。它要涉及文学、法律、哲学、艺术、科学、经济、政治、军事等社会生活的各个方面。在它的语言中，不可能不吸取和借用这些方面的语言。但是这种情况并没有给我们消灭新闻语言独立性的依据。难道政治不是涉及全社会的吗？难道文学不是描写全社会的生活的吗？既然它们是可以独立的，为什么新闻不可以呢？

任何一个学科都是特定角度的抽象。新闻也不例外。新闻语言就是从新闻的角度对全社会进行"选择"和反映时所用的工具。它的本质是信息传播的语言、报道事实的语言、解释问题的语言、快速交流的语言。这就是新闻语言的个性。

创造和推广实用而优美的新闻语言是我们的历史责任

首先，主要是专业的新闻工作者，要有这样的历史责任感。

现代社会，是信息社会，是新闻传播事业大发展的社会，是新闻传播日益深入人们生活的各个领域的社会。作为新闻传播的最基本的工具的新闻语言，它的发展不仅是必要的，也是必然的。这是历史的潮流所致。我们应该把这个责任担当起来。

其次，我们要有这样的信心。应该说近代和现代的新闻事业的发展和许多成功的新闻作品，已经在这方面给我们提供了很多的经验和条件，只是需要我们更好地学习和总结，借鉴和提高。

特殊地说，我们中国的优秀的汉语言文字，也给我们创造好的新闻语言提供了非常好的条件。对这一点，我们要有足够的认识。

美国名记者约翰·罗德里克在《中国问题观察家》这篇文章中说：

> 中国古人妙语横生，言简意赅，才智令人陶醉、令人兴奋。"三十六计，走为上计"就是一例。

他也批评了我们的文风中存在的问题，他说：

中国共产党人作为孔子和老子等创造精辟短语的人的后代，相比之下，都是讲话啰唆、爱搞老生常谈、没有幽默感的人。

接着他又有"表扬"：

并非所有的中国共产党人都是拐弯抹角的。毛泽东本人就有一种活泼、尖锐的风格，外长陈毅也是这样。
（摘自于新华出版社出版的《美国名记者谈采访工作经验》一书）

这位美国记者的说法是比较客观的。我们的汉语言文字是世界上最简练的语言文字。这一点在联合国的同声翻译中可以得到证明，中国的翻译总是最早翻译完毕的。书面的文字，我们的汉语言文字也要比其他的文字短得多，所占的篇幅起码要短四分之一到三分之一。更可喜的是，现代化的电子技术的发展已经解决了汉字的电脑输入的问题，而且汉字的输入可以大大快于其他文字的输入速度。这些都说明我们完全有条件创造好的新闻语言。

新闻语言的特点究竟是什么？

毛泽东同志曾经对语言提出过"准确、鲜明、生动"的要求。

这是一个很精辟的说法。它包括了对语言的最基本的要求，而且，这个排列的次序也是正确的、操作性很强的。

首先的要求是准确，准确反映客观事物，准确表达作者的思想观点。离开了这一条，后边的要求都无从谈起。不准确的语言，越鲜明、越生动，不是越糟糕吗？

有了准确还不行，还要鲜明，鲜明的语言才能给人以鲜明的印象，吞吞吐吐的语言是不能准确反映内容的。

生动是为了增加文字的吸引力、感染力，提高语言的效果。

这是对一切语言的要求，也应该是对新闻语言的要求。从某种意义上说，对新闻语言更应该这样要求。

这些看来是很浅显的道理。但是为什么做起来就那么困难呢？这不能不涉及新闻语言的某些特殊性问题。

研究新闻语言的内在矛盾，探讨新闻语言的特殊规律

第一：广博和专深的矛盾

新闻报道取材于个别事实，就反映这个事实的角度来说，应该是越深刻越好；而要反映得深刻，就不能不在语言上有所反映，有时就不能不使用一些专业概念和语言。这就是专深的要求。

但是，新闻报道不仅面对本专业、本行业、本部门的对象，而且面对广大的受众，其他的专业、行业、部门和一般人都能明白。这就要求新闻作品语言的普及性和通俗性。这就是广博的要求。

广博性和专深性两者是对立的统一。没有专深，往往不可能很准确地报道新闻事实，也不能满足传播的要求；但是过分的专深，又使众多的读者看不懂，又会影响传播。在新闻作品中，专深性是为传播性服务的。因此，广博性应该是新闻语言需要考虑的主导方面。

新闻语言的广博性和专深性时时处于矛盾之中，这种矛盾恰好正是新闻语言发展的动力。现实的新闻语言是一个"大杂烩"语言，各行各业的人都把自己的语言灌注到这个语言当中，写小说的，写法律的，写文件的，写学术著作的，中国的、外国的，等等，新闻语言吸收了这一切，又融合了其中的一些。新闻语言就是在妥善处理这两者矛盾的过程中发展起来的。

第二：纪实性和文学性的矛盾

新闻报道是纪实性作品。它的语言应该老老实实，一板一眼，不能有虚构和夸张。但是，新闻作品同样要有文采，没有文采的新闻作品，缺乏必要的感染力，也不是好的作品。因此，新闻语言同样应该强调文采，强调文学性和美学价值。这中间也是对立统一的关系。没有纪实性的语言，不可能写成新闻作品。这是显而易见的。新闻作品的文学价值，有相当的一部分就来自纪实的感染力。而新闻作品的文采和文学性，又可以帮助新闻作品获得更多的读者，使新闻事实得以更广泛地传播。

第三：主观性和客观性的矛盾

新闻语言在本质上是一种客观性的语言，它的说服力和感染力更多的是来自它的客观性。学会用客观的语言说话，是新闻记者最重要的本事之一。

但是，新闻作品中的这种客观的语言，绝不是纯客观的东西，它本身包括记者主观思想的外在表现的因素。我们在前面说的用事实说话，实际上包括这个矛盾了。正是在这一点上形成了新闻语言的一个重要特色，即如何把自己的观点融在客观的叙述之中。

第四：速度和深度的矛盾

新闻作品要用快速表达的语言，新闻语言也是一种快速写作的语言。正像我们前面说过的，新闻作品是"站着写"和"站着读"的作品。在快速的情况下，在时间很短而且很匆忙的情况下，语言的锤炼和推敲都是来不及花很多的工夫的。语言的粗糙是在所难免的。

但是，既然是"站着读"的作品，读者就要求你的作品是很精练的。而精练的语言不花工夫又是不可能的。这不就是一对深刻的矛盾吗？没有深度的快速是没有力量的快速，是低效益的快速。

怎样求得速度和深度的统一，始终是新闻语言要解决的重要的问题和难题。

第二十三节　新闻语言的特色

内容提要：新闻语言是一种白描性的语言，这是它的主要特征。

新闻语言的具体特点：**具体、准确、简明、通俗、综合**。

新闻语言的要求

广博性和专深性的统一,而更强调广博性;
纪实性和文学性的统一,而更强调纪实性;
客观性和主观性的统一,而更强调客观性;
速度和深度的统一,而更强调速度。
好的新闻语言应该是这一切矛盾的最佳处理的统一。
新闻语言的特色,就是在处理这些矛盾中形成的。
新闻语言的特色究竟是什么?

新闻语言的总体特色

借助已经有的概念来说,新闻语言应该是一种白描性的语言,或者说是以白描为主要特征的语言。不理解白描的特点,很难把握新闻语言的特点。
什么是白描?
鲁迅先生在《作文秘诀》这篇文章中说:

> 白描却并没有秘诀。如果要说有,也不过是和障眼法反一调:有真意,去粉饰,少做作,勿卖弄而已。

这恐怕应该算对白描的最权威的解释吧。
作家孙犁就以鲁迅的作品作为白描的典范。他说:

> 鲁迅的小说,是白描的杰作。研究起来,他的作品,没有过多的风景描写,没有过长的人物对话。不抽象地代言人物心理,不琐碎地描写人物的装饰。对话、心理、环境和服装,都紧紧扣在人物的行动和性格上。一切描写叙述都在显示人物形象,都是从情节出发,找到最为特征的表现。

(摘自作者的《鲁迅的小说》一文)

老舍论述什么是白描时用的方法正是白描：

能直写便直写，不必用比喻。

何庸在《谈谈白描手法》一文中，先对白描一词做了这样的介绍：

白描原是中国画的技法之一，起源于中国古代的"白画"，这种画和工笔画不同，要求简练、传神。纯用墨线勾描物象，不着色彩，所画出的人物画和花卉画神态逼肖。这种技法，和文学创作上那种运用极为简单的笔墨，不事雕琢、烘托，却能勾出鲜明生动的形象的手法颇为相似。大概由于这个原因，"白描"的称呼也被借用到写作上来了。

所以，他给白描下的定义是这样的：

白描是运用质朴的文笔，力避浮夸、做作，简练而直接地勾勒出事物特征的一种表现手法。

上面的这些论述，可以说把白描基本上说清楚了。
也许正因为白描能比较好表现新闻语言的特征，所以许多著名的新闻记者，早已注意到了这一点。
穆青同志在《谈谈人物通讯采写中的几个问题》一文中，就说过：

这种表现手法（指白描），有时也借助语言的音响和色彩来加深效果，但主要依靠事实、形象、思想来打动读者。它的特点是豪华毕落见真谛，从平凡中见到深刻，在沉静中见到热烈；尽量做到自然流畅，不事雕琢。

穆青同志的作品，其语言特征也是白描的方法。在《县委书记的好榜样——焦裕禄》这个名篇中，处处可以见到这样的描写：

展现在焦裕禄面前的兰考大地,是一幅多么严重的灾荒的景象啊!横贯全境的两条黄河故道,是一眼看不到边的黄沙,片片内涝的洼窝里,结着青色的冰凌;白茫茫的盐碱地上,枯草在寒风中抖动。

——这当然已经是较为"精致"的白描语言了。

对于新闻语言的白描特征,国外的记者也用自己的语言来论述它。美国著名的记者兼作家海明威曾在堪萨斯城的明星报工作过,即使在他离开这个报纸多年以后,还对这个报纸的写作规范的小册子中的规定记忆犹新。这个小册子的第一段是这样说的:

用短句子。开始的几段也要简短。运用生动的英文,不要忘记力求文字的流畅。用肯定的语气写,不要否定的。——这也类似白描的要求。

海明威对这些原则的评价是:

这是我学习写作中所学到的最好的规则。我从来没有忘记它们。任何一个具有才智、写他们真正感觉到的和真正想说出话的人,若遵守这些原则,绝不会写得不好。

(以上内容摘引自香港今日世界出版社出版的美国贺亨柏所著《新闻实务与原则》一书)

为什么新闻语言的基本特征是这样的呢?

这里可以用一句人们常说的话来解释:复杂的问题要用简单的方法来处理。而这种简单的处理,又突出提出了对新闻语言的最主要的要求。

也就是说,这种特征的语言最能够妥善处理新闻语言遇到的那些矛盾。它用白描的方法解决了纪实的要求而又可以带有文学性;解决了客观报道的要求又便于加入若干主观的意见;白描可以具有广泛的普及性又可以对艰深的东西加以回避或解释;它是简练的,故而可以写得快、写得短,当经过记者的提炼以后,白描的"线条"也可能是深刻的。

新闻语言的具体特征

红谦和王锦鹄同志在他们合著的《新闻写作》一书中指出，新闻语言有四个特点：具体、精确、简练、通俗。可以将其修正为下面的表述：

新闻语言的具体特点是：具体、准确、简明、通俗、综合。

具　体

具体不是抽象，具体不是概括，具体更不是空洞。具体就是原原本本地说出或写出事物的具体情况。

为什么要把具体这个特点放在第一位呢？因为新闻是最近发生的事实的报道。既然是事实的报道，不用具体的语言，是不能把事实报道出来的，报道了，也不可能把事实说清楚。新闻最基本的要素是"5个W"，"5个W"要写出来，都是很具体的。

记者的最基本的本事，是把事实原原本本地写出来。请看一条消息：

金浦机场今天下午发生爆炸

中国新闻社汉城 1986 年 9 月 14 日 16 时电（记者谢一宁）今天下午 3 时 12 分（汉城时间），汉城金浦机场候机楼一层左侧发生强烈爆炸。据记者目击，现场至少一人死亡，五人受伤。爆炸地点附近周围十米所有玻璃窗全被炸毁。警察立即封锁了整个机场，包括邮局，驱走新闻记者，警方拒绝回答任何问题。

炸弹爆炸后，整个一层候机室烟雾弥漫，当局出动大批军警封锁机场。伤亡人员立即被送往医院。

这是一条用典型的新闻语言写的消息。它所用的语言都是那样的具体，没有一个地方用了抽象的概括的语言。在交代事实的过程中，能够具体的，都尽量具体了。诸如"一楼左侧""一人死亡，五人受伤""所有玻璃"等全是尽量具体的介绍。

再看一条外国记者写的关于中国的消息：

北京人民欢度国庆节、中秋节

美联社北京电 今天晚上，20多万人在市中心的天安门广场庆祝中秋节，放爆竹，吃月饼。

虽然云层遮住了月亮，但是饮酒、玩牌等喜庆活动却一连几小时有增无减。

虽说看不到月亮，却可以看到千万支灯泡把天安门广场、人民大会堂、中国人民银行和北京饭店装饰得灿烂辉煌。

为了节电路灯平日不全开，今日却是满街通明。爆竹声噼噼啪啪地响彻全城……

（下面介绍了一些同样的细节以后说：）

今天是两个传统的节日逢在一起。中秋节是全家团聚的日子。很像感恩节。中国人民强烈的全家团聚的传统可以追溯到世界上一个最悠久的文明时代的开初。

共产党的传统则要年轻得多。今天是中华人民共和国成立33周年。

中国的一个大学生说："中国的力量在于家庭观念。我想，今天如果人人都像爱家庭那样爱我们的祖国，我们就可以取得伟大的成就。"

另一个大学生乐观地说："实现四个现代化是一个梦想，但是这是许多人的梦想，而梦想是可以变成现实的。"

（后面又写了一些人的具体的说法。）

这是一篇写节日的消息。通篇也都是很具体的描写，一个细节一个细节地写。具体地一件事一件事地写。后半部分似乎是要发议论了。但是，这些议论记者也是作为事实来报道的，他报道的是某某人某一段很具体的话。议论也成具体的东西了。这后一部分的写法更表现了新闻语言的特点。

有的同志提出，在写大场面的时候，尤其要注意用具体的语言，即所谓

"弃多写少，弃大写小"。美国名记者雷迈尔·莫林在一篇消息中写一次会议的欢腾热烈气氛是这样的："一位农场主用一块红色大印花手帕扇着他的脸；而另一位在欢呼时却噼噼啪啪地拍打着他绿色的裤子背带，以此来代替鼓掌……"寥寥几笔，就把场面气氛勾勒出来了，如果用"掌声雷动""全场欢腾"等大字眼就很难收到这样的效果。（见刘建明《具体是显现真实的手段》一文，载《安徽日报通讯》1982年第7期）类似的表现方法很多。比如，描写安静，写"静，静得很"，不如写"连每个人的呼吸都听得见了……"具体不仅是形象的具体，还应该包括数字等方面的具体。

例如，2009年6月20日各报刊登的消息：

北京奥运收支结余10亿元

本报讯 审计署昨天公告了《北京奥运会财务收支和奥运场馆建设项目跟踪审计结果》，结果显示，根据截止至2009年3月15日的实际收支数，后续应实现收入和待结算支出的统计结果，北京奥组委的收入将达到205亿元，较预算增加8亿元；支出将达到193.43亿元，较预算略有增加。收支结余将超过10亿元。

这些数字都是很具体的。而这些具体数字就是最说明问题的。读者对这样的新闻要的就是具体。如果你光笼统地说奥运会有结余那是不行的。

这类语言写的新闻作品也是大量的。它就是用具体的语言告诉人们具体事实就足够了。

准　确

新闻报道的真实性原则是它的基本原则。保证真实性和新闻语言密切相关，有的报道失实，就是由记者的不准确的语言造成的。

就读者来看，所谓真实性问题，无非是这样三个层次的问题：

第一个层次：有没有。把没有的东西说成了有的东西，把有的东西说成没有，就是失实。（有，但没有说，不是失实。）

第二个层次：是不是。是不是搞错了对象。张冠李戴，移花接木，时空错位，都属于这一类的失实。

第三个层次：像不像。某件事情是存在的，而且也存在于你说的对象的身上；但还有一个像不像的问题，你说得不像，仍然会发生失真，读者仍然会有失实的感觉。

在这三个层次的真实性问题中，前两个层次主要不是语言问题。语言再差、再不准确，也不会把没有的东西说成有的东西，把别人的东西说成是自己的东西。第三个层次的问题，也不完全是语言问题造成的，但往往是由于语言的问题造成的。词不达意就会"是而不像"。

请看这样的句子：

"县委书记×××同志亲临第一线指挥。"

"亲临"这两个字就用得不当。"亲临"这两个字是不好轻易用的。虽然县委书记确实是到现场去了，这样说没有失实，但是在分寸上是不合适的。一个县委书记到第一线应该是很经常、很正常的事情，何必这样说呢？这就夸大了它的意义。

"我们还要继续干！尽管面临的困难还很多，居民住房、吃水、排水、厕所等等，一时还不能满足群众的要求，但从发动群众自己动手谋福利的伟大实践中，已经看到了建设文明、美丽、繁荣城市的希望！"

"伟大实践"这个词就用得不当。大词小用了。一个城市解决居民的住房、吃水等问题是正常的城市建设中的活动，谈不上伟大的实践。

新闻报道的主要手法就是叙述，而叙述的第一要义是准确。

有的人把叙述分为"客观叙述"和"主观叙述"两种。这个分法，有一定的道理。或许要问：叙述就是以第三人称的口气如实地表述某一个事物，都是"客观"的，还有什么"主观"之说呢？有一种叙述，更多的是表示自己对某事物的感受，是表达"客观见之于主观"的东西，这样的叙述称之为"主观叙述"也未尝不可。在这种情况下，作者语言的准确就显得更加重要了。

描写出可以做类似的划分。

准确的要求对新闻作品来说，是最严格的，新闻作品不仅要使人"了解",而且要使人避免"误解"。从两个角度要求它的语言的准确。文学作品,特别是诗歌作品,它可以而且必须有夸张。它的准确是艺术上的准确,夸张得让人能够接受,甚至觉得夸张比不夸张更真实(当然是艺术上的真实)。而新闻语言准确的标准是事实的标准,凡脱离、偏离了事物的本来面貌,就是不准确的了。

现在我们分析一下我国唐代大诗人李白写的《望庐山瀑布》七绝:

> 日照香炉生紫烟,
> 遥看瀑布挂前川,
> 飞流直下三千尺,
> 疑是银河落九天。

从新闻角度看,这是一段现场描写。

前两句的写法,应该说新闻作品中也是可以用的。它并没有什么夸张,只是如实地记录而已。"飞流直下三千尺",这一句,在诗歌中是最佳的句子,夸张得好!但是在新闻作品中,这样的描写就不可以了。新闻作品要求事实准确。三千尺是一千米,或一公里,那个瀑布真有那么长吗?这在新闻报道中就是失真了。

"疑是银河落九天"这一句,就要发生争论了。从科学和事实的角度看,银河下落不仅是失实的,而且是荒谬的。从这个意义上说,新闻作品中是绝对不能用,而且是要严格禁止的。但是从作者的心理感受来说,它又是可以接受、可以理解的。既然新闻作品中也有"主观叙述"和"主观描写"这一类的手法,那么为什么不可以拿来用一用呢?李白也没有说"正是银河落九天",而是说"疑是银河落九天"!一个"疑"字,就把作者的主观感觉交代了。

答案在哪里?答案就在李白的诗里。第一,新闻作品如果要用这类的方法,必须首先划清客观事实和主观感觉或感受的界限,在这点上,丝毫不能有一点的模糊。第二,在写自己的感受和感觉的时候,仍要把握分寸。这个分寸是一个"模糊数学"的领域,它的客观标尺是群众的理解和接受的程度。也就是说,作者的感受和读者的感受应该是合拍的，是读者可以接受的。超出了这个限度，读者就会认为你的作品或语言失真了、失实了。

苏联著名的作家兼记者爱伦堡可以说是善于用主观叙述和描写的能手。在他的政论性的通讯中，有许多的这样的语言。

在他写的《印度印象记》（载于新华出版社出版的《爱伦堡政论通讯集》226页）中，有这样的句子：

> 在德里，我看了一根壮丽的铁柱子。这是远在五世纪制造的。尽管经常雨淋日晒，它从来没有生锈。老实说，这使我惊讶。我还不知道，古代印度人已经掌握了冶金术的奥秘。我立刻自认为对印度什么都不懂。六年前我到过中国，那时我因为太不了解中国而闷闷不乐。这番到了印度，我又感到自己的愚昧无知了。

这些语言，就是一种主观的叙述。作者把客观事实和主观感受划分得很清楚。"我立刻自认为对印度什么都不懂"，这是"自认为"，是一种自我感受，并不是爱伦堡对印度懂到什么程度的客观事实。

再看这样一段话，它是从作者的通讯《六月》摘出来的：

> 去年夏天和秋天，苏联是生活在车轮上的。谁要是看见那些难民的无尽头的行列，谁就不会忘记他们。人们静默无声地走向东方。许多工厂也是这个大迁移的一部分；许多城市也正像大船一样，移向东方地区。在这辽阔的盖了白雪的荒漠的草原上，哈尔科夫迁来的工厂开始在安装他们的机器……

这一段的头一句话就是作者的感受式的概括。就写实讲，苏联当然不是生活在车轮上的，但是就其本质而且用形象的语言来表达的话，那么这句话是非常准确的。甚至可以说，这种主观的感受的描写，不仅更生动，而且更准确了。

由这种写法发展起来的有一种新闻作品，在西方称为"印象式通讯"或

"印象式新闻"。这种新闻作品在写作方法上，主要是用这种主观印象式的叙述和描写。

要做到准确，实际上是要下两方面的功夫。一方面自然是语言上的功夫；另一方面则是对实际事物深入了解的功夫。记者如果对所报道的事物认识模糊，似是而非，那么他很容易在语言上反映出来，而不自知。20世纪90年代初，全国曾掀起第一次住房改革高潮。一位记者在自己的报道中这样写道：

> 现在没有住房、想买房子但又没有钱的人说，国家给我的工资里面没有给我住房的钱，我哪里有钱买房？

这是记者的概述性的语言。其中说"国家给我的工资里面没有给我住房的钱"这句是不够准确的。国家给职工发的工资里面，不能说是没有住房的钱的。在50年代设计工资构成的时候，住房的费用大约打进了5%，主要是房租钱。记者把"住房钱""租房钱"和"买房钱"混淆了。这样说是对国家的工资政策的不准确的表达。这句话应该改为："当初国家并没有给我足够的买房的钱啊！"

准确的要求只有两个字，但真正理解它的含义的人都会说，这是一个很高的要求，要下大力气才能做到。

简　明

简明的问题，已经在新闻写作基本要求中，在新闻笔法"简笔"中，做过论述。

对于语言的简练或简明，许多的著名的人物几乎都有过论述。

要解决简明和简练的问题，最重要的是在我们的头脑中树立简比繁好的思想。

高尔基说过：

> 任何一个花朵都不会因为多了一个花瓣而显得美丽起来。

王安石在《咏石榴》一诗中写道：

浓绿万枝红一点，动人春色不须多。

王安石的话既是写新闻的要点，又是新闻语言的要点。

在不简洁的语言中，用得最多最滥的是形容词。

杰克·伦敦在《怎样当好新闻记者》这本书中，引述美国一位记者的经验说：

要像挑选宝石和情人那样来选择形容词。形容词太多是危险的。不能因为某个形容词具有闪电般的显示力量，就以为十个形容词可以能使一条新闻增色十倍。

这话也是说得很中肯的。

其实不仅是形容词，用其他的词汇时也是如此，只不过人们在用形容词上常常是更加慷慨而已。

一般地说，任何文字作品的语言，都应该崇尚"以一当十"的原则，而不应该追求"以十当一"。正像任何人听人讲话都愿意听警句式的语言，而不愿意听车轱辘话一样。

特殊地说，新闻作品的语言尤其应该崇尚"以一当十"的原则。这是因为新闻作品短，而读者又是没有耐心的。

从宣传的效果看，倒是短的简练的语言和作品给人留下深刻的印象，产生好的反响。

1982年2月7日，《福建日报》在《一定要严肃处理经济上和其他的重大犯罪案件》的栏题下，发表了两则处理走私贩私案件的消息，省委书记亲自撰写了一篇只有163个字（包括标点）的社论。结果，这篇社论因其短、因其旗帜鲜明而被人们传诵一时，而同时发表的类似的社论不少，则几乎是统统被忘记了。

这篇社论全文如下：

今天本报公布了两个重要案件。坏人受到揭露处理，这很好。

有些问题群众看得很清楚，干部也有很多议论，问题的性质已经非常明白。但是就是处理不下去，而且长期处理不下去，为什么？

一是自己屁股有屎；

二是派性作怪；

三是软弱无能。

还有什么呢？也许还有其他原因，但主要是这三条。

你这个单位的问题长期处理不下去，是什么原因，算哪一条，不妨自己想一想。

这样的社论不是很好吗？许多评论和社论，往往是说了许多人共知的话，说过多少遍的话，而真正要说的话，真正的新话，就是那么几句，甚至是只有一句，但是偏偏把它们藏在里面，让人家找不着它。

1968年美国《明星日报》创造了报纸社论最短的世界纪录。它在评论在任的总统约翰逊的时候，写了这样的一篇社论：

约翰逊认输

妙！

社论翻译成中文，标题有五个字"约翰逊认输"，正文只有一个字"妙"，连题带文总共只有六个字！虽然不是所有的社论都可以这样写，但是这种简练的文风却值得我们借鉴。

怎样才能使自己的语言简练和简明？这是要在多种层次上下功夫的。

首先要在思考的能力上下功夫。

邓小平同志说，把不重要的去掉，剩下的就是重要的了。

实现简练和简明的最重要的途径，就是去掉不重要的。但问题往往就发生在这里：记者并不明白自己的报道中什么是最重要的！因为他没有经过深入的思考，对自己所报道的事情或问题并没有吃透，他觉得这个也重要，那个也重要，不仅自己删不掉不重要的，就是编辑帮助他删改的时候，他也常常大叫:"不能删,这是重要的呀!"

一位记者谈过这样的体会:他认为记者练习写杂文是非常重要的。写杂文有三点必须具备:一要有鲜明的独到的观点,这要思考;二是杂文的篇幅不能长,那就必须把最重要的找出来说,这也要思考;三是杂文要有文采,要有点"嘎劲",这同样要思考。而这三方面的思考的功夫,对新闻报道语言的简练都是起重要的作用的。

要相信读者和尊重读者。简练来自必要的省略,不懂得省略,也就很难做到简练。而不尊重读者和不相信读者的作者,往往把读者当成什么事情也不懂的小孩子来对待,那简练和简明又从何谈起呢!

海明威的简短语言对当时美国的文学界可以说是吹了一股清新之风。这是他获得诺贝尔文学奖的重要条件之一。海明威对自己的简练的文风有这样一个比喻:

> 冰山在海里移动的时候是庄严宏伟的,这是因为它只有八分之一在水面上。

这个比喻本身也是很"宏伟"的。记者写东西,只要告诉人们浮在水面上的那部分就可以了,省略水下的那八分之七,让人们去想象。

做到简练和简明,最终还有一个遣词造句的语言功夫问题。要想以一当十,必须有以一当十的货色。没有这样的货色拿出来,简练还是一句空话。所谓以一当十的货色,不外是最恰当的词汇和最精当的语言结构。而最恰当的词汇不是凭空产生的,而是从大量的词汇中挑选出来的。这就要求记者掌握并熟悉大量的词汇。这些词汇在他的头脑里,就像列队待发的战士一样,随时待命,只要一点名,它就可以出征作战了。

在这方面中国的记者可以说有得天独厚的条件。我国的许多古文,可以说是选词炼句的典范,是我们取之不尽用之不竭的语言的源泉。"红杏枝头春意闹"中的"闹"字选择,"春风又绿江南岸"中的"绿"字的确定,"僧推月下门"还是"僧敲月下门"的"推"和"敲"的反复比较,以至成了"推敲"的成语,"环滁皆山也"一句的删节的故事……这一切佳话,不是教育了世世代代的中国人吗？当代的记者完全应该继承这个优良的传统。

在我国，能不能做到简明实际上不仅是技术、业务和水平问题，还有一个文风的问题。语言不简明，是因为存在着大量的陈话、套话、空话。毛泽东在延安整风时提出，反对理论脱离实际以整顿学风，反对宗派主义以整顿党风，反对党八股以整顿文风。并把不正的文风看成是不正的学风和党风的防空洞。一时文风有了很大的改进。但后来，特别是"文化大革命"，造成了文风的极大的倒退。"文革"期间，人们常常这样对某人进行批判："你的文章提法为什么和中央不一致？""你的这个说法是不是含沙射影攻击党？攻击毛泽东思想？""你的文章为什么没有这个标准提法？"……并借此大搞"文字狱"。于是一个时期整个新闻界的作品出现了"小报抄大报，大报抄梁效"的死气沉沉的局面。"梁效"是"四人帮"控制下的清华北大两校写作班子的集体笔名。"文化大革命"在1976年就已经结束了，但"文化大革命"造成的这个影响，应该说至今还没有彻底肃清，它的阴影仍然残留在许多人的心中，甚至一代一代地传下来了。只消看看许多新闻作品中特别是评论中的语言就知道了。不管什么文章，不管有没有必要，总是充满了那些"在……领导下""以……为核心""形势是大好的"等套话，总是常常看见整段整段地抄录文件中的现成语言。因此，在文风上，我们仍然面临着继续解放思想的任务。这个问题不解决，简明是很难做到的。

通　俗

通俗应该是新闻语言的重要的特色之一。这是很好理解的。因为新闻语言是传播的语言，传播是面向广大群众、广大读者、广大受众的。如果不通俗，怎么为广大的受众接受呢？

问题是怎样理解新闻语言的通俗问题。

第一，通俗的新闻语言应该是通用的语言。有的记者主张用带有民俗文学色彩的语言写作新闻作品。这样的尝试往往是不成功的。它往往行文较为啰唆，而且给人以不够郑重之感。

通俗语言还有一个意思是新闻作品要尽量使用普通话，而不要用方言，被报道的对象可以按其真实说一些地方话，而记者是应该说普通话的。

通俗语言也是对着专业术语说的。在新闻报道中，专业术语不可能完全避免。有时如果完全不用专业术语就会影响到语言准确性。但是这里也要注意：1. 一定要尽量地少用，只用那些非用不可的。2. 对于不能不使用的专业术语，可用巧妙的方法做一些必要的解释。3. 整篇的报道要注意通俗化，特别是那些科学技术比较强的内容的报道，更要注意做一些通俗的解释并注意增加这样报道的可读性。

这就是说，通俗化不仅是对一些难懂的名词做一些解释，而且要着眼于全篇的通俗。这方面记者们的办法是很多的。而用得最多最有效的，是比喻的方法。

笔者曾把我国经济改革的三项任务用运动会来做比喻：企业是运动员，市场是运动场，宏观调控是裁判。这样一个比喻，就把三项任务的实质和互相联系形象地说出来了。

经济日报记者詹国枢用包饺子比喻规模效益。包一个饺子和包一百个饺子都要经过同样的工序，但包得越多，也就是规模越大，单位产品的成本越低，因而总的经济效益越高。

通俗也应该包括生动的内容。因为生动的东西往往可以被更多的人所接受，于是便有了群众性。这中间一些文学手法也是可以借鉴的。例如，科技日报记者黄勇在报道中国科学院计算所与外商合资办的联想集团的通讯中，就用了一些暗喻的方法。其中《"瞎子"和"跛子"的组合》一篇中说：

> 计算所公司有着雄厚的技术力量和国内已建立起来的市场，但是对国际市场的需求不太了解，成了一个身强力壮的"瞎子"……香港导远公司的管理层，却有英国伦敦大学计算机专业的教育背景，长期生活和活动在欧美，对海外市场及各种渠道比较熟悉，但他们缺乏雄厚的技术支持，眼睛明亮，但腿有点跛。（此通讯载于1989年5月7日《科技日报》）

这样说了以后再写两者的结合，内容就被人们理解了。

综 合

新闻语言是一种建立在综合基础上的独特语言。它的独特,首先在于它的综合,而且又在综合的基础上形成了它的独特。

林帆在《记者和杂家》这篇文章中说:

> 就新闻写作而言,文史的修养是至关重要的;平时读点文学和历史著作,对我们搞报道很有帮助。文史本来是一家,和新闻写作关系最密切。过去有人讲,"文笔""史笔"和"记者之笔"三者是相通的。

他讲的实际上也是新闻语言的综合性的问题。

说新闻语言具有综合性,这是因为新闻的内容是报道全社会的,只有吸收全社会语言的营养,才有可能完成它的任务。新闻报道又面对全社会,它必须要形成自己的语言也才能完成这个任务。新闻语言是综合和独特的结合。

这种综合和独特的结合,首先表现在规范化和非规范化的结合。例如写消息,就是有规范化的格式的。开头要有一个电头,然后是记者的署名,然后是导语,然后是……消息的标题也是有其规范的要求的,有主题,有肩题,有副题等等。这些都是新闻作品(消息)所特有的。但是在这个范围内,每一条消息的写法又是千变万化的,又是极其不规范的。

其他体裁也大体上有一个较为规范的模式性的要求。但是在这些框架内,记者又有充分创造的余地。

这种综合和独特的结合,还表现在各种语言在一篇作品中的有机的结合。首先是标准的新闻语言和文学语言的结合,其次是和法律语言的结合、和政治语言的结合、和科技语言的结合等等。这结合并不是天然的,有时甚至是硬凑的,但在新闻作品中,不仅完全允许,而且是读者完全可以接受的。在这中间,纯粹的新闻语言像一种黏结剂,把五花八门的语言都黏结在一起,使各种语言在新闻作品中形成了统一的整体。这种多样化的统一,使我们的新闻作品具有其他文字作品所不可能有的魅力。

现在随便摘几段新闻作品中的文字来看这个问题:

转了两年的"蝙蝠",现在情况如何呢?由机械、电子、雷达等有关行家和普通用户组成的评判委员会从橱窗里取出这台转了两年的电扇,眼看:转动正常;耳听:噪音很小;手摸:不烫;拆开来检查机件:只是转子轴磨损二微米。就是说,它在工作两年以后仍符合设计要求,还可以继续工作……当宣布这个检验结果后,参加"蝙蝠"用户座谈会的人们报以热烈的、信任的掌声。

（摘自吴昊《一台电扇转两年》）

——这是把产品的技术语言和新闻语言糅在一起的例子。

　　北京国际饭店是我国自行设计的……其造型新颖典雅、中西合璧,体现了建筑的科学性和建筑的艺术性的紧密结合,饭店的整体布局,既保持了中国传统的对称的格局,又富有变化具有新时代的风采。它突破了"方形""盒状"的格局,大胆采用了三叉形,以曲面体为主,三条38.7米的半径曲面与垂直面、斜面巧妙地结合在一起,构成三足鼎立,宏伟、壮观、新颖、活泼……

（摘自张新红等记北京国际饭店的报道）

——这里有一些建筑的语言,但不全是,而是建筑的语言和新闻语言的结合。

　　飞跃腾挪,拳出如流星,飞脚如风起。行步流云,站桩泰山。忽然拔地而起,势如冲天……

　　范应莲遵法师命打完梅花精拳,站在台中央望着台下人头攒动,心中油然升起一个念头,要让这些洋人见识一下真功夫。……

　　话音未落,应声跳上来一个叫禾焕章的拳师,下面一个女人尖声大叫起来。原来禾的妻子怕范应莲打死她的丈夫。

　　禾焕章来者不善,善者不来。他对准范应莲的"七坎穴",运足力气,猛然几拳"黑虎掏心",范应莲分毫不动。禾焕章一下子愣住了……

　　范应莲意犹未尽:"谁还上来?"……

（摘自张飙《威武,万里行——记我军武术总教练范应莲》）

——这是把武术的语言和新闻语言结合起来的例子。

据了解,邓小平打桥牌时,惯常使用精确叫牌法,有他自己的一套神机妙算。一副牌开局后,往往叫过两三轮,他便能摸清上下手的牌底,八九不离十。他在打牌时思维敏捷,出牌果断,攻守自如,且常迷惑对方,出奇制胜。

(摘自非闲写的《邓小平牌桌上大获全胜》)

——这是把桥牌的语言引进到新闻作品中的一例。

无须再举更多的例子就已经可以看出,新闻语言是怎样从各种语言中获得营养的,而又不失自己的特点。

新闻语言中,还有一个特殊的问题,那就是数字的运用问题

新闻报道中,特别是经济报道中,数字常常是难以缺少的。在一些新闻报道中,似乎没有一些数字,便不能确凿地说明问题似的。但随之而来的是在新闻报道中数字用得过多过滥,严重影响了新闻作品的可读性。

许多稿件把数字的使用变成了报流水账。某某单位今年产值多少,比去年同期增长多少,实现利润多少,比去年增长多少,上缴利税多少,比去年增长多少……一口气可以列出十几个数字,就是读者十分认真,一时也是难以读懂的。

这种滥用数字的稿件为数不少,以致使读者见了就害怕。数字从表面上看来是枯燥的,但如果用活了,数字又是非常有趣的。

请看这样的标题:

我三十万大军胜利南渡长江
一道公文背着三十九颗印章
十个月,一百万人次——广州图书馆见闻

再看这样的报道：

保康县的数学

在这个题目下，全文分三段，都是用的数字。

第一段的标题是："保康过去：四无三一"。什么是"四无三一"呢？"四无"是：一无工厂，二无公路，三无电灯，四无机械。"三一"是：一个喇叭响全城，一支烟卷走全城，一盏汽灯照全城。

第二段的标题是："保康今日：三条龙和个十百千万"。三条龙是：水龙（小水电）、石龙（磷化工）、木龙（林特产）。个十百千万是：一座新城，十里长街，百家企业，千里通途，万家灯火。

第三段的标题是："保康未来：十大系列和三三四六"。十大系列是：绿色企业、畜牧养殖、水电工业、矿山开采、磷化工业、汽车部件、建工建材、食品工业、森林工业、印刷包装。"三三四六"是：到八五计划末，粮食3亿斤，财政收入3000万，工农业产值4亿元，农民人均收入600元。

这篇报道，通篇都是数字，但仍然很有可读性。可见主要是如何运用数字的问题，而不是数字本身的问题。

因此我们要研究数字运用的艺术。

鲁道生在《新闻稿中数字运用初探》一文中提出了运用数字的七条重要事项，是许多人经验的总结，现在引述如下：

1. 要准确，要慎重。准确不言自明。慎重是说要反复思量一下。有时数字越细，不见得越准确。如估产的数字，你还要写到小数点以后多少位，那就是未免过犹不及了。这就是不慎重的一种表现。

2. 要少而精，不要用得过滥。大量的数字令人应接不暇，很少有人耐心琢磨这群星般的数字。

3. 最好留有一定的余地，特别是在报成就的时候更要如此。

4. 不说没有把握的数字。新闻报道中说没有把握的话就很危险了，说没有把握的数字就更加危险。涉及对数字的评价更要慎重，要有十足的把握才行。不要轻易地说"创全国最高纪录""创世界最好成绩"之类的话。

5. 数据的来源要权威。要选择最有权威部门提供的数字，不要随便引用那些没有什么权威的部门和人的估计的数字。

6. 数量词要统一。

（载于《安徽日报通讯》1981年11期）

这里要提一下，襄樊日报的吴高升同志，对数字问题做过深入的研究，他专门著有《数字巧用》一书（中国新闻出版社1989年出版），有27万多字的篇幅，并不仅仅是谈数字和新闻语言的关系的，可以说是研究数字和语言以及各种作品的关系的一部少见的著作。其中有许多资料和自己的独到的见解。应该说作者是做了有价值的工作的。

在这部书中，他专门对数字入题和数字入文等做了研究。他认为数字入题有以下12种方法：

第一种方法：数字演算法。

例如：1+1+1＝腾飞（《中国青年报》1985年2月6日）

讲的是三个一号文件对我农村的巨大推动作用。

第二种方法：数字差错法。

例如：100-1＝0（《北京日报》1987年12月2日）

讲的是产品质量，100件有一件出了问题也不行。

第三种方法：数字换算法。

例如：**两斤鸡蛋订了一年科技报**

第四种方法：数字拟人法。

例如：**别了，"0"！**

写的是许海峰在1984年奥运会上获得第一块金牌，打破了半世纪中国人没有得过金牌的零的纪录。

第五种方法：数字变形法。

例如：**他把1和1连成H**

讲的是一个厂家和一个用户,要用高质量的 H 牌号的产品把它们联结起来。(H 是英文"高"一词的头一个字母。)

第六种方法:数字对比法。

例如:**一人之技变成万人之能**(《湖北日报》1987 年 6 月 23 日)

讲的是科技的普及。

第七种方法:数字比例法。

例如:**七比一**

武汉鼓励科技人员专业对口

七人中有一人实现合理流动(《人民日报》1986 年 10 月 17 日)

第八种方法:数字重复法。

例如:**百幅真迹　百家荟萃　百载难逢**

纪念八大山人诞辰 360 周年学术活动在南昌展开。

第九种方法:数字对仗法。

例如:**两个生命震撼一座城市　万千悼念寄托几多思虑,**

——成都人说,关键时刻你我他都要站出来

第十种方法:数字夸张法。

例如:**一人牵动万人心**

第十一种方法:数字凸现法。

例如:**三岁娃娃将应征入伍**

此消息说的是美国的一个小女孩三岁接到通知,告诉她 15 年后将应征入伍。

其他如:"45 个孩子的妈妈""近 30 年美国进口 24 万个'高级头脑'"等等。

第十二种方法:数字顺序法。

例如:**三十九级台阶**

又如:**第十个弹孔**

此书在其他方面的论述就不一一列举了。

语言的问题,与其说是方法问题,不如说是修养问题;与其说是语言的修养问题，不如说是综合修养的问题。

马克思说过，语言是思维的直接现实。我们常说文如其人，其实也可以说"语如其人"。语言是一个人综合素质的一种表现。虽然不能说一个人有了好的语言就一定具备了好的素质，但是没有好的素质，没有全面的好的素质，是很难有好的语言的。

为了解决语言问题，我们必须全面地下功夫，当然也要在语言本身上多下功夫。要在日常多做这方面的积累和思考，要在写作的时候，花大气力锤炼自己的语言。天长日久，千锤百炼，才会有好的语言功夫。

第八章　新闻写作心理与新闻写作思维

第二十四节　新闻写作心理

内容提要：新闻写作心理是容易被人们忽视的问题，但它是一个重要的问题。记者要具备较好的心理素质，即负责的、开放的、敏感的、开朗的、皮实的心理素质。

在写作过程中注意心理的调节是很重要的。要学会积累"心理势能"；要有自信，要创造"小心—大胆—小心"的过程，防止"大胆—小心—大胆"的过程；要善于动静之间的转换；要克服过重的负担，树立"代言感""对象感""创造感"；也要善于利用自然心态。

新闻记者是人，人在从事某项活动的时候，特别是在从事脑力活动的时候，都有一个心理活动过程。因此，必要的心理素质和良好的心理状态是搞好新闻写作的重要条件。

新闻记者应该具有哪些基本的心理素质

新闻记者必须具备的第一种心理素质：很强的社会责任感

说得通俗一点，记者应该有乐于"管闲事"的心理素质。

从某种意义上说，记者这个职业是一个"不负责任和负责任相结合"的职业。从对实际工作的直接责任看，记者可以是最不负具体责任的。农业减产了，要找农业部负责；工业滑坡了，要找国家计委、经委负责；市场出现了问题，要找商业部解决……没有一件事是可以直接找到新闻界头上的。于是，没有责任心的记者完全可以优哉游哉地生活和工作。也正是因为如此，要想做一个好记者，他必须有极强的社会责任感，他应该在处处感到自己的责任。一旦他发现了社会上的任何一个角落有问题，他的责任感就支使他去采访、去研究、去写作。因此，记者的心理必须是爱管闲事的心理状态。

新闻记者必须具备的第二种心理素质：开放的心理

所谓"开放"的心理，是从两个角度说的。一个角度，记者的思维、记者的心田，必须是对外开放的，必须乐于而且善于接受外来的事物。他对外来的信息很敏感，很容易吸收。另一个角度，记者的心对外界也是开放的，他乐于和善于与他人交往，能够毫无阻力地把自己的想法同他人交流。那种性格很内向的人，那种主观倾向很强，很难接受外界信号的人，是不适合当记者的。

新闻记者必须具备的第三种心理素质：对事物敏感

敏感对记者来说是一个很重要的素质。敏感当然有其政治的和业务的内涵。但一个人的心理素质也起相当大的作用。一个人如果对外界的事物没有浓厚的兴趣，对外界事物的感知特别迟钝，甚至麻木不仁，他怎么能够当好记者呢？作为记者，他应该是很细心的，重要的事物中的哪怕是很小很细微的变化，他都能够觉察到。这种敏感不是一时的，还必须是保持到经常。这非常累，但他乐于如此。

新闻记者必须具备的第四种心理素质：开朗的心态

所谓的开朗的心态，在这里主要是指"拿得起，放得下"的心理素质。有的人办事，拿不起来。有的人办事，虽然拿得起来，但是放不下。对记者来说，拿不起来自然是不行的；拿得起来放不下，也是不行的。我们知道，记者永远处在不断追逐和不断奔波之中。如果，他只是拿得起而放不下，他就会陷于极度的疲劳之中，工作精力是不能持久的，他的工作兴趣恐怕也是不能持久的。有人说，能睡觉的人，才能当一个好的记者。这是有道理的。记者的工作那么累，那么紧张，休息的时间又是那样的没有保障，他只能抓住一点一滴的时间来放松一下自己，恢复自己的精力和体力。一般地说，凡是拿得起，放得下的人，总是能够睡得着的。

新闻记者必须具备的第五种心理素质：很强的承受力

记者应该是"皮实"的。他应该不怕磕碰，不怕碰钉子，也就是平常说的"脸皮要厚"。因为记者的工作，对自己是"计划内"的，对采访对象来说则往往是"计划外"的。如果没有一个硬挤的精神，往往是办不成事情的。而且记者接触的社会面是很广的，什么人都会遇到，更要有受到各种待遇的思想准备，不论在什么情况下，记者都不能怕，都能够情绪饱满地完成任务。

总之，做一个好的记者，他必须具备负责、开放、敏感而又开朗、皮实的心理素质。在招考和培养新闻系学生的时候，要注意到这一点。已经进入新闻工作行列的人，也应该注意培养自己的这些心理素质。

实际操作中的写作心理问题

要注意积累写作的"心理势能"

写作是一种艰苦而复杂的脑力劳动。要把这种活动顺利地推向前进，就要有足够的能量或能源。社会责任感当然是基本的能源，但在具体的写作中，心理势能也是一个很重要的能源。对于一般的"小稿"，这个问题也许并不突出，而在遇到重要的"大稿"的时候，这个问题就显得突出起来了。

有写作经验的人都知道，写作不同稿件的时候，记者的心理状态不一样。有的时候，记者很想把这篇稿子写出来，不写出来就憋得难受；而有的时候记者很不愿意进行写作，他之所以写，并不是内心的一种要求，而是仅仅出于一种任务的逼迫。在这种被迫的心理状态下，很难写出好的新闻报道来。

采访，可以分成这样的两类：不动情的和动情的。所谓不动情，也就是不动心。"酒肉穿肠过，佛祖心中留"——"情况穿耳过，心中无有留"。还有一种是动情的，采访时不仅动了耳、手、脑，而且动了心，自己的情绪处于一种亢奋状态。其实，新闻写作也有这两种类型，不动情的写作和动情的写作。

这里存在一个如何积累写作的心理势能的问题。一个有心理素养知识的记者，他是会充分地注意这个问题的。他把这种势能的积累放在了采访的全过程。在明确报道思想的时候，在确定报道选题的时候，在做采访准备的时候，特别是在现场采访的时候，他都在注意积累写作的欲望。而如果在采访结束写作开始之前，他觉得这种欲望还不够强烈的话，他是不轻易动手的。他还要通过自己的反复思考，通过心理的必要的酝酿过程，来增加写作的欲望和势能。

从表面的观察来看，有的记者在写作的时候是一气呵成的，而有的记者则是苦苦思索，想一点写一点；前者往往是出手很快，而后者往往出手较慢；前者写作成了一种享受，而后者，写作变成了一种"受罪"。

没有想好时，不要写；没有强烈的写作欲望的时候，不要写。这就是写作心理的最基本的要求。生小孩要十月怀胎，如果怀胎的月份够了，生孩子就容易了，不生反而是难受的。如果怀的月份不够，非得硬生，那是"小产"，当然是很痛苦的事情了。

除了在整个过程注意积蓄势能之外，一些记者为了有一个好的写作前的临战状态，还养成了一些有意思的酝酿势能的习惯。例如，有的记者在写作前注意充分地休息，在动笔之前，总是好好地睡上一大觉。有的记者在写作前总是好好地玩一玩。有的记者在写作之前，总好找一些知心的朋友聊聊天，天南地北，东拉西扯，使自己的头脑尽量地放松。有的记者，则喜欢找一个水平与自己相当甚至稍低一些的同志，把自己酝酿的想法和盘托出，从对方那里获得赞许的反映，用以鼓舞自己的写作的信心和士气……方法尽管是不同的，但目的却相同，都是为了在写作前为自己创造一个好的心理状态。

鲁迅在写作前总要泡一杯茶，点一支烟，坐在椅子上，想啊想，直到腹稿打好了，才坐在桌子前动手来写。由于事先考虑得比较成熟，所以，写起来就很顺利，往往是一气呵成的。鲁迅的手稿很清楚，很少修改，就是一个证明。这样的写作方法有很多好处：

1. 可以使文章比较连贯、有气势。

2. 作者在写作的过程中可以保持良好的精神状态，使写作真正成了"内心的抒发"。

3. 由于是在激情下的写作，全身心地投入，常常会在写作过程中迸发出一些事先没有想到的思想的和语言的火花，使你的作品变得更加精彩。

4. 这样的写作自然就是"出手快"的，符合新闻写作要快的要求。

有的人不是这样。他们在没有想好的情况下，就急于动手写作，往往是写一段后，觉得不合适，又涂掉重来；第二遍又不合适，又涂掉重来。如此反复，结果文字没有写多少，自己就已经把自己搞得筋疲力尽、心烦意乱了。文章越写越感到难受，整个写作过程变成了一个相当痛苦的过程。试想，在这种心态下能写出好作品吗？显然不能。

多做准备，充分酝酿，积足势能，一气呵成。这四句话就是创造这种心理状态的最好的方法。

充分自信是创造良好的写作心理状态的另一个重要的条件

中国有一句俗话："放胆文章舒心酒。"这是一句很有味道的话。喝酒时快乐和不快乐是很不相同的，如果不舒心，内心郁闷，喝酒很容易醉；如果高兴，可以喝得多而不醉。以此来说到写文章，写文章的时候，从心理状态说，最重要的是放胆。放胆者，胆子要大也。如果胆子很小，这也不敢写，那也不敢说，这是很难写出好的文章来的。

写新闻报道，更需放胆，放胆更难。这是因为：

1. 新闻报道是叙述和描写客观事物的文字作品，与那些主要是抒发自己的感受的文章不同。抒发自我的文章，他可以尽情地写，自己怎样想就怎样写，而新闻报道则不同，它受到的客观限制就更多一些。

2. 新闻报道常常是在仓促的情况下进行写作的，自己对自己所要报道的问题，往往还没有做到"烂熟于心"，这种情况下，记者放胆也是有困难的。

"艺高人胆大",但也要"事熟",才会"人胆大"。就是"艺高"的记者,由于对事情还不那么熟悉,他的胆子也不敢放那么大。

3. 新闻作品写作,更要考虑到所在新闻单位的宣传方针和宣传口径。如果记者没有吃透精神,他也会觉得受到制约,虽然这种制约是必要的。

4. 新闻工作的特点是"个体创造,整体完成"。记者写作的时候,往往脑子里充斥着这样的考虑:这样写编辑通得过吗?主编、总编辑通得过吗?如此等等。脑子里净是这些东西,根本谈不上放胆,只是战战兢兢而已。

上面这四条,是新闻写作的具体环境并由此容易引发的记者的心理。我们不可能要求改变这样的一些环境,只能要求记者适应它们。关键是怎样放胆。

这里我们可以设计一个**"小心—放胆—小心"**的过程。

第一个阶段是"小心"。在采访过程中,要很小心、很仔细、很踏实。"小心",是要小心谨慎地把新闻事实搞清楚,不要发生失误和失真。"仔细",是要认真仔细地选择新闻事实,选择最有新闻价值的部分和角度。"踏实",是要踏踏实实地考虑问题,总结出有分量的又符合实际的、有针对性的观点。

第二个阶段是"放胆"。在采访完成之后,在把要写的东西已经吃透了以后,再进入写作过程。一旦开始了写作,就应该是放胆的(不然就不要进入写作过程)。这时候,心理状态应该是充满自信的,甚至带有一点狂妄,仿佛自己是"天下第一才子",自己写出来的文章是字字珠玑。在这种心理状态下,写作才能才得以充分发挥,写作过程中,还会迸发出"火花"——事先没有想到的精彩观点和精彩语言。

写作时,还要注意保持和不断加强这种心理状态。有的记者在写作初稿的时候,为了保持一气呵成的劲头,往往是顺手写下来,一直写完,这中间,他不注意文字的仔细推敲,也不去核对那些自己临时记不清的细节和数字,甚至不要求文章一下子就那么连贯。他之所以这样做,是为了防止由于这些动作会造成写作的停顿,把思路岔开或打断,破坏了情绪。

现在,多数记者都用电脑写作,这就为一气呵成式的、跑马占地式的写作创造了良好的条件。在电脑上先把当时想的一气迅速写下来,以后再进行段落调整,文字增删,因为这些工作在电脑上进行是很简单的事。

第三个阶段又是"小心"。文章的架子拉开以后，初稿完成以后，记者又要回到"小心翼翼"的心理状态。这时候应该迅速摆脱"我是天下第一才子"的感觉，要自认为是"在写作上最没有资本的人"，起码要有"从零开始"的追求。他要用最挑剔的眼光来看自己的作品，要一遍又一遍地修改，要一字一字地推敲……过去用铅字排版，直到小样出来以后，还要再认真地审视自己的作品。现在用电脑写作，就是要放在自己的电脑里，不要轻易脱稿。

后面的这个"放胆"和"小心"都是在写作过程中的。有些人把这两个过程混合起来，不是首先一气呵成地把全篇先拉出来，而是写一段，改一段。作为一种习惯，这倒也是无可厚非的。但这样的写作方法，往往带来两个问题：一个是大的框架没有成型就进入细部的写作，往往写到后来，可能你细心琢磨过的某些段落全都不需要了，那么你的这些劳动就是白费了。另一个问题是，这样的写作方法，往往破坏了写作的情绪，不能形成放胆的良好心理状态。

更常见的是把"小心—放胆—小心"过程弄反了，变成了**"放胆—小心—放胆"**。采访时、构思时，很粗心、很随意；写作时，很拘束、没有信心；等到写成初稿，再也没有耐心修改，很"放胆"地交出去了。这样"拧了个"的心理状态，怎能把作品写好呢？这样"拧了个"的心态，等于放弃了两个提高写作水平的环节。先是开始的过分"小心"的心态，压抑了你的写作水平的发挥；而后的"放胆"实际上等于对自己的产品不负责任，草率出手。好的文章是改出来的。别人的修改对自己是一个启发，但更经常的是自己的修改，自己否定自己，自己获得提高。后期修改是"精力效益"最好的阶段。我国企业犯的毛病是不注意后加工整理，把粗糙的产品卖到国外，到了国外，人家做后加工整理，价格提高了几倍。记者写作也是如此。采访、写作，费了那么大的劲，就在最后"一哆嗦"不愿意细心做了，丧失了许多效益还不自知，实在是可惜。

善于动静转换和结合也是创造良好的写作心理的一个重要方面

说记者工作是一个"动"的职业，大体上是不错的。他的工作内容天天在动,总是去追求"新"的"闻";他的工作地点也在"动",东奔西跑,忽上忽下;他的工作环境和工作条件是在"动"的,有时可有帝王般的享受,有时要过叫花子的生活;他的时间上的要求也是在"动"的,有时急如星火,有时可优哉游哉;有时在嘈杂的现场要"立马可待",有时可"躲进书斋"精雕细刻……

但是新闻写作像任何写作一样,要求有一个相对"静"的环境和条件。这样作者可以集中精力,可以不受干扰。但在以"动"为主的新闻记者工作中,获得这样的环境和条件又谈何容易!

这就要求记者具备这样的心理素质:他要在很短的时间内完成由"动"到"静"的转换,在急急忙忙的采访结束之后,可以立即进入沉静的写作;也要善于在"动"中取"静",即使在周围一片喧闹的环境中,也可以旁若无人地写作。

善于集中思想是这种功夫中的最大的功夫。这种素质并不是天生的,主要是后天锻炼得来的。

心理不等于习惯,但心理影响往往造成某种习惯,而习惯也影响着心理。记者要善于在养成好习惯的过程中培养和锻炼好的心理素质。

克服过重的精神负担是创造良好的写作心理状态的另一个重要问题

许多时候,写不好,不是由于不重视,而是由于太重视。这似乎是一种奇谈怪论,但这是实际存在的情况。

如果说不放胆是由于记者在写作的时候总是看着别人的眼色,想适应别人的要求,而不是按照自己的意愿写作的话;那么过重的心理负担则是自己老是要跟自己过不去,老是要按照自己的眼色——过分苛求的眼色——办事。

有的记者,还没有开始写作,就对自己定下了很高的标准:这篇报道我一定要写好,一定要打响。或者想,这篇报道一定要争一口气,证明自己是有水平的……一连串的要求下来,结果反而把自己给吓住了。他开始写了,写了一段,甚至只写了一句,就觉得不满意——难道我的大作就是这样的吗？写一句，否定一句，直到把自己否定得完全没有信心为止！

还有一种"握笔病"。他采访归来，同别人谈起被报道单位的情况，眉飞色舞，口若悬河，生动有趣。但是一拿起笔来，干干巴巴，杂乱无章。"写"与"说"比较起来，黯然失色，判若两人！这似乎也是难以理解的事情。把说的写下来不就行了吗？原来这样的人，一拿起笔来，就有一种异样的感觉：我现在开始"做文章"了！而"做文章"是要正襟危坐，不苟言笑的。正是这种"做文章"的感觉使得他做不好文章。

过分重视为什么会搅乱了写作呢？因为它常常使自己失去了常人的感觉，失去了写作应该有的心理状态。写文章并不是什么神秘的事，写新闻报道更不是神秘的事，它无非是把新闻事实清楚地告诉读者，把有关的问题向读者说清楚而已。这个时候，他需要的是平心静气，和读者侃侃而谈、平等交流。在这样的心态下写出来的东西，读者是最能够看得进去的。如果是端起一副写大文章的架子，反倒不知道从何说起了；或者说出来的话也是读者难以理解的了。所以许多大作家都告诉人们，写作者无非是写话而已。而要写话，就需要有一个写话的心理状态。常人对常人说话的心理状态就是这种心理状态。

好的心态来自三种感觉

记者为了形成好的写作心理状态，需要培养和树立这样的三个感觉："代言感""对象感""创造感"。

"代言感"：代他人说话的意识。记者写新闻报道，是要说自己的话的，但这个"自己"绝不是小我，而是记者所在的新闻单位、它的主管机关、被采访的对象（主要是那些先进单位和个人），乃至广大读者群这个"大我"。有代言感，记者就会增加写作的激情。

"对象感"：写作的时候，当然是一个人的劳动，基本上是"关上门"的脑力劳动。但记者不应该只是"自说自话"，他应该强烈地感觉到，自己是面对千百万读者说话。有了这种强烈的感觉，不仅会产生动力，还会自然而然地"生"出一些技巧。对象感不强是许多记者写不好新闻报道的重要原因之一。

"创造感"：例行公事的劳动，往往是呆板的劳动，呆板的劳动是很难产生激情的，是很难有较好的心理状态的。创造性的劳动，是探索性的劳动，是求新的劳动，往往也是充满激情的劳动。这种激情，首先来自创造欲望的激励，也来自创造成果的鼓舞。

在写作中，要想获得自己的一篇得意之作——完全得意的作品，是很难的。但是在一篇作品中，有得意之题，得意之段，得意之笔，得意之句乃至得意之字，则是可求的。有人说，新闻记者要有这样的追求：自己写的作品不仅应该与别人写的作品不同，而且自己写的下一篇作品还应该与上一篇作品不同。自己的下一篇与上一篇不同，就是创造的意识、创新的要求。有了这种要求，即使一般的稿件的写作，也会带来创造的冲动，而一旦有一点创新，也会带来创新的喜悦。这无疑都是对记者写作心理的良好的滋润剂。

古语云：取法乎上，得乎其中；取法乎中，得乎其下。就写作的心理来说，恐怕更是如此了。

利用自然心态写作，也是一种重要技巧

上面我们说的几种情况，都是培养自己的好的心理状态，以利于写作。在实践中，还有与此相反的情况，那就是利用记者当时自然形成的心态，顺其自然地进行写作。这是一个"即兴"的领域，因而也是一个很复杂的领域。这里只举几例说明。

抓住即兴的一瞬即逝的感觉。

苏东坡有两句诗，说的是如何写诗："作诗火急迫亡速，清景一失后难摹。"他告诉人们，诗兴一来，就要像追捕逃犯那样，"十万火急"地把它捉住，诗的意境，诗人对景物的感受，如果当时不记录下来，过后就再也难以把它描绘出来了。

记者写新闻作品也有类似的情况。采访中，第一次接触某人、某事、某景、某物，总有一种"初次见面"而产生的"第一感"，有的也称它为"直感"。这"第一感"，往往是清新、鲜明、亲切、实在。记者当时就应该把它捕捉住（例如抓紧时间把它写进自己的采访本）。不然，时过境迁，或者遗忘了，或者再也没有那时的清新而鲜明的感觉了。

记者初到一个新地方，对那里的事情的认识，还是一片空白，因而他自然就形成了一种好奇、兴奋、感知敏锐的心态。他的心灵的窗户是充分打开的。而在某一个地方待久了、待熟了，这种心态就自然消失了，他的感知的心灵窗户，常常处于封闭的状态。这也是为什么有的人久居一地反而写不好那个地方，而"偶尔到此一游"的记者却能写出感人的报道的心理原因。

许多记者都有这种体会！采访时那些即兴的感受要及时写下来，其中许多句子、段落，常常就直接进入后来的作品了。写采访笔记，就是在准备后来作品的预制件。

"记忆筛选法"，也是一种自然心态的运用。

记者采访回来，心中的头绪很乱，一时不知从何着手写作。这时，如果报道时间允许的话，有的记者就让自己的心绪冷下来，既不再思考报道，更不去翻自己的采访记录。过一段，他再反过头来构思报道的时候，就凭着留在脑子里的记忆进行思索。这时，那些印象模糊的、浅淡的、理不出头绪的，都退去一边了，而那些印象清晰的、强烈的、理解深刻的，从中脱颖出来了。于是，他会觉得"豁然开朗"。这是因为采访中你遇到的好材料、好镜头，在当时总会给你打上较深的烙印，忘不了。而那些印象不深的东西，则往往是不甚重要，起码当时并没有打动你的东西。记者自己首先受感动，才能感动别人。留下了感动自己的，写出来，不就更能感动人吗？

在良性循环中，形成自己的良好的写作心理。

在每一次新闻写作中要注意良好的心理状态问题，但这种注意和努力不应该是一次性的；记者必须在自己的长期工作中注意这个问题，在多次的良性循环中，形成较为牢固和稳定的良好写作心理。

一位老记者曾经向年轻的记者讲过这样的话：作为年轻的新闻系的大学毕业生，都希望自己能分配到最大的新闻单位工作，这有"两重性"。大的新闻单位，强手林立，新手发稿很难。正像在一丛大树遮盖之下，小树难以长大一样。这种情况会挫伤你的锐气，挫伤了锐气又会影响你写作的心理，不好的心理又会影响你的写作。如此往复，别人觉得你"不行"，你自己也会感觉到自己是真的"不行"了。

这位老记者讲的，实际上是记者心理状态的良性循环和恶性循环的问题。

每一个记者都要注意在新闻写作的实践中，在各种信息反馈的作用中，有意避免恶性循环而追求良性循环。这里最重要的是对各种反馈信息都应该采取分析的态度。既不要有了一得而沾沾自喜，更不要听了批评，特别是不公正的批评而悲观泄气。

作品发表后获得不同意见甚至是批评意见，要做分析：

1. 一定要打破"文章是自己的好，老婆是人家的好"的庸俗观念，把别人对自己文章的评价特别是批评意见，当成是继续前进的动力。

2. 文字作品的评价是最不一样的，而且往往相差悬殊。高考语文判卷，不同的老师给的分相差一二十分并不稀奇。因此，记者的一篇作品得到不同的评价，也应该视为正常。

3. 对不同的评价还要做具体分析。否定的是你的作品的主要之点，还是枝节？是作品的内容，还是写作方法，还是个别的用词？持否定意见者是你的报道的主要对象，还是次要对象？是实际工作者，还是自己同行？是权威人士，还是一般人士？是当面认真的意见，还是背后随便说说？

4. 要正确对待"同辈人的嫉妒"问题。有些意见并不见得是严肃的，对你的报道的评价，而是出于一种对你进步的嫉妒情绪。任何一个要想获得成就的人，其实都要有这种思想准备，要能够抵御得住这样的干扰。在这里用得着这样的格言：

严肃地对待严肃的议论，谓之郑重；

严肃地对待不严肃的议论，谓之滑稽；

不严肃地对待严肃的议论，谓之轻率；

不严肃地对待不严肃的议论，谓之潇洒。

第二十五节　新闻写作思维

内容提要：新闻既然是一个独立的领域，新闻工作是一种有自己规律的工作，这就必然和需要产生一种与此相适应的思维方式。主要指它的业务思维方式。

新闻思维主要特点是：形象思维和逻辑思维的结合，以逻辑思维为指导；系统思维和重点思维相结合，以重点思维为体现；顺向思维和逆向思维相结合，以实践为基础；发散思维和聚拢思维相结合，以聚拢思维为主；循序思维和跳跃思维相结合，以跳跃思维为主。

新闻工作有自己的思维方式。新闻写作也应该有自己的不同于其他文字作品写作所需要的思维方式。

新闻写作思维是这两个结合的结合：人类思维之一般和新闻工作之特殊的结合；所有文字写作之一般和新闻写作之特殊的结合。

新闻写作思维形成的客观依据

思维是现实的反映，是实践的意识形态结果。同时思维又给予现实和实践以反作用。每个行业都面对自己的特殊现实，每个行业又都需要更能适合它的行业现实的、更能指导它的实践活动的思维。所以，带有行业特点的思维就成为可能和必须。绘画所需要的思维方式和破案、判案所需要的思维方式有多么不同！音乐家所需要的思维方式和政治家、理论家所需要的方式又是多么不同！同是文学作品写小说同写电影文学剧本也是不同的……这就是毛泽东同志说过的"物质变精神，精神变物质"的生动多彩的一个侧面。

现在我们要研究的是：新闻写作思维方式的依据究竟是些什么？

在本书总论的一章，实际上已经回答了这个问题。新闻写作思维的客观依据要从新闻写作的基本规律中去寻找。或者可以干脆地说，新闻写作的基本规律，就是新闻写作思维的主要客观依据。

新闻写作的基本规律是这样表述的："用事实说话。"

为什么说这个规律是依据？因为它既表述了新闻写作面对的现实，又表述了新闻写作这一实践的主要之点。

新闻是事实的报道，新闻写作的思维必然要更加适合反映和表述事实的要求；

新闻是新闻事实的报道，新闻写作的思维必然要更适合发掘、捕捉和表述有新闻价值的事实和事实的有新闻价值的侧面；

新闻报道是一种说话，但它又是用事实说话，因而新闻思维必须善于运用具体来表达抽象的思维；

新闻报道向读者说话，而且是向广大的读者说话，新闻思维必须具有广度和深度思维的结合，必须是一种针对性很强的思维；

新闻报道是一种快速情况下写成的作品，因而新闻思维又必须是一种敏捷的思维。

如此等等。

找到了新闻思维自己的客观依据，就可以肯定新闻思维是一种有自己特殊规律的思维。

新闻思维作为一种社会活动的思维，它又有它的社会性，有为全社会所接受和利用的一面。这一点，与其他的思维方式，例如和艺术方面的思维，是有区别的。艺术思维也有一定的社会性，但是它的专业性很强，毕竟为少数人所掌握，一般人在生活中则是直接接触得不那么多。而新闻思维，则表现出更强的社会性。

新闻写作思维的特点

在论述了新闻写作思维是一种独立的思维方式以后，现在具体分析新闻写作思维的具体特点。

新闻写作思维的第一个特点：它是形象思维和逻辑思维的结合，并且以逻辑思维为指导，以形象思维为体现

人们把思维方式分成形象思维、逻辑思维、灵感思维三种。并且认为，不同的领域会有不同的思维成为主要的思维方式。这里说的是"为主"，或为特征，并不是排斥另一种或两种思维。

新闻写作面对的是事实，反映的是事实，它必须用形象思维，善于把事实再现出来。所以，对从事写作的记者来说，他的形象思维是很重要的。

但是，记者在写作的时候，必须对事实的新闻价值做出判断。而新闻价值只是事物的一种属性，是一种特定的价值抽象。要发现这种价值并对它做出估价，不运用抽象思维即逻辑思维是不行的。这是因为，一些浅层的新闻，一些反常的、异常的、稀奇的事物的新闻价值是容易判断的，而一些深层的新闻、一些新生的、正常的、概括的事物的新闻价值是不容易判断的。

在实际的新闻写作中，更多考虑"报道价值"的问题。所谓报道价值是新闻价值和宣传价值的总和或综合。也就是说，一件事情究竟如何报道，不仅要看它的新闻价值如何，还要看它的宣传价值如何。在一般的情况下，任何新闻单位都是把宣传价值的考虑放在第一位的。记者在写作的时候，自然不能不考虑这个问题。例如，有一年北京站发生了一次爆炸事件，一个人因为对某些事情不满，就拿了一个炸药包，在北京火车站的二楼拉响了。从它的反常性来看，它的新闻价值是很高的，许多读者都会关心这件事的。但是从宣传价值的角度看，它又是价值很低的。因为我们是否定这种行为的，不希望人们去效法它，也不希望它给人以社会不安定的印象。这样的报道在写作和发表的时候，必须顾及这样两个方面，并有一个统筹的处理。传播价值的判断，特别是宣传价值的判断，也不是形象思维可以解决问题的，更多的要靠逻辑思维。

总之，新闻写作中，我们总会遇到两个必要的抽象，一个是新闻价值的抽象，一个是报道价值的抽象。解决这两个问题都需要抽象思维、逻辑思维。这是显而易见的道理。

新闻写作的表现又要求形象、具体、准确。记者对新闻价值的判断、对报道价值的判断，最后都通过报道具体的事实反映出来。这时候又更多地需要形象思维了。

所以，从新闻写作的过程看，它是形象思维和逻辑思维的结合，当然它又表现出一定的阶段性。一般是这样的：

形象思维为主（从接触和分析作为素材的事实开始）—逻辑思维为主（对这些素材做新闻价值和报道价值的抽象和判断）—形象思维为主（把记者要

说的话用选择和组合事实的方法说出来）。

把握大题材，需要更多更强的逻辑思维。特别是从新闻事实中写出大的主题，更需如此。

1992年10月15日发表了笔者写的《紧紧掌握我们的法宝——评述党的十四大的历史功绩》。这次大会最主要的历史功绩就是确立邓小平理论为党的指导思想。怎样表现这样重大的题材呢？笔者发现了这中间的若干数字，并以这些数字为主线，贯穿全篇。请看各个段落的标题和主要内容：

第一个标题："两个七次大会：历史有惊人的相似，在偶然的巧合中，常常也包含着伟大的必然"。

内容是，从第一次党代会到第七次党代会，经过了七次大会，确立了毛泽东思想为指导思想。从第八次党代会到第十四次党代会，又是经过了七次大会，确立了邓小平理论为党的指导思想。都是经过七次大会，这是巧合，但其中包含着历史的必然：中国近现代是要解决两大问题：翻身、富裕。毛泽东思想主要解决了翻身问题，邓小平理论主要解决了富裕问题。

第二个标题："十四大总结十四年：改革开放丰富的实践既促成又检验了这个伟大的理论"。

内容是，邓小平理论是在改革开放十四年中逐步形成的，并为实践证明是正确的。所以，十四大并不只是总结从十三大到十四大这五年。

第三个标题："三本光辉的著作：一个严密的逻辑，一部行动的指南"。

内容是，针对有人说邓小平没有理论体系的说法，指出，从已经出版的邓小平的三部著作中，其理论的内在逻辑，可以看得清清楚楚。

第四个标题："若干第一次：新时代更需要这样的马克思主义的理论勇气和科学态度"。

内容是，改革开放以来，邓小平首先提出来的一系列理论观点。

第五个标题："坚持一百年不动摇：一定要学好用好这个兴国之宝、传世之宝"。

内容是，我们对邓小平理论应该持有的态度。

请看，每个小标题都是数字：七、十四、三、第一次、一百年。用这样五个数字把全篇贯穿起来了。

这篇报道是在十四大正在进行时发表的，引起了国内外各方面的注意。有三家国外大通讯社和两家国外广播电台转发，国内的有些单位则把它作为学习参考材料。

这篇述评的写作成功主要是恰当的新闻写作思维的成功。

这种新闻写作思维，在这里主要是两种思维或两种逻辑的结合。一种是理论思维和理论逻辑，首先要从纵向——历史的发展上把邓小平的理论地位搞清楚，从横向——理论和实践的关系上把邓小平理论的形成和发展搞清楚。一种是传播思维和传播逻辑，解决怎样才能把这样重大复杂深刻的内容，用简明的大家都明白和容易理解的方式表现出来。第一种思维和逻辑解决的是内容问题，第二种思维和逻辑解决的是形式问题。简言之，用第二种逻辑思维的形式去表达第一种逻辑思维的内容。没有第一种逻辑思维，内容会不准确，没有第二种逻辑思维，就成了一般的理论文章，而不是新闻报道，不容易被广大读者所接受。

没有一篇理论文章会这样写的。把这样的理论内涵很深刻的内容写成新闻报道，只有理论思维而没有新闻写作思维是不可能的。从这里我们就可以看出新闻写作思维的重要性了。

新闻写作思维的第二个特点：它是系统思维和重点思维的结合，系统思维是它的基础，重点思维是它的结果和体现

所谓系统思维，是指这种思维总是把事物作为一个系统来看待，不仅如此，它还要把这个系统放在一些更大的系统中（这时它是"子系统"），放在与其他系统的联系中来看待。在观察事物的时候，记者用的是时间和空间结合的"四维"观念。因为系统不是静止的系统，而是运动的系统。

这种思维，所要求的是"面面俱到"；不仅是面面俱到，而且是要找出面面之间内在的有机联系；不仅要找出这种联系，还要在动态中发现它们的变化和趋向。

所谓重点思维，是指这种思维总是把抓住事物的重点——关键、要害、焦点、转折、关节等作为目的和成果的。如果说，系统思维在其思考过程中更多地表现为搜集、排列、综合的话，那么重点思维则更多地表现为比较、排斥、突出。如果说系统思维要求面面俱到的话，重点思维则是排斥面面俱到的，它要求脱颖而出。如果说，系统思维要求找出事物的内在的联系并把它表现出来的话，那么，重点思维则要求更进一步抓住要点，在表现上，则无须"全说"甚至是断续的。

系统思维和重点思维并不是绝对对立和绝对排斥的。它们实际上是辩证统一的关系。没有系统无所谓重点，没有重点无所谓系统；任何系统都是有重点的，都是有若干关节点的；任何重点都是处于一定的系统之中，并对系统起重大的作用的。不研究系统，就很难明确重点；找不到重点，也就不能深刻把握系统。这就是两者的统一。但无论如何，两者总是有区别的，两者的思维方向总是有区别的。不承认这一点，也是不客观的。

在实际工作中，确实有这样的情况：在有些工作中，在有些情况下，更多的是需要系统思维；而在有些工作中，有些情况下，则更多的需要重点思维。虽然在思考的过程中，两者都是必不可少的。

例如，在政府机关写工作总结或向人代会作政府工作报告的时候，主要表现为系统思维。它更多地讲求全面性和系统性。但是在写新闻报道的时候，能够这样吗？显然是不行的。

一篇典型意义上的新闻作品，犹如一篇这样的摄影作品：它的主要对象是"聚焦"之处，是特写之处，真切、清晰、突出，主要对象后面并不是用纯白或纯黑做陪衬，而是散焦的、可见模糊轮廓的典型场面为其背景。

这聚焦的地方是记者的重点思维的表现，而那广阔模糊的背景则是记者系统思维的表现。

没有系统思维在新闻写作中是不行的，但是它表现出来则更多的是重点思维。这也是毫无疑问的。

有的新闻作品写不好，其中一个原因就是它只有或只停留在系统思维上就结束了，因此，写出来新闻报道像是一篇总结报告。这是目前新闻作品中最常见的毛病。但也有另一种情况，记者只注重重点思维，他的思维只是停留在若干点上。这样写出来的新闻作品往往缺乏厚度和深度，显得浅薄。

建立在系统思维基础上的重点思维才是记者所需要的完整的思维，也可以说是记者思维的重要特征。请看外国记者在1991年底写的一篇年终专稿：

美国经济衰退暴露了布什作为总统的缺点

路透社华盛顿1991年12月22日英文电（记者吉恩·吉本斯）日复一日，美国的经济情景越来越暗淡，突出表明了乔治·布什总统最大的缺点是在处理国内政策和向人民阐述国内政策方面。

与布什在海湾战争中表现的大无畏的果断的风格截然相反，他看上去对经济衰退只是摸索着寻找答案，这动摇了人们对他的领导的信心并使他在民意测验中的支持率一落千丈。

上星期三（12月18日）发生的情况最好地说明了布什为什么会有麻烦，那时他到得克萨斯州去签署一项计划，让成千上万的人们参加建设公路和公共交通工程的法案。

就在同一天，曾经在世界汽车工业中不可战胜的通用汽车公司由于宣布大量解雇工人和关闭20个工厂而使这个国家震惊。

……

尽管白宫对这些看法反感，但是在布什和赫伯特·胡佛之间还是有可怕的相似之处。胡佛由于30年代的大衰退而不光彩地离开了总统职位。

像布什一样，胡佛以一位全球政治家著称。他的前任被说成是一位又懒、办事效率又低但受欢迎的总统……

布什视察得克萨斯州期间说："是的，现在是很困难的时刻，是的，有许多人失业，许多家庭正艰难度日。我想让每一个美国人知道，使经济回升到轨道上来是我第一号优先考虑的问题。"

但是对于采取什么行动政府的分歧很深。

……

从这篇消息中，可以看到系统思维和重点思维的结合，而又以重点思维为主要的表现。

全面总结和评价布什的作为，必须涉及他的国内政策、国际政策、经济政策、政治政策、军事政策等方面。这就需要系统的思维来解决。但是，这样写出来的报道，有谁看呢？上面的这条消息，是在系统思维的基础上，抓住了重点：国际、国内，记者抛弃了国际；国内又有许多方面，记者集中抓住了他的经济政策。这就抓住了布什能否连任的最要害的问题，也就是突出了重点。

而突出重点时，在写法上又把系统和重点有机地结合在一起。细细琢磨一下消息中的句子，就可以明白这一点。

新闻写作思维的第三个特点：它是顺向思维和逆向思维的结合，是证实思维和证伪思维的结合

所谓顺向思维和证实思维属于肯定方向上的思维。这种思维对认识的对象所采取的态度是肯定性的态度，证明它是真实的、正确的态度。

例如，我们通过新闻报道宣传某项党的政策，在确定报道选题时，我们的出发点不是去否定党的这项政策，而是肯定这项党的政策。这时，记者已经把"党的这项政策是正确的"，作为一个必然的前提，一个不需论证的"公理"来对待的。他在新闻采访和写作中所要做的工作，只是用新的事实来证明或再次证明它是正确的。这就是顺向思维、证实思维。

对某某发言人说的内容，某某采访对象说的话，某某单位介绍的经验，某某人说的某个事件的经过，等等，记者都抱不怀疑的态度，然后又在自己的作品中加以肯定性的报道。这也是这种思维的体现。

所谓逆向思维和证伪思维，属于否定方向上的思维。这种思维对它的认识对象所采取的态度是否定的态度，证明它是虚假的、错误的，或起码是不全面、不准确的。

例如，某采访对象讲了一番话，记者这时所思考的不是他说得如何对、如何真实，而是相反的问题：他说的是实话吗？他说的正确吗？并且极力从他的讲述中或者从其他的方面，找出否定的根据。一个厂长说，"我们产品的质量是很好的"。记者就要提出怀疑,是这样的吗?并从自己掌握的线索中提出否定性的问题。

例如,某一项政策出台,记者并不马上认为它是正确的、可行的。而是提出这样的问题:它是正确的吗?它是可行的吗?在对方用事实证实这项政策是正确的时候,记者也并不是马上相信他,而是想,他说的这个事实能够证明吗?他的这个证明真实吗?如果是真实的,那么它证实的是这项政策吗?他在考虑这种证明和证实的严密性。如对方用粮食增产来证明某项政策的正确性,那么记者就想,粮食丰收是不是真的。如果是真的,那么是由于气候好的原因获得的呢,还就真的就是这个政策的结果呢?如此等等。这时的记者的思维就像马克思说的格言一样:"怀疑一切。"

就我国记者的实际工作来看,应该说是顺向思维用得多一些,这是由我国的国情所决定的。中国共产党是全国人民的领导核心,国家实行的是社会主义制度,在这个制度下,人们的基本利益是一致的,改革开放 30 年,取得了世界公认的巨大成就,我们的新闻宣传工具是掌握在党和人民手中的,新闻记者不是站在党外、人民外工作和报道的,他也是党的一员和人民的一员,新闻工作还有必要的组织纪律,等等。正是这些原因,记者必然要更多地运用顺向思维。

但是,实践证明,只是一种顺向思维,也会发生问题。1958 年的"大跃进"的宣传和它造成的恶果,就是一个突出的例子。"人有多大胆,地有多大产"这样的一个唯心主义的口号,竟然被我们的一些记者用自己的报道来"证实"了;完全没有科学依据的亩产多少万斤的"卫星田",也被我们的记者连篇累牍地报道了。人家说什么,记者就信什么,记者信什么,就宣传什么。如果当时有一种逆向思维,对这些提出疑问,即使站得没有后来那样高,头脑没有后来那样清醒,情况也会好得多。"文化大革命"中的情况就更严重了,顺向思维滑向了赤裸裸的唯心主义,这就有了非要用"事实"证明那种错误理论的"主题先行"论,风行所谓的"没有的可以加上去"的主张。

但是,在这里与运用逆向思维一样,也有一个度的把握问题,不要过了度。如果一味地认为证伪思维是比证实思维高级,认为任何事物和政策都要经过我的证伪思维的检验,并且有了明确的看法以后,我才能够报道,那也是不切实际地夸大了记者的本事和作用。有些事情,记者是很难去证伪的,记者只能采取客观报道的方法,引证消息来源的办法来解决这个问题。

就记者的总体思维来说,应该是证实思维和证伪思维相结合。实际上,证实和证伪两者是辩证的统一。肯定了的东西,自然是肯定,肯定不了的东西,自然是否定;否定了的东西,自然是否定,否定不了的东西,自然是肯定。那些既肯定了的、又否定不了的肯定,才是最"结实"的肯定;那些既否定得了的,又没有任何肯定根据的否定,是最彻底的否定。

有人会说,历史的发展走的是"否定之否定"的道路,因而否定的思维是推动历史前进的,肯定的思维是趋于保守的。他们又把否定思维简单地归结为记者要对任何宣传报道的事情和对象的完全怀疑,归结为只是要去"证伪"它们和他们。

不能对哲学原理做这样简单的形式逻辑般的引申,不能把哲学原理完全等同于日常操作性的东西。因为哲学上的"否定"和我们平时说的"否定"并不完全相同,平时说的"否定"基本上是"不"的意思——不对、不认可、不同意、不承认等等,但哲学上的"否定"含义很广。

首先不能把否定之否定完全理解为只是否定,其实否定之否定就是肯定,不过马克思主义哲学这里说的是新的层次上的肯定。一粒小麦种下去,变成了麦苗,这是否定;麦子成熟结了种,又变成了麦粒,这是否定之否定。实际上是对麦粒更新更高层次上的肯定。怎么能够把否定之否定只看成是我们平常说的"不对"意义上的否定呢?

或许说,这里不正说明了肯定的方式是否定吗?对的。但它仅仅是方式而已。就以上面说的小麦为例,它的遗传基因实际上一直是作为肯定的因素保存下来、延续下去的。不然不成其为小麦了。

更重要的是,哲学意义上的否定,在实际的生活和工作中,并不总是以否定的面目出现的。例如我们的新闻报道肯定某项改革措施,宣传它的正确,这是肯定思维方式,但是它肯定的正是一种否定——改革就是对旧体制的否定。否定旧的东西的否定,也是需要肯定来支持的;改革是需要肯定性的宣传来支持的。没有这种对否定的肯定，否定也是不能进行的。没有对改革的肯定，改革可能进行下去吗？我们常说，新闻报道要支持新生事物，这自然是肯定，但这种肯定不主要是一种否定——否定旧事物的意思吗？

因此，我们不要自己把自己弄糊涂了。

新闻记者的这种顺向思维和逆向思维的结合，是从采访就开始了的。不过在写作阶段则要把它深化和凝固化。

记者在写作阶段所做的主要工作是用这两种思维的结合的眼光来审视他的作品中的两个要素：材料和观点。

这种审视，包括三个层次：

第一个层次，用证实和证伪两个角度来审视一下采访中获得的材料是否是真实的、完整的。

第二个层次，用证实和证伪两个角度来审视一下报道中要体现的观点是否正确。

第三个层次，用证实和证伪的角度来审视一下报道中的事实和报道中的观点是否"对应"。或者是现有的材料能否证实你要说的观点；或者是你要说的观点是否有事实依据。

只有这样几个回合考虑过的新闻报道，才会是经得起历史检验的报道。

记者在写作的时候，还要考虑到读者是顺向思维和逆向思维的问题。一些记者往往有一种错觉（办报的人往往更有这种错觉），以为报道什么，读者就会接受什么；我们说得多，读者就会接受得多。他们不了解读者在读报的时候，也有个顺向思维和逆向思维的问题。你说东，他可能往西想，你说西，他可能往东想；你说得少，他还不反感，你说得太多，他反而产生腻烦和逆反心理。

这种顺向思维和逆向思维的情况，是读者本来就有的。但是随着不同的历史背景，又会有所不同。有时候，顺向思维成为主流，有时候在某些问题上，逆向思维甚至成为主流，或者相当地严重。产生这种情况，不仅是我们的新闻报道造成的，也与社会的大背景有关。我们的记者必须洞察到这种情况。在自己的新闻报道中，注意与读者心理的协调和沟通。

新闻写作思维的第四个特点：它是发散思维和聚拢思维的结合，而又以聚拢思维为主

所谓发散性思维，是指思维的态势是呈扩散式的，这种思维尽量扩大自己的思索范围，以求把更多的东西置于自己的视野之下和思考之中。

所谓聚拢式思维，是指思维的态势是向心的，思维的方向是向着一个点或几个点集中，以求对事物有深刻的认识。

记者的思维必须"放得开"，又"收得起"，放收结合。

就整体新闻记者的工作和一次采访写作前期工作来说，发散性的思维似乎是更重要的。因为记者更常做的工作是捕捉新闻线索和新闻选题，捕捉新闻事实，而这种捕捉不是直线思维就可以做到的，它必须用发散性的思维，做更大范围的"扫描"。当然它也要聚拢，但这种聚拢比起其他的科学研究来，就要差得多了。所以，对记者来说，发散性的思维似乎更重要一些。这是就总体来说的。

这种发散性的思维，随着采访的进展，就要逐步被聚拢性思维所替代。及至到了写作的阶段，聚拢性的思维就应该成为记者思维的主要方式了。他必须在已经占有的材料中有所选择，逐步缩小范围，抛弃若干材料和观点，把最主要的东西集中起来。如果这时他还在发散，那么他的报道也就会是"散沙一盘"。

当然这种聚拢是具体材料和具体观点的聚拢。正是由于这种聚拢，而使报道集中而又深刻，因而更具有普遍意义。从这种意义上讲，这些观点和材料的发散力反而大大增强了。但无论如何，从实际操作的角度说，新闻写作主要需要聚拢性思维。

在新闻写作的过程中，记者苦思苦想的一个问题是：我在这篇报道里"提"了什么新的问题、新的观点？要解决这个问题，记者所用的主要是聚拢性思维。这时候，他也要研究材料，但这种研究主要是对材料的内涵和意义进行抽象，这种抽象又不是"一事一议"式的抽象，而是把事物和事实的意义向一个点或几个点上集中——自然是建立在客观基础上的集中。如果集中不起来，记者就很难提出什么像样的问题来。如果集中得很好，很充实，很鲜明，那么他就可能提出新的问题而引起读者的注意。

如果说发散思维更注意的是面的扩展的话，那么聚拢思维更注意的是深度的发掘。聚拢思维不是把材料和观点聚拢到一起就行了，它还要在这一点上向纵深挖掘。聚焦点越来越小，越来越集中，也越来越深刻。

现在许多报道的稿件之所以不成功，很重要的原因是在写作的时候没有充分地运用聚拢性思维。

某省委研究室送到报社的一篇关于企业的调查报告，把有关的经验几乎都写进去了：领导班子过硬，经营思想对头，抓了技术改造，对职工严格管理，关心群众生活，等等。每一个观点都是对的，但组成的全篇报道就没有什么针对性和可读性。写作中缺了什么呢？从思维的角度讲，缺了聚拢性思维。作者没有把材料向一个中心、一个方向聚拢。后来在编辑的帮助下，他们找到报道这个企业的最佳聚拢点——严格管理，又沿着"严"字向纵深挖下去，于是成了一篇较有针对性的报道。

现在，有一个现象值得注意，有的报道占了报纸的很大的篇幅，看来应该是一篇重头文章，但认真读完之后，往往很失望，既没有记者的什么很结实的观点，更不要说让读者叫绝的观点，让读者记住的观点了。笔者分析，客观原因是现在网络很发达，记者可以比较容易地从网络上下载许多资料，新闻发布会也很多，在这样的会上记者也可以很容易地获得许多资料，平时记者的信息来源也要比以前广泛得多，记者利用这些现成的资料可以比较省力地形成一篇报道，主观原因则是记者把本来的好条件变成了坏条件，因为追求省力，所以就放弃了自己的聚拢性思维的努力，不再提炼，不再凝练，不再提纯，于是就等于把一堆原始材料推给了读者。

新闻写作思维的第五个特点：它是循序思维和跳跃思维的结合，而以跳跃思维为主

所谓循序思维是指思想或思考是按照某种顺序前进的，它表现了一种连续性和有序性，表现了一种循序渐进的态势。

所谓跳跃思维是指思想和思考不是按照某种特定的顺序和程序进行的，它不讲连贯性，从某一点突然就跳跃到了另一点，它也不讲求有序性，它往往并没有一个自身的完整的系列或序列，思维也可以从一个序列跳跃到另一个序列。

人们常说记者的思维是活跃的，这不假。而这种活跃，在思维方式上表现为主要用跳跃思维。

我们只要稍加注意就可以看到，一些做了多年新闻记者的人，他的谈话方式、逻辑方式、思维方式都表现出很强的跳跃性。他们可以很自然地，毫不费力地从一个问题跳跃到另一个问题，从一个侧面跳跃到另一个侧面，从一个领域跳跃到另一个领域。在进行这种跳跃的时候，他们不需要任何的过渡，任何的联结。

新闻思维中的跳跃，从表面看似乎是"乱跳"，无"章"可循，无"法"可依。其实不然，这种跳跃思维也是有其自身的规律的。

这个"章"和"法"是什么？说穿了，记者的思维的跳跃总是围绕着新闻传播这个总目的来进行的。跳来跳去，万变不离"传播"其宗。这里的"章"，就是各个事实所具有的传播价值；这里的"法"，就是记者对这些事实所具有的传播价值的判断和选择。一句话，这种跳跃是按照传播价值的抽象来进行的。

这里可以打一个比喻：一个人要过一条乱石滚滚的河流。河流很急，但河水不深。他不能用船，因为水浅；他也不能蹚过去，因为水流太急。他的唯一办法是踩着露出水面的石头过去。于是，他要选那些露出水面的、比较平整的、能够吃重的石头，从这一块跳到那一块，一直从此岸跳到彼岸去。为什么过河的人要跳呢？很明显，他是从能够帮助他过河的角度来选择立足点的，也就是说从这个价值的判断来思维的。

把这个比喻引申到新闻采访和写作中来，就是这样：过河是传播；石头是事实；它对我们过河能够起到的作用，就是传播价值。众多的石头（事实），价值是不均匀的，因而过河人必须选择，过河时也必须跳着过——记者的思维必须是跳跃性的思维。

新闻工作中的跳跃思维是记者在新闻价值、传播价值河流中的跳跃。他所注重的就是这一点，其他方面的价值，往往是无须更多顾及的。

永别了，赵丹！

中国新闻社北京 1980 年 10 月 14 日电 （记者殷金娣）赵丹遗体今天火化。

在贝多芬《英雄》第三交响乐《葬礼曲》的乐声中，赵丹夫人——著名电影演员、作家黄宗英手持一朵红玫瑰，沉静地肃立在赵丹的遗体旁。

没有奏通常的哀乐，乐曲是著名指挥家李德伦为赵丹选的。

赵丹的 7 名子女轮流把手中的鲜花覆盖在遗体上。女儿赵青还给父亲送上一个儿童玩具——一个会打鼓的小熊猫，祝她的父亲永远快乐。

赵丹后继有人，他的 7 名子女有 3 名是从事艺术的。他们是著名舞蹈家赵青、电影演员赵茅、北京电影学院导演系学生赵劲。另两名是徐州师范学院中文系学生赵桔、上海外贸学院学生赵左。还有两名义子周明和周伟，是赵丹收养的已故著名电影演员周璇的儿子。

赵丹生前的艺术成就赢得了人们的尊敬。虽然他生前曾说，不希望人们前来向他的遗体告别，但是八宝山火葬场几十名工人闻讯自动前来，他们身穿工作服，列队向这位艺术家告别。

永别了，赵丹！闻讯自动前来向他的遗体告别的，还有他生前的老朋友陈荒煤、王阑西、司徒慧敏、袁平殊、陈播、丁峤、汪洋、金山、王苹、于蓝、水桦、黄宗江、康泰、田华、王心刚等。（原文载《中国新闻社稿选》第 80 页）

这篇消息写了赵丹遗体火化的事情。一个艺术家的死和他的遗体的火化，是有新闻价值的事情。但也不是其中任何情节都是有新闻价值的。那些一般的事情过程，那些例行的程序都没有新闻价值。在这篇消息中实际上都已经省略掉了。

通篇都是用跳跃性思维写成的。这里没有程序、顺序，也没有理性的逻辑，只是围绕着赵丹遗体火化这件事，把有新闻价值的东西集中起来。

即使是这样的一件情节非常集中简单的新闻事件，也可以看到记者跳跃思维的表现。

中国新闻社记者李春、王进昌合写的通讯《核弹元勋的"三子"》也是一篇运用跳跃思维的报道。

作为我国的核弹元勋，邓稼先的事迹是很多、很感人的。但是记者没有全面去写，只是写了他的一个次要的侧面——他如何对待生活中的待遇问题。所谓"三子"，就是大家常议论的房子、孩子、车子的问题。记者从工作和生活两方面一下子跳到生活；在生活中又从房子跳到孩子，又从孩子跳到车子的问题。这些事实之间没有直接的联系，但主人公的思想品德把它们连接在一起。

第九章　风格　借鉴　创新　态度

第二十六节　新闻写作的风格

内容提要： 新闻作品可以有自己的风格。形成风格是记者成熟的重要标志之一。

记者的风格是记者的作品群形成稳定特色并被广大的读者（受众）所接受的成果。

记者的风格可以按照三个路子形成：新闻型记者、文学型记者、学者型记者。具体的风格则是多姿多彩的。

记者要从分析自己的优势和劣势中，要在长期实践中，要在"走自己路"的思想下，逐步形成自己的风格。不可"强求"。

作家是有风格的。

记者有风格吗？

大量的新闻作品，很难说有什么风格。现在的许多新闻作品，不仅写法雷同，而且取材、语言、内容，都是雷同的。甚至有人这样挖苦："你们的新闻，只要打印一个固定的格式，然后在具体的地名、人名上填空白就可以了。"

但是，新闻作品确实又是有风格可言的。以当代的中国名记者而论，穆青的文学底蕴和散文色彩、安岗的政论锋芒、华山的宏大气势、田流的娓娓道来、李普的朴实简短、金凤的泼辣、柏生的细腻……都是为人们所熟悉的。有的人曾这样说，某某人的新闻作品，即使是捂上作者的名字，只要读一读文字，就可以知道这是谁写的。甚至还有这种情况，当某位记者帮助别人修改稿件的时候，即使在片片段段之中，也能够显露作者的风格，细心人可以在全文中找出他修改的句子和段落。所以，又完全可以说：新闻作品有风格可言，记者有风格可言。

什么是记者的风格

这里说的记者的风格，其实是记者作品的风格。似乎可以这样简单地定义：作品的风格其实就是作品的性格。记者的风格就是记者性格在作品中的体现。

但是，这样的定义是有问题的。首先，风格并不就是性格。性格每人都有。但不能说每人都形成了自己的风格。同时，许多记者本人的风格和他的作品的风格往往是有很大的差异的。例如记者华山，本人性格温文尔雅，而他的作品叱咤风云。

记者的风格是其在特定的环境下，基于自己的素质，并通过长期写作实践形成的作品的特色

不是有性格的记者就都形成了自己的风格。风格必须在实践中形成，必须有较长时间的积累，而且集中体现在自己的作品中。就这种意义上说，风格是记者作品总体的性格。只写了一篇或少数几篇作品就谈什么风格是牵强的。

记者的风格是一个记者"作品群"的主要特征。

记者的风格并不是记者作品所有特点的总和或综合，当然更不是记者的某一篇作品的特色。它应该是一个记者的作品群（全部作品）的主要的特征。也就是说，当我们说某某记者的作品风格的时候，实际上我们已经略去了他的若干次要的特点和偶然的作品的特色。就是那些以博大为其风格的记者，也会写过一些纤细的作品的；就是那些以政论特色为其风格的记者也会写过纯新闻的……任何人都是一个综合体，多侧面体。但如果把这一切侧面都考虑进去，都算在风格之内，那还有什么风格可言呢？

因此，所谓风格者，必定是记者作品群的主要的稳定的特征。

记者的风格和他的素质密切相关。文学素养高的记者，其作品往往文学性比较强；理论素质高的记者，其作品往往理论色彩比较强。宏观思维比较强的记者，其风格往往侧重于气魄宏大；微观思维细腻的记者，其风格往往侧重于奇巧精致，如此等等。

记者的风格还是记者和受众结合的产物。

记者的风格是自己有成效的努力的结果。但是这种努力还必须为广大受众接受、认可、喜欢，而后才有风格可言。群众不承认的东西是很难说是有风格的。因此，记者的风格是记者的作品不仅得到社会承认，而且得到社会理解的结果。风格在记者身上，影响在群众中。就这种意义上讲，风格是传播的结果，是传播和被传播的统一。

综合上述，作为一种鲜明的风格，除了记者的性格要素之外，还应该包括他的素质要素，他的实践因素，还要包括他通过传播和群众结合的因素，也要包括他所处的那个时代背景的因素，这一切要素的有机总和，才是记者的风格。它是个性，但它是个性和共性的统一；它是个别，但它是个别和一般的统一；它主要体现在作品中，但它是作品和人品的统一。

因此，风格是一个凝聚点，它后面是一个大容量的"世界"。

记者风格的类型

记者的风格是多种多样的。可以说每一个成功的记者都有自己的风格。但这些不同的风格大体上可以分成三种类型。

第一种，可以称之为"新闻型记者"。

第二种，可以称之为"文学型记者"。

第三种，可以称之为"学者型记者"。

"新闻型记者"，这个词好像是不通的。记者都是新闻工作者，哪有不是新闻型的呢？这里之所以用了一个同义反复的定语，其意思是要和后面的两种类型相区别，这种记者的工作特点和他的成就都是在典型的新闻领域内的。这种类型的记者，主攻短小精悍的新闻体裁，善于用新闻语言表达新闻事实和新鲜观点，注意传播新闻信息，他们的作品新鲜、新奇、新颖，总给人以站在时代最前沿的感觉。

"文学型记者"，这也是特定的意义上说的。因为记者不能在新闻作品中搞文学创作，那样的话，文学型记者就成了贬义词了。这里的"文学型"主要是指这样的记者的作品更具有文学色彩，更善于借鉴文学的手法。例如有的记者的通讯写得很有文采，很有感情，具有文学般的感染力。这类记者还有一个很重要的特点，那就是他们一般都花很大的气力去搞报告文学的创作，他们常是记者兼报告文学家。由记者后来走上专职的报告文学作家的人也不少。

当然也有另一种情况的，他们先成了有一些名气的作家，而后又来当记者。

"学者型记者"，从字面上看，这种类型的记者的特点很清楚。他们虽然是新闻记者，但是具备了更多的学者素质和特点。他们不仅能够报道新闻事实，还可以用自己的丰富的知识对这些事实加以深刻的解释，并提出自己的见解。他们可以成为某一领域的专家，对这方面的问题，自己就有相当大的发言权。他们的言论应该也可以对政府的决策和群众的思想产生更深层的影响。

学者型记者的提出是有它的时代背景的。首先在文学界提出了要克服作家"非学者化"问题——指目前的许多作家文化功底太差。在新闻界，似乎更尖锐地遇到了这个问题。随着现代化建设的发展，随着改革开放的深化，随着世界经济全球化，随着国际交往越来越多，社会生活日益复杂，新闻报道中解释的任务越来越重，对记者在学问方面的要求也必然日益提高。而另一方面，随着新闻事业的急剧发展，新闻队伍的急剧扩大，记者水平有所降低的情况也发生了。

在这种背景下，提出学者型记者，是很有针对性的，对新闻界的成长也是有长远意义的。

做学者型记者的第一个要求，就是要求记者对自己所报道的行业有专门的研究。进而要求记者在若干领域有自己的专门的研究。他不仅应该知识广泛，而且应该在某些领域有深入研究并具有独到见解。在西方由于新闻事业多年的发展，已经有代表着学者型记者的称号出来了，那就是专栏作家。目前在我国专栏作家队伍还是刚露苗头。

学者型记者还可以包括新闻学者，即有的新闻记者在工作中对新闻学做了深入的研究并有自己的著述。这样的记者也可以称之为学者型记者。

我们对新闻记者的类型做了如上的分析，是为了帮助大家理解记者的风格，也是为了当你要形成自己的风格时，可以以此作为参考。它划出了一个粗粗的线条，至于细致的区分则是很难用短的篇幅说清楚的了。我们可以说：一个人一个风格。

记者怎样形成自己的风格

正像记者的风格是多种多样，形成记者风格之路也是多种多样的。但记者在追求自己风格的时候，也确有一些问题是值得注意的。

第一，要全面地分析和认识自己的优势和劣势

一般地说，每个人的风格都是建立在自己的优势的基础上的。离开了自己的优势去发展风格是不可想象的事情。例如，一个人长于人际交往，好动而不好静，你非要他坐下来做学问，是很困难的事情，要他形成学者型的风格是很难的。一个人如果他的形象思维大大长于逻辑思维，他最好是向着文学型记者发展。而一个逻辑思维很强的人，他自然会倾向于在学术的领域发挥自己的才能。

当然，对自己的优势和劣势的认识并不是很容易的，真正按照自己的优势去发展自己的风格更不是那么容易的。在实际生活中，我们常常发现"不是什么材料偏要干什么事情"的情况。这叫作"哪壶不开专提哪壶"。有的人明明是既没有厚实的生活底子，又没有形象思维的长处，甚至连文学的一般功底也较差，只是因为看到作家在社会上受欢迎，却偏偏要向着文学型去发展。对自己不了解，只有去实践。在实践中你会发现，在哪个领域你是得心应手的，而在哪个领域你是一筹莫展的。

第二，风格是形成的，而不是"捏成"的

风格的形成有一个相当长的复杂过程，不是一蹴而就的。风格的形成是记者成熟的一种表现。换句话说，只有成熟了的记者，才会形成自己的风格。就这种意义上讲，记者的风格不是自己有意做出来的，而是自然而然形成的。

在基本功还不扎实的情况下，在对新闻写作的基本规律还没有很好掌握的情况下，就急于形成自己的风格，故意写一些与众不同的语言和句子，故意生造了一些特色，企图很快地就让人家看出自己的风格，实践证明，这样的做法效果一般都是不好的，给人"东施效颦"的感觉。为风格而风格就会走入形式主义的死胡同。

第三，在风格问题上要有多样化思想

就风格而论，纯属个性化的东西。它没有是非之分，不能说什么风格是对的，什么风格是错的；它也没有优劣之分，不能说什么风格是好的，什么风格是差的。喜欢什么风格不喜欢什么风格，那是个人的爱好问题。

客观地说，任何风格也都有它的局限性。正像在百花园中，有的花，花朵很艳丽，但是并不很香；有的花，花朵很小，长得不艳丽，但是它很香。正是因为它们各有特色、各有长处，才可以组成一个斑斓多彩的大花园。如果只是一种花，再好、再香，也会显得单调的。

对于一个记者来说，他在形成自己风格的过程中，往往会遇到不同的看法乃至非议的，而且往往是他的风格越突出，开始时遭到的非议越多。这时候应该怎样办呢？要很好地听一听人家的意见，并加以分析。要有勇气坚持，坚持下去就有可能打开一条"胡同"。不要对别人的期望太高，不要期望别人对你的风格都说好话。人民日报的一位记者说过："我的新闻作品只求在报纸上能够发表，能够存在；不希望都说好，更不希望人家都学着这样写。都写成我这样，报纸会变得很单调，我的风格也就被淹没在里面了。"

第二十七节　新闻写作的借鉴和创新

内容提要：新闻写作是需要借鉴的。要向其他样式的作品借鉴，也可以向国外的同行借鉴。向文学的借鉴是最多的。但不应该是向文学"求救"，而是向文学"求援"。在向国外同行借鉴的时候，要多做分析，要为我所用。

创新是新闻写作的重要要求和特点。求新应该是记者思维的主要特点之一。求新可以分为"变新"和"创新"。

创新是要在新闻写作基本规律的基础上进行的，创新又要结合时代的特点和具体条件来进行。

新闻写作需不需要借鉴其他形式作品的写作经验并从中吸取营养？回答是肯定的。

新闻写作借鉴其他样式作品的必然性和必要性

这种必然性和必要性表现在：

新闻作品是一种传播作品，它要传播各种信息、各种内容。因此就必须从各种样式的作品中吸取营养，否则就不能完成自己的任务。

新闻作品从历史的发展看毕竟是一种新兴样式的作品，它正处于大发展的时期。它还不那么古老，因而也就还不那么定型。在这种发展中，必然要吸收其他样式作品成分，经过消化，变成自己的东西。

在各种借鉴中，新闻作品向文学作品的借鉴是最多的。这是因为文学是最古老因而也是最丰富的宝库；是因为新闻作品，特别是报纸上的新闻作品，最基础的要素还是文字。因此借鉴起来就更直接、更容易些。

借鉴的一个重要领域：向文学借鉴

新闻可以向文学"求援"，不可向文学"求救"。求援和求救不同。求援是建立在自信的基础上，把文学的营养拿来，加强自己。求救是在自卑的基础上，完全不信任自己，而要靠文学来养活自己。前者的努力方向是把新闻作品越写越像新闻，后者把新闻作品越写越像文学。——但那是行不通的。

关于新闻记者要对自己的专业有自信，著名记者李普曾经说过这样的话：

> 各人一道。我不是看不起作家，你作家的那些诗，那些小说，那些戏剧，我承认我写不出，这不仅是甘拜下风的问题，我根本写不出。但是，反过来，我写的这条新闻，你恐怕也写不出，对不对？各人一行么！比如考虑新闻报道的何者多报，何者少报等问题时，恐怕你不如我，我们新闻记者对抓新闻，哪个是现在群众最关心的问题，是我们党最需要讲的问题，关系国计民生的大题目，恐怕你这个作家也不如我们。所以我要跟同学们讲清楚这一条，你不要以为会写文章就能当好记者，它们之间有联系，但还是两码事。（彭正普：《李普谈短新闻》载《安徽日报通讯》1982年第2期）

苏联作家波列伏伊则从另一个角度说明了这个问题：

> 有时我听到一些作家对我深表同情的问话："新闻工作不妨碍你的文学创作吗？……"这些问题无论是出于什么样的好意提出来的，都不能使我感到难过。新闻，我所指的是好的、真正的新闻，作为文学的一种特殊的形式和非常有效的手段，是连接文学和生活的最可靠的桥梁。
>
> 最后我想劝导我的同行和那些立志于文学创作的青年同志们：去参加报纸的工作吧，去接受新闻的教育吧，新闻，这是文学的最好学校。我已是一个老报人，当我寿终正寝的那一时刻到来之前，我可以心满意足地说："我能够看到的，全都看见了；我能写出的，全都写出来了。"（波列伏伊《永志不忘》）

他没有贬低新闻，他认为新闻和文学有许多沟通的地方。

那么，新闻怎样向文学借鉴呢？

完整地论述这个问题的专门著作还没有见到。中国社会科学院研究生院新闻系教师王艺舟专门开了"新闻和古典文学"这门课程，可惜他的著作没有问世就辞世而去了。现在人们谈论较多的是：

新闻第一要向文学学语言；

新闻第二要向文学学表现手法；

新闻要向文学学如何勾画人物和景物；

新闻记者要向作家学习形象思维。

新闻要向作家学习把杂乱的素材"编纂"成一个情节和故事的本领。（注意：记者则必须是在坚持新闻真实性的前提下！）

这里只想就人们谈得较少的两点说一说。

第一个问题：在深入理解文学艺术特征和新闻作品特征的基础上，来借鉴文学。

丹纳在其名著《艺术哲学》中说："艺术品的目的是表现某个主要的或突出的特征，也就是某个重要的观念，比实际事物表现得更清楚更完全；为了做到这一点，艺术品必须是由许多相互联系的部分组成的一个总体，而各个部分的关系是经过有计划的改变的。"（该书第28页）

另一段，他说得更清楚："艺术的目的就是要把这个特征表现得彰明卓著；而艺术所以要担负这个任务，是因为现实不能胜任。在现实界，特征不过居于主要地位；艺术却要使特征支配一切。特征在现实生活中固然把实物加工，但是不充分。特征的行动受着牵制，受着别的因素阻碍，不能深入事物之内留下一个充分深刻充分显明的印记。人感到这个缺陷，才发明艺术加以弥补。"（该书第25页）

丹纳的论述是深刻的。可以这样说：文学艺术主要是"写特征"，写事物的特征。作家、艺术家可以调动一切手段去完成这个任务。

新闻报道主要是"写真实"。它要调动一切手段去完成这个任务，但不能利用会造成不真实的手段。

那么文学对新闻还有什么借鉴可言呢？

有的。新闻是事实的报道。但不是一般事实的报道，而是有新闻价值的事实的报道。有新闻价值就是新闻作品所反映事实的总的特征。有新闻价值的事实也并不是所有组成部分有同样的新闻价值，总有最有新闻价值的部分、一般部分和没有新闻价值的部分。最有新闻价值的这部分在我们的"新闻眼"里，便是这个事物的最主要的特征了。因此我们可以把文学艺术中如何突出特征的艺术借鉴到新闻里来，用来突出新闻价值事实和新闻价值部分。

照相馆的照片并不是艺术。照原样一丝不差的写真，也不是新闻，是流水账。

就新闻价值的角度说，新闻作品也是一种"写特征"的作品。

写真实和写特征是完全对立的吗？也不是。凡有生活知识的人都知道，描绘一个人像还是不像，最主要的是看你把他的特征抓住了没有。抓不住特征，就会是千人一面。抓特征是最简练的写真的办法。而新闻报道是要求简短的，要求在尽量短的文学篇幅内把事实报道清楚，这就要求抓住特征来写。

著名记者华山就把他的采访写作经验概括为这样的三句话："发现特点，抓住特点，描写特点。"这是很深刻的总结。他的论述竟然与丹纳的论述是这样的相似！其实他们说的确实又是两个完全不同的领域。

就快速而真实地反映事物来说，新闻作品也应该是一种"写特征"的作品。

第二个问题：深入理解文学艺术的创作方法和新闻的采写方法之间的关系，来借鉴文学。

在提到这方面的关系时，一般最多的是警告式的：千万不要把文学的方法用到新闻报道中来！这种警告其实主要是针对一种方法：虚构。（艺术的夸张也被认为是一种虚构。）

这种警告是必要的。因为确有人虚构新闻，危及真实这个新闻的生命线。

但是文学创作方法是否就是虚构这一条呢？显然不是。如果放开眼界，就可以看到，文学创作中有许多方法值得记者借鉴。

作家是很讲究体验生活的。他们要求自己不仅要从生活的表面去"观察"生活，而且要到生活的深层去体验生活——体验虽然也包含观察的意思，但它多了一层更重要的意思：参与。新闻记者由于受工作性质的限制，往往不可能像作家那样长期体验，那样"慢慢地体验"，但这个方法是应该用也可以用的。记者需要抓紧时间去体验生活！

作家是讲究感受的。这种感受是生活在他们头脑和心灵中引起的个性的反应。没有感受，是写不出感人的文学作品的。

记者要不要感受呢？有一种担心，如果记者感受了，并把自己的感受写到新闻报道里面去了，那新闻报道就不客观了。这种担心不是凭空来的。读者读你的报道，害怕你的感受把事实搞偏了。问题在于，记者动用自己的感受并不是只有上述"出路"，记者正确感受和正确地运用感受，不仅不影响真实地反映事实，而且有助于真实地、丰满地反映事实。有的时候，不用感受的方法，甚至很难了解和理解事实，特别是在那些深层的报道中。

本书作者在《新闻采访方法论》一书中就专门讲述了新闻采访中的"感受法"。记者在采访的时候，开始总是学会了问，而不知道用自己的眼睛。等到会用眼睛了，他成熟了一步。问不出我可以看得出。有的时候问不出也看不出，这就要靠感受了。学会了感受是记者成熟的标志。因为他的本事大了，看问题深了，写东西更有感情色彩了。丹纳还说："艺术就有这一个特点，艺术是又高级又通俗的东西，把最高级的内容传达给大众。"记者有了自己的感受，这种感受如果是大众的常人的感受和记者的感受的结合物的话，那么他是很容易和读者沟通的。没有感受的新闻作品在与读者沟通方面就要困难得多。

人民日报的白夜，先是介绍了丁玲给他的信中的一句话："艺术也需要一点点远视。要有点虚，太实在了，反而失之于死。"接着他转到新闻，"我想，不单指人物通讯、特写、报告文学。从广义上说，甚至新闻之类都在内。新闻写作要有材料，实实在在，用事实说话。这是基本的，不可少的。但是，往往如丁玲所说，太实在了，反而失之于死。"（见王庚虎：《白夜谈写作技巧》，载《解放军报通讯》1983年第10期）

这里缺的是什么呢？最重要的恐怕就是记者的感受。

新闻界在关于新闻写作要不要用第一人称的写法上，有不同意见，有一种意见反对用第一人称。在报道中老是"我、我、我"的，让读者很嫌，也让人怀疑你的真实性。有一些同志则主张多用第一人称写法。例如，有的记者以写专访为特长，他们的作品就大多是用第一人称的，在作品中多次出现"我"。

白夜就是很强调用第一人称写新闻报道的。

他说:"人物通讯、访问记、特写,甚至消息报道,要不要写自己?这个问题我想了很久。就说《西行漫记》吧,如果没有斯诺出现,那会是一种什么场面呢?肯定不如现在这样生动。陕北高原,巍巍群山,红军战士,农民群众,突然来了一个洋鬼子,本身就是大新闻。他看中国红军、中国革命,和我们不同。斯诺本身就有吸引力。就我们的新闻作品来说,许多名记者也是把自己写进去的。这样就给人以现实感,亲切感,好像记者领着读者去观察、去体验、去思索,就会产生艺术魅力。我总结了一条经验:写文章,要把自己写进去,把人家写出来。这'一进一出',作品就活了,就有了立体感。"

作为学术上的一家之言,白夜的意见是值得重视的。那么他为什么要提出这样的主张呢?说到底,他无非是为了在新闻作品的写作中更多地更好地借鉴和利用文学手法。

借鉴的另一个重要领域:向国外的同行借鉴

我们在谈到借鉴的时候,除了向其他领域的作品借鉴,还有一个借鉴的方面,那就是向国外同行的借鉴。对我们来说主要是向西方国家的记者借鉴。

周恩来同志曾经说过西方国家记者的技巧是可以借鉴的。

改革开放以来,我国新闻界在这方面做了不少工作,也有了不少的收益。新华社的黎信同志在这方面所做的工作是引人注目的。他既翻译了大量的西方新闻作品,又做了一些分析,而且出了一些专著。有鉴于此,本书就不多做论述了。实际上本书在全部论述中也已经考虑到了这个问题,并把它吸收到各个章节里面了。

在这个问题上,在新闻写作的范围内,我们要承认这样的几点:

(一)新闻事业虽然在不同国家、不同时代、不同制度下,是有不同的性质的区分的;但是新闻本身作为一种人类社会的现象,各国之间又总是有其相同和相通之处的。这就为我们借鉴提供了客观的可能性。

(二)还应该承认,我们的新闻事业因为发展的历史比较短,经验比较少，队伍的素质也要有一个提高过程，在新闻写作的技巧方面，从总的来说，确实不如西方记者更成熟，甚至可以说有很大差距。承认这种现实，就给我们提出了急迫的学习任务。

（三）新闻写作技巧，在业务层面是没有什么阶级性和制度性的，但在具体作品中，写作技巧和作者倾向往往是"化合"在一起的。我们在学习的时候，必须学会"分离术"，着重吸取那些有用的精华部分。

（四）这种借鉴的目的并不是模仿，而主要是为了创新，是为了创造出符合中国特色的、符合社会主义条件下新闻工作的新闻写作的一套。

新闻写作中的不断创新是一大课题

新闻记者的工作是一种"求新"的职业，他要不断地追求新闻。与这种特点相适应，他在自己的工作中必须有一种求新的意识，在新闻写作上也必须有一种求新和创新的意识。

创造性思维对记者来说是很重要的。有人说，创造性思维是抽象思维、形象思维、灵感思维的融合体。它的对立面是复述性思维。关于它对记者的重要性，曾担任过新华社社长的著名记者郭超人说过一段很精彩的话：

> 什么样的人当不了记者？什么样的人能当记者？什么样的人能当好记者？大多数人能想到能做到的，而你想不到做不到，就当不了记者；大多数人能想到能做到，而你也能想到能做到，可以当记者，但不一定是好记者；唯有大多数人想不到做不到，而你能想到能做到，那么你就能当一个好记者。

这里说的主要就是记者的创造性思维问题。在新闻写作中也是如此。如果一个记者他在新闻写作中没有创新，甚至连别人写过的成熟的体裁他都写不好，他会成为一个好记者吗？总是那些勇于创新的记者的名字能被人家记住。

创新和求新结合，但求新并不等于创新。

求新实际上有两种途径：变新和创新

所谓变新，是指新的东西并没有多少创造，但是较原来的有所变化了，也给人一种新鲜的感觉。这就是变新。在这种变新的过程中应该说也有某种创造。例如服装的新就是这样的。裤子先是肥腿的，后是瘦腿的，再是下肥上瘦的（喇叭裤），而后又是上肥下瘦的（萝卜裤）。变来变去，似乎是新鲜的。其实并不是一种多大的创造。我们的新闻报道中，这种变新的情况更多，或更实用。记者要根据当前的情况，总是追求一种与众不同的东西，有一种变新的意识。这种变新虽说没有一种崭新的创造，但是也包含着创造性的因素。

创新是更困难的事情。它虽然不能说与原有的东西决裂，但毕竟要有一定的"质"上的不同。这种创新至少有以下的几种情况：

1. 在原来的基础上有了新的综合；
2. 对原来的东西有了新的质上的突破；
3. 创造了一种全新的样式。

这种创新，既应该包括写作方法和技巧，也应该包括新闻报道的指导思想。有时实际上是两者的综合体。

比如，最近几年有的人提出了立体式新闻写作，有的提出了散文式的新闻写作。这些都是一种创新。但这种创新属于第一条，是在原来基础上的新的综合。因为这些概念所提出的问题包含的内容，并不是全新的，而只把过去已经用过的一些方法提到更高的层次上来加以认识，并有了新的写作上的要求。

比如，关于多侧面报道的思想，就应该属于第二条，是有一定的质上的突破，起码是对原有的单线条的报道思想——说好尽说好，说坏尽说坏——的突破。它不仅是一种具体的写作方法，而且涉及了新闻报道的哲学思想基础。

比如，本书作者作为人民日报记者写过一篇题为《社会公平的辩论》的报道（此例前面已经引证过），就属于第三条，是一种"全新式"的创新。这主要是从体裁的角度说的。这篇东西算什么体裁呢？说它是报道，通篇没有一个具体的人名和地名,五个"W"是不全的。说它是评论,也不是。因为它并没有像评论那样摆事实讲道理地说明作者的观点和问题,而是把社会上的关于分配方面的种种议论摆出来了。说它是述评,稍像一点,但是也不是原来情况的述评,因为它是采取的辩论的形式,像电视中的亚洲大专辩论会那样……总而言之它是四不像。这种"四不像"可以说是一种创新——虽然也有一些同志不同意这种写法。

这里要说明的是,创新的东西不等于是普遍的东西,更不等于是永恒的东西。有些创新往往是一个特定情况下的产物,但又可能包含着若干的普遍性的因素。

创新在某种意义上说是一种试验

有的试验可能成功,有的试验可能失败了;有的可能主要方面成功了,次要方面失败了;有的可能是次要方面成功了,主要方面失败了。成功的东西,有的是特殊情况下的产物,只有特殊的意义;有的则可能是具有更普遍的意义,被保留下来,被推广开来。例如像《社会公平的辩论》这样的体裁就恐怕有它的相当大的特殊性,不是总是可以经常采用的。而像多侧面报道这样的方法,则是更具普遍意义的。

整个新闻写作就是在这样的不断的创新中,又不断地选择和淘汰中逐步发展的。它总是随着时代的发展而发展,随着时代的进步而更新。

创新之路在哪里

创新之路从根本上说在于:对新闻写作基本规律的理解以及寻求这种规律和具体情况的结合。

新华社记者徐占琨说:"我们提倡破格作文,不拘一格写新闻的意思是,不拘泥于固定不变的格式去写新闻,不能误解为'完全不顾体裁规格的要求去自由驰骋'。各种新闻体裁,如消息、通讯、特写、调查报告等等,都各有特点和一般的写作规律,是要遵循的,不能破除的。我们要破除的是固定

不变的格式，僵化的教条。"（徐占琨：《提倡不拘一格写新闻》，载 1982 年第 4 期《工人日报通讯》）

他的话是很有道理的。新闻写作是有规律的，创新不是破规律，而是破僵化的教条。至今为止的体裁都是多少年来无数新闻工作者的辛勤创造的结果，是在实践中符合客观规律创造的固化物。因此不能轻易地否定，更不要认为否定已有的东西就是创造或创新。这样的创新太容易了，它只要说一个"不"字就可以了。

现在我们的记者在新闻写作之中所以不能创新，首先不在于他对新闻规律理解得太多，对基本的要求知道得太多，而是对新闻写作的基本规律没有很好的掌握。例如有的研究生在自己的论文中批判"倒金字塔"，认为都是因为按照它去写作，所以把新闻报道搞得不生动了。他们认为，要创新就要破除"倒金字塔"。这种意见显然是不对的。这是他不了解"倒金字塔"的实质而产生的一种错误看法。如果我们掌握了它的实质，不就可以得心应手地去创造吗？

所以，要创新，对我国的新闻工作者来说，首先的一个任务是把新闻写作基本规律尽量掌握起来。

再一个创新的途径是新闻写作基本规律和特殊的具体情况的结合。应用是一种创造。普遍规律应用于具体情况，本身就是一种创造。随着时代的进展而进展，也更需要有新的创造。社会生活变化了，传播工具变化了，受众也变了，新闻写作的规律不能不有所改变。这些年，报纸记者在议论，在广播、电视如此迅猛发展的今天，文字的新闻报道如何改进和创新？

黎信在《西方新闻采访与写作》一书中提出了如下的一些看法：

首先是短、多、快。一句话导语的出现，改变导语的旧观念。

导语的革命带来了新闻结构的改革。由"倒金字塔"发展到双层以至多层"倒金字塔"等多种结构。

文字记者更加注意细节和花絮的描写。

广播电视记者往往先于文字记者把新闻报道出去，解释新闻的任务便落在了文字记者的身上了。解释性报道的兴起，丰富与发展了新闻写作的理论。

新闻杂志的兴起与日报的减少，恰恰形成鲜明的对比。

在电子时代，文字记者比过去任何时候都更加讲究写作技巧。总的要求是使读者用尽可能少的时间获得尽可能多的新闻，同时要使读者读了每一篇稿件的开头之后便不能不读下去。

他还认为，竞争是西方新闻写作风格演变之内因；科学技术的发展，传播工具的不断多样化和现代化，是西方新闻写作风格演变的外因。两者结合终于使西方新闻写作演变成今天的样子。

网络时代的挑战

21世纪，中国的传媒已经进入了"网络时代"。据统计，2008年中国已经有两亿多网民——互联网用户。这个数目还在迅速发展中。同时，还有另一种通信方式正在成为传播方式，那就是手机。现在，手机报已经有了越来越多的用户，随着3G制式的开通，手机电视也将普及。从传播的角度看，这都是革命性的发展变化，它将对整个传媒界带来怎样的影响，会出现怎样的局面，目前还不能够看得很清楚。

但网络时代的到来，至少在以下方面提出了挑战：

首先，对传统的媒体，包括报纸、广播、电视提出了挑战

网络和手机在几个方面都超过了传统媒体：

1. 速度。网络可以随时更新内容，这是传统媒体不能与之竞争的。
2. 方便。受众可以随时随地接受信息。它不受纸介媒体传递的限制，也不受广播、电视收听和收视时间的限制。特别是手机可以带在身上，随时收听或收看。
3. 丰富。网络包含的内容可以说是无限的。它可以把其他形式传媒的内容放在网上，也可以把书籍、电影、戏剧、各种资料等全部放在网上，由需要者任意搜取。
4. 交流。网络的通道是双向的，信息发布者可以向受众说话，信息接受者也可以通过网络及时乃至随时向信息发布者说话，即可以形成实时性的互动交流。这种互动交流的功能现在也已经被广播电视所利用，即在广播节目和电视节目中，主持人通过互联网和听众、观众及时交流。

5. 开放。报纸、广播、电视的出版和播出，在进口处是封闭的。什么内容上报纸、上广播、上电视，是由掌握媒体的工作人员具体操作的。但网络则不然，一般的网民都可以通过互联网发表自己的意见。平时可以写"博客"，遇到热点问题，可以直接参与讨论，发表自己的意见。这种开放性，就大大提高了网络的群众性和舆论的开放度。

在这种形势下，报纸（包括所有平面媒体）、广播、电视采取怎样的战略和策略坚守住自己的阵地同时扩大自己的影响，是一个有待解决的问题。

同时，这种新的传媒体系也对新闻业务提出了挑战

过去的新闻业务的主要研究对象是报纸，后来是广播和电视，对互联网和手机的出版方式还没有来得及深入研究。就以本书讨论的新闻写作问题，也将面临新的挑战。

例如手机短信的语言，就是一种很有自己特色的语言。网络语言也同样是一种很有特色的语言，都是需要深入研究的。

笔者手机现存的两条短信。

一条题目是《十八条"最难"》：

> 1.最难提高的是思想。2.最难改变的是习惯。3.最难统一的是行动。4.最难做好的是细节。5.最难处理的是关系。6.最难把握的是机遇。7.最难实现的是理想。8.最难得到的是人心。9.最难分配的是利益。10.最难平衡的是心态。11.最难控制的是情绪。12.最难否定的是自己。13.最难做到的是说真话。14.最难坚持的是不贪。15.最难找到的是接班人。16.最难教育的是子女。17.最难抵挡的是美女。18.最难保持的是健康。

一条题目是《时代哲学》：

做人可正不能直，可实不能亏，可诚不能傻，可争不能拼，可圆不能滑，可威不能霸，可强不能悍，可凶不能狠。

这里不涉及其内容是否准确。只想说，它的语言表达是独特的方式。你说它是传统意义上的评论，不是。你说它是传统意义上的理论文章，也不是。当然也不是消息和报道。但在手机短信中这类文字很多。它算不算一种新的文体和新的语言呢？

语言的变化就更大了，有许多年轻人造的新词汇（如"雷人"），有许多新事物造出了新词汇（如"超女"），有些外来语变成了新词汇（如"PK""VS"等），特别是网络上出现了许多网络语言（如可怕的"人肉搜索"）。马克思说，语言是思想的直接现实。其实，语言也是生活的符号现实。生活变了，发展了，语言也一定会变、会发展。目前需要的是要及时加以研究、整理和规范，使之沿着健康的方向前进。

再者，也对我们的管理者提出了挑战

管理原有的报纸、广播、电视的指导思想和管理方法对于管理网络和手机这类新媒体已经不够用了。指导思想上需要转变。例如过去管理部门最重视的是宣传口径。这是以防守为主的指导思想。在网络上，你的什么宣传口径往往都失灵了。这就需要转变到以进攻为主的指导思想。不是不让别人说，而是要争取自己先说。在管理的具体方法上就更需要探索了。

对网络时代到来的评价，有人说是"颠覆性的变化"，甚至说是"颠覆性的革命"。笔者不太赞成"颠覆性"这个形容词。宁可用"飞跃性的变化"和"扩展性的革命"这样的词汇。如果用"颠覆"就是翻了个个儿，好像原来的都不对了，或者都不适用了。其实不是这样的。广播的出现，并没有颠覆报纸，而是在依托报纸和借鉴报纸的基础上有所创新。电视的出现，也没有颠覆广播，而是在依托广播和借鉴广播的基础上有所创新。笔者相信，网络和手机的出现也同样，它必然是在依托传统媒体和借鉴传统媒体的基础上有所创新。这不是别的原因，主要因为它都是传播。传播的基本规律对它们都是适用的，只是一种新的传播方式出现后，要研究这种新的传播方式的特殊规律，而不是全盘否定原有的基本规律。

这方面的研究不是本书论述的范围，寄希望于别的作者——特别是年轻的作者们——做出努力。

第二十八节　记者的基本素养和写作态度

内容提要：新闻作品的写作，不只是方法问题；记者的素养是写作的基础，没有好的素养，许多方法是难以运用的。

记者的素养，包括理论素养、能力素养、道德素养、业务素养、知识素养。

在新闻写作中，严肃认真的写作精神，反复修改的态度，特别是乐于自己动手反复修改的精神，是值得提倡的。记者提高主要在两个环节，一个是选题阶段，一个是修改阶段。千万不要以任何理由把这两个环节上的工作推给别人去做。

从第一章到第九章已经讨论了新闻与写作的各个方面，最后要讲的问题是记者的基本素养和写作态度。

搞好新闻写作的基础是记者的素养

没有一个好的素质，正确的方法是不能很好地被掌握的。对于事业来说，一个人的素质是树干，一个人的知识技能是枝叶。（方法也属于技能之列。）没有粗壮的树干，茂密的枝叶是不会长起来的；就是由于某种原因长起来了，这个人也会受罪。枝叶多了，必然要招风。知识多了，技能强了，他会对许多事情和信息敏感，会对许多的事情产生报道的欲望。但是他又承受不了任何风险和负担，欲做不能，欲罢不能，晃晃悠悠，惶惶恐恐，你说痛苦不痛苦？风大了，树干太细，还会折断；即使不折断，由于营养供给不足，枝叶也会渐渐地枯萎。

所以，对于新闻写作来说，基础的东西是提高或增强记者的必要的素质。素质是逐步养成的。因而，提高素质的过程又称为素养，素质也可以称为素养。

我们之所以把题目写成"素养"，而没有写成"素质"，是因为素质是素养的结果。强调素养就是告诉大家应该在哪些方面努力。

新闻写作的基础是记者的基本素养。有人说，写诗是"功夫在诗外"。其实新闻写作也是"功夫在诗外"——在具体写作之外。为什么同样的新闻事实，在不同记者的笔下写出来味道就不一样？为什么有的记者很费力却写不出好作品，而有的记者好像并不费力却写出了好的新闻作品？为什么有的记者提高到一定水平就难以再提高了，而有的记者却可以使自己的水平不断提升？

这一切的原因可以归结为一句话：记者的素养不同。

因此，要提高新闻写作水平，基础的工作是提高自己的素养。

新闻记者的基本素养

应该包括理论素养、能力素养、道德素养、业务素养、知识素养。

理论素养

记者不是理论家，但记者不能没理论。做好任何一项工作，最重要的是把握事物的规律，而理论（当然是正确的理论）则是事物规律的最简要的概括。没有理论的记者，在繁杂的事物面前，会感到如坠烟海，眼花缭乱，无所适从，更无从下手。有理论武装的记者，才能在繁杂的事物面前保持清醒的头脑和锐利的目光，甚至在昏暗的局面下，也能够对事物"洞若观火"。

记者的职业特点更要求记者有理论，特别是要掌握基本理论。社会的职业大体分为三种：第一种是"以不变应万变"的职业，例如医生，他只要把一种病研究好了，就可以应付一切得这种病的患者。对他们来说，专业知识很重要，一般的理论并不那么重要。第二种是"以万变应不变"的职业。例如幼儿园阿姨，她要会教语文、数学、音乐、舞蹈、美术以至体育，但她只要把儿童们应对好了就可以了。对她们来说，儿童知识很重要，一般的理论也不那么重要。这两种都是"一头大一头小"的职业。但记者不同。记者是第三种职业——"以万变应万变"。记者要以全社会的内容为全社会的受众服务，是"两头大"的职业。面对这样广阔的内容和这样广大的对象，没有理论工作起来将是十分吃力的，是很难做好的。

记者首先要懂哲学。因为哲学是关于自然、社会、思维最一般规律的学问。有了哲学的素养，观察和分析事物的能力就会大大提升。哲学是很丰富的，但笔者认为，最好的哲学体系还是马克思主义的哲学体系。因为它是人类智慧的结晶。我们是在社会主义中国工作，我们还要懂得指导中国革命走向胜利的毛泽东思想。我们是在改革开放条件下工作的，我们还要懂得邓小平理论。我们是在以经济建设为中心的新时期工作的，所以还要懂得基本的经济理论，特别是市场经济理论，懂得中国的社会主义市场经济理论。如此等等。

提高理论素养的办法就是学习、思考和运用。现代的中国已经是文化开放的中国，理论开放的中国。我们在坚持马克思主义指导思想的同时，也引进了西方的许多理论特别是经济学理论和企业管理理论。在"五四运动"中被批判的我国传统文化，现在已经重新被重视，并形成了所谓的"国学热"。在这种形势下，很重要的学习方法就是"融合式"的学习方法——善于把古今中外一切有用的理论有机地融合起来，创造新理论、新文化。我们需要的是这样的理论素养。

能力素养

一种是社会活动能力的素质。斯大林给记者的社会定位是"社会活动家"。这个定位非常准，也非常好。一般人对记者的所谓"笔杆子"的定位是不准确的。相当一些笔头很硬但活动能力不行的记者，最终也没有能够成为很有影响的记者。因为他缺乏广泛的社会交往的能力，就不可能发现重要的新闻线索，其新闻报道缺少丰富的源头，怎么会不断有好作品出现呢？

一种是发现问题和思考问题的能力。一个好的记者总具有高度的敏感，善于发现新的问题，并且能够对这些问题不断地进行思考。衡量一个记者的水平有一个很简单的办法，就是看他的头脑里究竟装着多少问题，并对这些问题有多少自己的思考。

一种是社会调查能力。记者的另一个社会定位是"专业的调查研究人员"。没有过硬的社会调查能力，即使发现了好的新闻线索，也会因为深挖不下去，而白白浪费掉。

道德素养

前面已经说过，记者是"可以不负责又必须负责"的职业。社会责任感就成为记者最重要的道德素养。只有时时处处感到自己责任的记者，才有可能发现有新闻价值的题材，才有动力把报道写好，才有可能成为好记者。笔者在1991年获得首届范长江新闻奖的时候，被要求写一条自己欣赏的格言。我写的是我自己的格言——"对一个人的最高奖赏就在他的事业之中"。一个记者不是把名利作为最高追求，而是把事业作为最高追求，他才可能拥有持续发展的动力。

诚信是记者道德素养的根基。记者要交朋友，但没有诚信很难交朋友，更难有知心朋友。真实是新闻的生命。但新闻真实的基本保证是记者的诚信。老实说，报道真实不真实，或者报道有没有不真实的地方，除了采访对象之外，最清楚的就是记者，因为是他亲临第一线的。如果记者缺少诚信，搞了假报道，编辑部往往是难以发现的。这是记者对读者和受众是否诚信的问题。也还有记者对采访对象诚信与否的问题。有的记者对采访对象做了好多允诺而不兑现，有的记者甚至利用自己的记者"特权"蒙骗甚至敲诈采访对象，那更是违背职业道德的损害诚信的行为了。

一些记者有一个认识上的误区，认为记者的作风就要有"自来熟"的风格，见人称兄道弟，拍拍肩膀。记者当然可以跟别人"自来熟"，但要注意它一定要建立在真诚的基础上，如果这种"自来熟"给人一个漂浮的感觉，甚至不可靠的感觉，那就事与愿违了。

更重要的是，记者要认识到自己的采访的权力是公众性的权力，为什么人家要接受你的采访，要把很多重要的信息告诉你？因为你代表着公众的需求，代表着你所在媒体的委托，甚至代表着媒体背后的主管单位。如果利用公众权力为自己谋不正当的利益，其实和政府官员以权谋私没有根本性质上的区别。

业务素养

主要是指新闻业务的素养。要善于学习，更要注意在实践中不断总结经验。要学习和研究新闻学知识。包括新闻学的基础理论知识和应用理论知识。在工作中能够做到知其然，更知其所以然。在过去很长时间内，"新闻无学"曾经成为一种普遍的认识，不仅新闻界以外的人这样认识，包括新闻界内的人，也有许多人是这样认识的。近年来这样的论调似乎比较少听到了，但是新闻界的人对新闻理论不重视仍然是需要克服的倾向。记者确实是实践性比较强的工作，不是学点理论就可以做好的。但是，有理论指导和没有理论指导还是大不相同的。

知识素养

有人说，记者应该是"杂家"，这话是很有道理的。记者的知识应该是广博的，越广博越好。上知天文，下知地理，政治、经济、科技、历史、文化、文学、艺术，还有许多地方知识、地方风俗、民间工艺、民族习惯，再加上著名人物（历史和当今）的业绩和典故，等等。这些知识仿佛是一个庞大的知识后备军，平时它很难说有什么具体的用处，但一旦用得着，马上可以调出来，派上差事。在当今，世界越来越连通一气的时候，记者还必须知道许多国外的各种知识。总之，对于知识的态度，应该是"韩信领兵，多多愈善"。

对于基本素养的作用，在这里想讲一个故事。笔者在担任人民日报经济部主任的时候，有一位比较出色的记者，连续在一版头条发了不少报道。这在人民日报是很不容易的。在他势头正旺的时候，有一天我突然对他说："我断定你三年之内很难再提高！"他有些"丈二和尚——摸不着头脑"，对我的话很不理解。后来我找了一个机会，对他写的一篇短评做了修改，并把我的17处修改在全部人员参加的例会上做了讲评。企图用稿件的实例证明我的看法。他下来之后，把我的修改稿要过去，第二天又给我送回来了。上面对我的修改意见，逐条进行反驳。我明白了，他还是不能理解。过了将近三年时间，趁一次和他谈话的机会，我问他："这三年你有哪些提高？"他说不上来。这时我解释当初对他说的那句话。为什么我敢断定你三年之内难以提高呢？因为你当时太努力了，可以说把你的一切潜力都发掘出来了。要再提高就要加强基本素养，而基本素养要起作用，至少需要两三年的时间。我当时举了一个比喻，花要越开越茂盛，主要靠底肥。而施底肥和底肥发挥作用，是一个慢功。

记者的写作态度

记者必须有认真负责的写作态度

这近乎老生常谈。但这对于新闻写作来说有特殊的意义。

记者是在匆忙的情况下工作的，几乎每一篇报道都是急就章。而且，它和文学创作毕竟不同。记者似乎没有理由对一篇新闻报道推敲来推敲去，草草交卷是常有的事。在这种情况下，如果不强调认真负责就会发生更多的问题。

我们的新闻报道是要诉诸社会的，是要对社会产生巨大影响的。绝不能因为上述的原因就认为可以马虎从事了。

忙不是不认真的理由。毛泽东同志的工作是很忙的，但他对一篇东西的文字要求是很高、很认真的。他提倡文章写好以后一定要认真地修改，而且，他并不把"改定"就作为完成了，还注意付印时的文字的校对。1938年6月27日，《论持久战》这部著作付印的时候，他是亲自校对的。党的六届六中全会报告修改好付印的时候，他特别叮嘱："请你们校第一第二次，我校第三第四次。"他还为报纸亲自写更正启事。1945年5月2日《解放日报》社论《论联合政府》有几个错字，他当即以报纸的名义写了更正。从这些"小事"中，可以看出他对文章的认真负责的态度。

曾经在相当长的时间里主管我国新闻工作的胡乔木同志，对文章和报道中的文字要求也是很严格的。20世纪80年代初，他在审阅一篇文章以后给作者写了一封信。信中说：

> 这篇文章写得很好，显然是苦心经营之作。现在我只提一点文字上的毛病。开头一小节："是当前一部分人中间的……错误思潮，在文艺创作中的突出表现。"这里的逗点在语法上是不允许的。
>
> 第一部分第八小节："这纯属是凭空的编造。""纯属是"宜作"纯粹是"，或"纯属"。
>
> 同节，"与作者标榜的屈原诗句：……的精神"，这里的冒号在语法上也不允许的，虽然许多人这样误用。
>
> 第三部分第二小节："但不能掩盖它在艺术上的致命缺陷：即图解概念。"这里的冒号只能用逗号，除非把下面的"即"字删去。

从这封信中可以看到一种严肃认真的精神。

为什么要这样的认真，这并不是一种癖好，而是因为新闻媒介具有的影响力所要求的。这是对社会负责的一种表现。

可以举这样一个颇有"意思"的、被称为"一次灾难性的差错"的事例：

> 第二次世界大战后，人们还在琢磨，为什么日本不在1945年7月26日敦促日本投降的波茨坦公告发表之后接受，而是等到8月中旬长崎、广岛投下原子弹和苏联进攻满洲之后才接受呢？有这样一种说法，是因为新闻社在发表日本政府通告的时候，用错了一个字。

据说，日本天皇一接到波茨坦公告以后就表示愿意接受，内阁大臣们也都考虑可以接受。但因为这个公告的文本还没有通过正式的途径送到内阁官员们的手中，因此铃木首相在 7 月 28 日接见新闻界人士的时候说，内阁对公告采取一种"默杀"的政策。意思是说暂不予评论，并暗示将有某种重大的事情发生。

但日本的这个"默杀"词可以做两种解释，一种是"不予评论"的意思；一种则是"不予理睬"的意思。

同盟社的翻译们无法知道铃木首相的内心所想，他们在翻译成英文的时候，译成了"不予理睬"的意思。于是惩罚来临了，8 月 6 日盟军在广岛投下了原子弹……（摘自《文化译丛》1981 年第 1 期）

这里所说的历史事实是否真实，本书作者没有考证。但起码它从逻辑上是成立的。从中可以看出文字上的毛病会造成多么大多么严重的后果。

不能说记者的每一个报道都会有这样的历史性的责任，但从这种高度上来要求记者的写作是应该的。这正是它同文学作品不一样的地方。文学作品中再大的错误也不会造成这样的后果。

认真地反复地修改是负责精神的表现

从写作的环节来看，在写出初稿之后的反复修改是认真态度的集中表现。

著名作家孙犁在《谈改稿》一文中这样说：

传说《吕氏春秋》成书后，悬之国门，千金不能易一字。我常想："这可能是一种神话。"

我体会到，古人的这些传世之作，其产生，固然因为作家的才力，更多的，恐怕是他们修改的功夫。他们的文章，篇幅都很短小，但绝不是一挥而就，就认为尽善尽美。而是改过若干次，即不是一次两次……古人写了文章，很多是贴在墙上，来回地念诵，随时更易其文字。寄给朋友们看，征求意见。十天半月甚至半年一年的在那里用功。每一个字都印在心里。是这样写文章的。

越到老年，我越相信：好文章是改出来的这句话。如果我们读书，不只读作家的发表之作，还有机会去研究他们的修改过程，对我们一定有更多的好处，可惜这方面的资料和书籍，很少很少。（全文载1983年10月3日《人民日报》）

他说了这许多话，其实就是一句话：好文章是改出来的。

这意思恐怕许多人都承认。但还不够，还要强调一句：好文章首先和主要是自己改出来的。

为什么要突出"自己改"呢？这是因为：

1. 这首先是一个态度问题

你对自己的作品负责不负责？你对自己的信誉负责不负责？你对别人尊重不尊重？修改是相当麻烦的，这谁都知道。你把麻烦的事情给别人，自己挑轻的做，这本身是一个态度问题。

2. 修改是写作的必不可少的重要组成部分

注意：它不是可有可无的部分，是必不可少的部分；它不是一般的部分，而是重要的部分。这个观念必须牢固地树立起来。

我国著名的老教育家叶圣陶说过："苟原稿需编辑大费心思，则原稿仅属毛坯而已。"仅仅向别人提供毛坯，当然是没有完成任务的。

苏联著名作家费定说："一个作家应禁止自己马虎潦草地写作，从头一次写稿到一生。"另一位作家则说："我为报纸写轻松文章草稿，常常誊写7遍到10遍。"

我国著名的语言学家王力说："连字都不肯写端正的人，要他用严谨的态度做学术研究是不可能的。"

这些话都再清楚不过地说明了文章必须认真修改的道理。

3. 自己修改稿件一般来说比别人修改稿件的效果要好

叶圣陶先生在讲上面的那句话之前，还说了这样一句话："作者自能改稿，实为提高新闻质量之重要条件。"

叶先生是一位老编辑，他的话是非常重要的。他为什么要这样说呢？其道理起码有二：一是自己对自己的作品实际上是最了解的，这样修改起来能抓住要害，而别人修改则不见得都能理解作者的原意。修改文章并不是简单地删去原有的文字，而是要改。编辑没有去采访，他不了解情况，怎么改呢？就说缩减文字，也常常是在知道情况的条件下才便于动手的。有时编辑改错了，并不是由于不认真，而是不了解情况，更不知道作者用某一个词的全部用心。二是自己的修改是在专注的情况下进行的，而别人的修改则是在同时改许多篇报道的情况下进行的，由于精力不集中和较为匆忙，修改也往往不能尽如人意。

4.修改稿件的过程是记者提高最大的过程或阶段

什么叫提高？提高就是做到了以前做不到的事情。实际上，在做到和做不到之间有一个弹性的区域。这就像在运动中做引体向上一样。你可能拉了10个，已经没有劲了。这时再拉第11个已经是不可能了。但如果咬一咬牙，努一把力，虽然拉不到11个，但总可以拉到十个半的。这半个实际上就是弹性领域。能经常拉到这个程度，也许有一天就可以拉到11个了。

进步就是在能与不能这个弹性的领域不断努力的结果。

新闻写作，这个弹性领域在哪里呢？就在修改的过程中。报道写好了似乎只能是这样了。其实这时就是正需要"拉那半下"的时候。许多有经验的记者都有这样的体会，在修改的过程中，记者投入的力气和获得的效益，这时的比例是最高的。而且往往能够修改出他们事先预想不到的好效果来。

在记者的工作中，最能够使记者提高的有两个工作环节。

一个是选题环节。因为这个阶段需要记者独立的工作和独立的判断。要在复杂纷纭的事情中抓出最有新闻价值的事实来。这是大本事。

再一个环节就是修改。原因已如上述，可惜的是我们的许多记者恰恰是为了省事，把这两个最能提高的环节让给别人去做。第一个环节让给编辑部的领导去做，第二个环节让给编辑去做。留给自己的只是最省力但是对自己提高作用最小的环节。看来他似乎是占了便宜，实际是吃了大亏！

为了保证自己出手的作品是成品，一些记者给自己规定了若干条的发稿前的自问。

请看新华社老记者李峰同志的看法：

我做记者，当稿子写成以后，喜欢送给别人征求意见，经过反复修改，自认为是成品了，才交出去。可是，有时候，编辑又拿着我这个"成品"向我问这问那，说是没有写清楚。有的稿子总社播发以后，又发现了错误。我当编辑改别人的稿子，也常常发现并不是成品，需要当面查问，或发电报，或打电话，要求记者核实补充采访，补发材料，或者改写。总结这么多年当记者、编辑遇到的这类问题，为了保证自己写的或编的稿努力消灭错误，提高质量，我给自己规定了个《定稿自问五则》。具体内容是：

一、发这篇新闻有什么新闻价值，有什么用处，哪些报纸读者会感兴趣，哪些事实和观点会引起读者的共鸣？

二、事实的真实性和准确性如何？比如，人名、地名、地点、时间、单位、数字、术语、过程等。

三、事实和观点都说清楚了没有，逻辑、文理是否通顺，有没有别人难认、难懂的字、词、话，广播员念起来是否顺口，有没有需要向编者、读者特别说明的重点、背景、引语出处等。

四、读者对所写事实和观点，是否有怀疑、误解、异议，提出反对意见，这样写有没有副作用？

五、自认为有哪些得意之笔，有哪些是败笔，为什么不改好了再发？

我们的记者有多少是按照这样的自问来发稿的呢？

按照这样的要求，我们的记者有多少交出的稿件是真正的合格品？

有人说过，记者这一行是社会上最艰苦的行业之一。也有人做过调查，记者的寿命是比较短的。这是因为他们太紧张、太劳累的缘故。

但记者毕竟是一个富于挑战性的工作，毕竟是一个站在历史的前头去观察社会的职业，它的乐趣也是无限的。如果能够在实践中不断总结自己的经验，不断获得提高，那就更增添了乐趣。

每个已经选择了这个职业的人，都要这样说："既然我选定了它，那我就要爱它，干好它！"

甜的根是苦，幸福的根是奋斗。